取締役会評価の現状（

——国内外の開示事例の分析——

はしがき

　わが国のコーポレートガバナンス・コードは2015年6月1日に施行され，既に施行後3年以上が経過している。

　これまでの間，東京証券取引所及び金融庁に「スチュワードシップ・コード及びコーポレートガバナンス・コードのフォローアップ会議」が設置され，コーポレートガバナンス・コード等の普及・定着状況をフォローアップするとともに，上場企業全体のコーポレートガバナンスの更なる充実に向けた施策について議論がなされた。当該議論の内容を取りまとめた報告書である「コーポレートガバナンス・コードの改訂と投資家と企業の対話ガイドラインの策定について」（2018年3月26日公表）においては，「コーポレートガバナンス改革をより実質的なものへと深化させていくこと」を目的として，コーポレートガバナンス・コードの改訂が提言され，これを踏まえ，2018年6月にコード改訂が行われた。

　上記報告書では「取締役会は，CEOをはじめとする経営陣を支える重要な役割・責務を担っており，取締役会全体として適切な知識・経験・能力を備えることが求められる」とされている。本書で取り上げる取締役会評価については，今般の改訂の対象事項ではないものの，取締役会の実効性に係る評価の実施は，「コーポレートガバナンス改革をより実質的なものへと深化させていくこと」にとって非常に重要な意義を有する取り組みである。

　しかしながら，取締役会評価は，コーポレートガバナンス・コード施行以前はほとんど知られていない制度であったとされている。現状，取締役会評価を実施していない会社はその導入を慎重に検討しているところと思われるし，既に導入した会社においても試行錯誤を重ねている段階であろう。

　取締役会評価やその開示の在り方は，各社の実情に応じて検討すべきものであるが，上記のような状況に鑑みれば，他社がコーポレート・ガバナンス報告書や株主総会招集通知で開示している内容を参照することは，自社における取り組みの参考となろう。また，各社のコーポレート・ガバナンス報告書は，随時更新され，必ずしも過去のものを閲覧できないことから，本書は，過去のコーポレート・ガバナンス報告書の内容の記録としての価値もあると考えている。

　本書が，取締役会評価の実施を通じて「コーポレートガバナンス改革をより実質的なものへと深化させていくこと」に取り組む各社の参考になれば幸いである。

　2018年10月

　　　　　金澤　浩志　山田　晃久　浦山　周　江藤寿美怜
　　　　　祐川　友麿　山本　浩平　丸山　悠

目　　次

第1章　序説 ... 1

第2章　海外における開示事例 ... 3
1．本章の目的 ... 3
2．海外における取締役会評価 ... 4
　(1)　英国コーポレートガバナンス・コード ... 4
　(2)　米国ニューヨーク証券取引所上場企業マニュアル ... 5
3．海外における取締役会評価の開示の実例 ... 6
　(1)　General Electric Company ... 7
　(2)　Dunelm Group plc ... 9
　(3)　Randstad NV ... 11

第3章　わが国における開示事例 ... 15
1．はじめに ... 15
2．取締役会評価に係る"説明" ... 16
3．取締役会評価の開始時期 ... 20
4．評価項目 ... 20
5．評価手法・プロセス ... 27
6．第三者からの助力 ... 33
7．社外取締役の活用 ... 38
8．監査役の関与状況 ... 41
9．選択式の回答 ... 44
10．改善状況の開示 ... 45
11．株主総会招集通知への記載 ... 56
12．結語 ... 60

第4章　取締役会評価の開示実例（2018年7月末時点） ... 62

第1章 序　　説

　取締役会評価に係るコーポレートガバナンス・コード（以下「CGC」という。）の原則4-11及び補充原則4-11③は，次のように定める。

> 【原則4-11．取締役会・監査役会の実効性確保ための前提条件】
> 　取締役会は，その役割・責務を実効的に果たすための知識・経験・能力を全体としてバランス良く備え，ジェンダーや国際性の面を含む多様性と適正規模を両立させる形で構成されるべきである。また，監査役には，適切な経験・能力及び必要な財務・会計・法務に関する知識を有する者が選任されるべきであり，特に，財務・会計に関する十分な知見を有している者が1名以上選任されるべきである。
> 　取締役会は，取締役会全体としての実効性に関する分析・評価を行うことなどにより，その機能の向上を図るべきである。

> 補充原則
> 4-11③　取締役会は，毎年，各取締役の自己評価なども参考にしつつ，取締役会全体の実効性について分析・評価を行い，その結果の概要を開示すべきである。

　取締役会評価とは，取締役会全体及び各取締役の両方を評価の対象として（取締役会内に委員会が設けられている場合には，その委員会も対象となる。），取締役会の実効性を高めるために，企業の成長と成功に取締役会がどのように貢献しているかについて，評価を行うものである。

　取締役会評価は，海外の上場企業においては既に一般的な慣行となっているが，わが国においては，CGC以前には，ほとんど知られていない制度であったとされている[注1]。このような状況であったことから，各会社において，その具体的な実施方法を含めて取締役会評価の導入について戸惑いがあり，どのように導入することが妥当であるかが慎重に検討されているものと考えられる。また，取締役会評価を実施している会社においても，その開示内容からして，評価項目や評価手法・プロセスについて試行錯誤している段階であろう。

　取締役会評価の結果の開示について，欧米においては，全て対外的に開示されるわけではない。開示内容や方法は各会社の自主的な判断に委ねられるのが欧米の一般的な傾向であり，徐々に，開示の拡充が図られているが，個々の取締役の評価の詳細の開示は求められていない[注2]。CGCにおいても，具体的な開示内容や方法は各会社の判断に委ねられており，慎重に検討した結果，限定的な情報のみを開示するに留めている会社が多いものと考えられる。

　本書は，CGCの施行後，4回目の株主総会を迎えようとしている今日，海外における開示事例と，わが国の日経225構成銘柄かつTOPIX構成銘柄である株式会社（168会社。2018年7月

第 1 章 序　　説

末時点）の2018年 7 月末時点の株主総会招集通知及びコーポレート・ガバナンス報告書（以下「CG報告書」という。）における開示内容を整理することを通して，今後の各社における取締役会評価の実施とその開示の参考に供することを目的とする。

(注 1)　高山与志子「取締役会評価とコーポレート・ガバナンス―形式から実効性の時代へ―」旬刊商事法務2043号（2014年）15頁，16頁
(注 2)　高山・前掲（注 1 ）15頁，16頁

第2章 海外における開示事例

1．本章の目的

　我が国のコーポレートガバナンス・コードは，基本原則4において，取締役会等の責務について以下のとおり示している。
　「上場会社の取締役会は，株主に対する受託者責任・説明責任を踏まえ，会社の持続的成長と中長期的な企業価値の向上を促し，収益力・資本効率等の改善を図るべく，
　(1)　企業戦略等の大きな方向性を示すこと
　(2)　経営陣幹部による適切なリスクテイクを支える環境整備を行うこと
　(3)　独立した客観的な立場から，経営陣（執行役及びいわゆる執行役員を含む）・取締役に対する実効性の高い監督を行うこと
をはじめとする役割・責務を適切に果たすべきである。」
　その上で，取締役会等に求められるこれらの責務を適切に果たすためには，取締役会等が実効性ある形で運営されることが前提となるとの認識の下，原則4-11「取締役会・監査役会の実効性確保のための前提条件」において，「取締役会は，取締役会全体としての実効性に関する分析・評価を行うことなどにより，その機能の向上を図るべきである」とされ，取締役会評価を通じた機能向上が求められている。また，補充原則4-11③は，「取締役会は，毎年，各取締役の自己評価なども参考にしつつ，取締役会全体の実効性について分析・評価を行い，その結果の概要を開示すべきである」とする。
　本書執筆時点[注3]において公表されているコードの原則ごとの実施状況によれば，補充原則4-11③のコンプライ率は71.34％となっており[注4]，全原則の中では実施率が低いものの一つとなっているが，それでも東証一部・二部上場の企業の約四分の三が何らかの形で実施しているものであり，我が国においても取締役会評価というものが，曲がりなりにも根付きつつあるといえる。
　一方，海外に目を向ければ，取締役会評価（Board Evaluation）の実施は，海外の上場企業における一般的な慣行となっており，その中でも特に英国における取り組みが進んでいるとさ

れている^(注5)。本書は、英国及び米国において取締役会評価の実施がどのように求められているのかを見た上で^(注6)、取り組みが進んでいると考えられる海外における取締役会評価に係る開示の実例をいくつか紹介することを目的とする。なお、文中で英文を和訳している箇所については、別途断らない限り筆者の試訳である。

(注3) 2018年9月1日
(注4) 2017年9月5日「コーポレートガバナンス・コードへの対応状況（2017年7月14日時点）」株式会社東京証券取引所https://www.jpx.co.jp/equities/listing/cg/tvdivq0000008jdy-att/nlsgeu000002nrg9.pdf
(注5) 高山・前掲（注1）15頁
(注6) 海外における取締役会評価の実施状況や発展の歴史等については、前掲注1・高山に詳しい。

2．海外における取締役会評価

(1) 英国コーポレートガバナンス・コード

まず、取り組みが進んでいるとされている英国のコーポレートガバナンス・コードにおいては、取締役会評価についてどのように記載されているであろうか。

2018年7月16日、英国のFinancial Reporting Council（FRC：財務報告評議会）により、英国のコーポレートガバナンス・コードの改訂版が公表され、2019年1月1日から当該改訂後のコードの適用が開始されることとなっている。

当該改訂後のコードはこれまでのコードの浸透状況や英国を取り巻く会社会状況を踏まえて、大幅に構成が変更されており、取締役会評価に関しては原則（Principles）L及びこれに紐付く各則（Provisions）21～23に次のように記載されている。

● Principles（原則）

L．Annual evaluation of the board should consider its composition, diversity and how effectively members work together to achieve objectives. Individual evaluation should demonstrate whether each director continues to contribute effectively.

【和訳】

L．毎年の取締役会評価は、その構成、多様性及び取締役会のメンバーが目的達成のためにどのように有効に協働したかについて考慮すべきである。個々の評価は、各取締役が有効に貢献を重ねているかどうかを示すべきである。

2. 海外における取締役会評価

● Provisions

21. There should be a formal and rigorous annual evaluation of the performance of the board, its committees, the chair and individual directors. The chair should consider having a regular externally facilitated board evaluation. In FTSE 350 companies this should happen at least every three years. The external evaluator should be identified in the annual report and a statement made about any other connection it has with the company or individual directors.

22. The chair should act on the results of the evaluation by recognising the strengths and addressing any weaknesses of the board. Each director should engage with the process and take appropriate action when development needs have been identified.

23. The annual report should describe the work of the nomination committee, including: …

- how the board evaluation has been conducted, the nature and extent of an external evaluator's contact with the board and individual directors, the outcomes and actions taken, and how it has or will influence board composition

【和訳】

21. 取締役会，その委員会，議長及び個々の取締役のパフォーマンスについて，正式かつ厳格な年次評価を実施すべきである。議長は，定期的な外部の助力を受けた取締役会評価を実施することを検討すべきである。FTSE 350企業においては，かかる取締役会評価は，少なくとも3年ごとに実施されるべきである。当該外部評価者は，当該会社又は個々の取締役と他に何らかの関係を有するか否かという点を含め，年次報告書において明らかにされるべきである。

22. 議長は，評価の結果を踏まえ，取締役会の強みを認識し弱点には対処すべきである。個々の取締役は，当該プロセスに関与し，改善が必要な点が認められた場合には，適切な行動を取るべきである。

23. 年次報告書では，以下を含む指名委員会の取組みについて明らかにすべきである。

（中略）

- 取締役会評価がどのように実施されたか，外部評価者が取締役会及び個々の取締役とのコンタクトの内容及び程度，結果及び採られた措置，並びに取締役会の構成への影響

(2) 米国ニューヨーク証券取引所上場企業マニュアル

米国では，The New York Stock Exchange Listed Company Manual（ニューヨーク証券取

引所上場企業マニュアル）Rule303A.09により，同市場の各上場企業に策定及び開示が求められているコーポレートガバナンス・ガイドラインにおいて，取締役会の毎年の自己評価の状況を記載することが求められている。

- 303A.09 Corporate Governance Guidelines

  Listed companies must adopt and disclose corporate governance guidelines. ... The following subjects must be addressed in the corporate governance guidelines:

  - Annual performance evaluation of the board. The board should conduct a self-evaluation at least annually to determine whether it and its committees are functioning effectively.

【和訳】

- 303A.09 コーポレートガバナンス・ガイドライン

  上場企業は，コーポレートガバナンス・ガイドラインを策定し，開示しなければならない。（中略）コーポレートガバナンス・ガイドラインにおいては，以下の事項について触れなければならない。

  - 取締役会パフォーマンスの年次評価　取締役会は，少なくとも年1回，取締役会及びその委員会が有効に機能しているか決するために，自己評価を実施すべきである。

3．海外における取締役会評価の開示の実例

　第3章では，日本の上場企業における取締役会評価に関する開示内容について分析を行うが，海外では取締役会評価の実施についてどのように開示されているのであろうか。以下では，その実例として，米国の機関投資家協議会（Council of Institutional Investors）が2014年に公表した「Best Disclosure: Board Evaluation」[注7]において，取締役会評価に関する開示が優れているものと評価された企業に関する本書執筆時点における最新の開示内容をいくつか取り上げることとする。

　「Best Disclosure」においては，取締役会が自らどのように評価しているか，改善すべき点をどのように特定しているか，そして，それにどのように対処しているかの開示，特に各取締役の評価の詳細ではなく，取締役会が継続的に機能改善を果たすためのプロセスの開示を通じて，投資家は，取締役会が安定的に変化に対応できるかについて判断することが可能となるとする。その上で，開示における2つのアプローチにおいて優れた事例—すなわち，(i) 評価手続に関するメカニズムの開示が優れている例，(ii) 評価手法だけでなく，評価の結果および改善すべき事項に関して採られるステップについての開示が優れている例—を紹介している。以下で紹介するGeneral Electric Companyは前者のアプローチ，Dunelm Group plcおよ

びRandstad NVは後者のアプローチにおける事例である。

(1) General Electric Company

① General Electric Company（以下「GE社」という。）は，電気機器事業をはじめとする幅広いビジネスを行っている，米国に本会社を置く多国籍企業であり，ニューヨーク証券取引所に上場している。GE社のガバナンス原則[注8]では，以下のとおり規定されている。

> 10. **Self-Evaluation**
> The board and each of the committees will perform an annual self-evaluation. The governance and public affairs committee will oversee the self-evaluation process, which will be used by the board and by each committee of the board to determine their effectiveness and opportunities for improvement. Each year, each director will be asked to provide his or her assessment of the effectiveness of the board and its committees, as well as director performance and board dynamics. At least annually, the lead independent director or an outside expert in corporate governance will contact each director soliciting comments with respect to both the full board and any committee on which the director serves, as well as director performance and board dynamics. Solicited comments may include how the board can improve its key functions of overseeing personnel development, financials, other major issues of strategy, risk, integrity, reputation and governance. In particular, for both the board and the relevant committee, the process will solicit ideas from directors about:
>
> a. improving prioritization of issues;
>
> b. improving quality of written, chart and oral presentations from management;
>
> c. improving quality of board or committee discussions on these key matters;
>
> d. identifying how specific issues in the past year could have been handled better;
>
> e. identifying specific issues which should be discussed in the future; and
>
> f. identifying any other matter of importance to board functioning.
>
> The lead director or outside expert in corporate governance will then work with the committee chairs to organize the comments received around options for changes at either board or committee level. At a subsequent board and committee meeting, time will be allocated to a discussion of — and decisions relating to — the actionable items.

【和訳】

10. 自己評価

取締役会および各委員会は，毎年自己評価を実施する。ガバナンス・広報委員会は，自己評価プロセスを監督する。当該プロセスは，取締役会および取締役会の各委員会によって，その有効性と改善の機会を決定するために利用される。毎年，各取締役は，取締役会およびその委員会の有効性ならびに取締役のパフォーマンスおよび取締役会の状況についての評価を提供することが求められる。主任独立取締役またはコーポレート・ガバナンスに関する社外専門家は，少なくとも年1回，各取締役に対して，取締役会全体および当該取締役が担当している委員会，ならびに取締役のパフォーマンスおよび取締役会の状況についてコメントを求める。提供を求めるコメントには，人材開発，財務，その他の戦略，リスク，誠実さ，評判およびガバナンスに関する主要な問題を監督するという取締役会の主たる機能をどのように改善することができるかといった点が含まれる。特に，当該プロセスでは，取締役会と関連する委員会の双方につ

第2章　海外における開示事例

いて，下記事項に関するアイデアを取締役に求めることとしている。

a．課題の優先順位付けに関する改善
b．経営陣による文書，チャート，口頭によるプレゼンテーションの質の改善
c．これらの重要事項に関する取締役会または委員会における議論の質の向上
d．過去1年間における，具体的な問題のより適切な処理の方法の特定
e．今後検討すべき具体的な課題の特定
f．取締役会の機能にとって重要な他の事項の特定

主任取締役またはコーポレート・ガバナンスに関する社外専門家は，委員会の委員長と協力して，取締役会レベルまたは委員会レベルにおいて，改善に関する選択肢について寄せられたコメントを整理する。その後の取締役会および委員会では，実行可能な事項について議論し，それに関して決定するための時間が割り当てられる。

② GE社では，上記ガバナンス原則に基づいて実施された2017年度の取締役会評価の内容及び結果について，2018年定時株主総会招集通知(注9)において，以下のとおり開示している（同通知19頁）。

> **How We Evaluate the Board's Effectiveness**
>
> **ANNUAL EVALUATION PROCESS.** Each year, the lead director or an independent consultant interviews each director to obtain his or her assessment of director performance, Board dynamics and the effectiveness of the Board and its committees. In 2017, the Board used an independent outside consultant to conduct the assessment. The interviews focused on:
>
> — reviewing the Board's performance over the prior year and a half; and
> — identifying areas for potential enhancements of the Board's processes going forward.
>
> At times, directors may also complete written assessments. After the self-evaluation in 2017, the outside consultant reviewed the results with the lead director and chair of the Governance Committee and then met with the full Board to discuss the findings from the evaluation. For more information on this evaluation process, see the Board's Governance Principles (see "Helpful Resources" on page 73).
>
> **CHANGES MADE IN RESPONSE TO 2017 EVALUATIONS.** In response to feedback received from our directors in 2017, the Board made a number of changes, including:
>
> — creating a Finance & Capital Allocation Committee;
> — reducing the size of the Board to 12 directors for the 2018 slate, including three new directors; and
> — contemporizing the format of Board meetings by fostering more rigorous dialogue through interactive deep dives related to the most salient topics facing the company.

【和訳】

当会社における取締役会の有効性についての評価

年次評価手続：毎年，主任取締役または独立したコンサルタントが各取締役にインタビューし，取締役のパフォーマンス，取締役会の状況，取締役会とその委員会の有効性に関する評価を得ることとされている。2017年は，取締役会は独立外部コンサルタントを用いて評価を実施した。インタビューでは，以下に焦点が当てられた。

— 前年および半期における取締役会のパフォーマンスのレビュー
— 今後の取締役会のプロセスに関する潜在的な改善分野の特定

場合によっては，取締役は文書による評価を実施することもある。2017年の自己評価の後，外部コンサルタントは，ガバナンス委員会の主任取締役及び議長とともに結果を検討し，評価から得られた結果について議論するために取締役会全体と会合を持った。この評価プロセスの詳細については，取締役会のガバナンス原則を参照のこと。

2017年の評価に対応して実施された変更

2017年に取締役から寄せられたフィードバックを受け，取締役会は以下を含む多くの変更を実施した。

— 財務及び資本割当委員会（Finance & Capital Allocation Committee）の設置
— 取締役会の規模を，2018年の取締役候補者12名に縮小（新任取締役3名を含む）
— 会社が直面する最も重要なテーマに関して，双方向の深く掘り下げた，より厳格な対話を促進することで，取締役会の形式を現代的なものとする。

(2) Dunelm Group plc

Dunelm Group plcは，家具・寝装具の小売業等を営むロンドン証券取引所上場企業である。同会社の2017年度年次報告書[注10]における取締役会評価に関する開示内容は，以下のとおりである（同報告書58頁以下）。

第2章 海外における開示事例

2016 External evaluation

The recommendations arising from the 2016 review conducted by Lorna Parker, an independent Board Evaluation specialist, and actions implemented in response are set out below:

Recommendation	Action taken
Focus more of the Board's agenda on key aspects of the strategy where the Board can add most value to the Executive team, with sufficient time on each topic to allow a free flowing debate.	Time allocated on agenda to strategy topics doubled. One debate held over dinner.
Build more structured Non-Executive time into the Board timetable; additional Non-Executive only dinners and scheduled Non-Executive only sessions at the end of each Board meeting.	Non-Executive Director only session timetabled at the end of each Board meeting. Dinners attended by the full Board rather than NEDs only to allow time to debate strategic topics. NED only dinners scheduled for next year.
Maximising value from the Non-Executive Directors by informal "mentoring" of Executives and continuing to share their specialist knowledge and leadership experience through presentations to the Senior Management Team.	Each Non-Executive Director informally "mentors" one member of the Executive Board. Presentations given by the Chairman and four of the Non-Executives to the Executive Board and Senior Management team on Leadership, Governance, Introduction to the City, Brand / Marketing, and How to succeed with an online business.
The Company Secretary to facilitate more formal governance training for the Non-Executive Directors.	Details circulated of external seminars. Brokers attended a Board meeting to provide an update on directors' legal and regulatory responsibilities.

2017 External evaluation

There were a number of changes to our Board in 2015/16, and when the 2016 external review was held, new relationships and ways of working were still being established. We therefore decided to ask Lorna Parker, who carried out the external evaluation in 2016, to do a follow-up review in 2017. Lorna does not have any other connection with the Group or any of its Directors.

The 2017 review noted that in the year the Group has faced the expected strategic challenges in a fast moving and increasingly competitive retail environment, but Board processes have been effective, efficient and thorough, and the Board believes that there is clarity, alignment and genuine excitement around the medium term strategy. A number of actions were agreed, including:

- Review the structure of Board meetings and the rolling agenda again to ensure that the Board is allowing enough time for discussion of the external environment, and other "softer" matters such as people and culture
- Improve meeting dynamics, in particular to promote more open discussion and focused debate
- Review Board papers to ensure that they reflect the rearticulated, customer-centric strategy and objectives, and contain only relevant detail and KPIs
- Consider whether an additional Non-Executive Director should be appointed, to strengthen the overall skill base amongst the Non-Executive Directors

These actions will be progressed during the year and we will report back on them in next year's report.

【和訳】

2016 外部評価

独立取締役会評価スペシャリストであるLorna Parkerによって実施された2016年のレビューにおける勧告，及びこれに対して実施した措置は，以下のとおりである。

勧　　　告	実施した措置
取締役会が経営陣に対して最も付加価値を与えうる，戦略上の重要項目に係る取締役会の議題によりフォーカスすべきであり，それぞれのトピックについて，自由闊達な議論を実施できるよう十分な時間が確保されるべき。	戦略上のトピックに関する議題に割く時間を倍にした。ある議論は夕食を取りながら実施された。
取締役会のタイムテーブルに，より計画的に非業務執行取締役の時間を取るべきである。追加的な非業務執行取締役だけの夕食会や，各取締役会の終わりに社外取締役だけのセッションを予定すべき。	各取締役会の終わりに非業務執行取締役だけのセッションの時間を確保した。戦略上のトピックについて議論するための時間を確保するために，非業務執行取締役だけではなく取締役会全体の夕食会を開催した。非業務執行取締役だけの夕食会は来年に実施予定。

3．海外における取締役会評価の開示の実例

非業務執行取締役による，経営陣に対する非公式の「指導」，並びに上級マネジメント層に対するプレゼンテーションを通じた専門知識及びリーダーシップの経験の共有の継続を通じて，非業務執行取締役の価値を最大化すべき。	各非業務執行取締役が，非公式に取締役会のメンバーを「指導」した。議長及び4名の非業務執行取締役が，取締役会及び上級マネジメント層に対して，リーダーシップ，ガバナンス，シティの紹介，ブランディング／マーケティング，及びオンラインビジネスでの成功方法について，プレゼンテーションを行った。
会社秘書役（Company Secretary）は，非業務執行取締役に対する，より組織的なガバナンスのトレーニングを促進すべき。	外部セミナーの詳細を回覧した。取締役会に出席した仲介業者が，取締役の法律上・規制上の責任についての最新情報を提供した。

2017外部評価
2015年-2016年の間に当社の取締役会には多くの変動があり，2016年度の外部レビューの実施の際には，新たな関係及び業務方法について確立途上であった。そこで当社は，2016年度の外部評価を実施したLorna Parkerに，2017年のフォローアップ・レビューの実施を依頼することを決定した。Lornaは当グループ及びその取締役のいずれとも，他に関係を有していない。
2017年度のレビューでは，当年度は，移り変わりが速く，ますます競争が激しくなる小売分野を取り巻く環境において，当グループが，予期された戦略上の試練に直面しているものの，取締役会の手続は有効，効率良くかつ完全であり，取締役会は，中期戦略に基づき，明確，協調及び真の熱気があると信じていることが認識された。次の事項を含む，多くの措置が認められた。

- 取締役会の会議の仕組みの見直し，並びに，取締役会において，外部環境及び人事や文化等のその他の「柔らかな」事項について議論するための十分な時間を確保できるよう，議事を再度配布すること
- 会議を活性化すること，特に，よりオープンな議論と焦点を絞った議論を促進すること
- 取締役会の議事ペーパーが，顧客中心戦略及び目的を反映し，かつ関連性のある詳細事項及びKPIのみを含むものとなるよう，見直しを行うこと
- 非業務執行取締役の全体的な能力の基礎を強化するために，追加的な非業務執行取締役の選任について検討すること

これらの措置は本年を通して進行し，次年度の報告書にて報告する予定である。

（3） Randstad NV

　Randstad NVは，オランダの人事コンサルティング会社であり，ユーロネクスト上場企業である。同会社の2017年度年次報告書[注11]におけるSupervisory Boardの評価に関する開示内容は，以下のとおりである（同報告書103頁以下）。

　なお，Supervisory Boardとは，オランダ会社法に基づき，一定規模以上の会社に設置が義務付けられている機関であり，取締役の任命・解任権，定款変更，会社の解散，新株の発行などの重要事項に関する承認権を与えられている機関である。[注12]

At a separate meeting held in December 2017, the Supervisory Board discussed at length its composition, its own performance, and that of its committees. This self-assessment was facilitated by an external advisor, Linda Hovius. In preparation, she interviewed each member of the Supervisory Board and the Executive Board, as well as the Company Secretary. In the self-assessment report, she included (anonymously) the various individual observations with regard to the functioning of the Supervisory Board and its relationship with the Executive Board. Items assessed and subsequently discussed by the Supervisory Board included (1) team effectiveness, (2) interaction and dialogue, (3) competencies, succession and onboarding, (4) effectiveness and relevance of the Committees, (5) agenda setting, (6) its relationship with the Executive Board, and (7) governance, top structure and organization model.

In its self-assessment, the Supervisory Board concluded that the large majority of these items were assessed positively. Team spirit is considered strong, encouraging mutual trust, open discussion, and clear understanding of each Board member's role. Expertise within the Supervisory Board is diverse and complementary. Dialogue with the Executive Board on strategy has greatly improved, especially during the annual joint strategic offsite session. The Supervisory Board was particularly pleased to see the successful definition and implementation of Randstad's digital strategy; the succession planning of the CFO was well managed; and the new remuneration policy for the Executive Board was well prepared and is now more focused on team work and joint responsibility. Some of the additional key findings and points for follow-up are:

- The Supervisory Board is growing in its supervisory and advisory roles, but further improvement could be realized through in-depth discussion and exchange of ideas about specific topics, strategic subjects, and dilemmas faced by the Executive Board and where the Supervisory Board could add value. In order to optimize preparation and subsequent reflection, the Supervisory Board will have short private meetings before and after each joint meeting with the Executive Board.
- The dynamics within the Supervisory Board are good: everyone brings in their expertise, and openly contributes to the dialogue. Nevertheless, the decision making process could be further optimized by expressing individual points of view more explicitly to clarify the level of consensus.
- The Supervisory Board aims to design a more structured performance evaluation and feedback process for the individual members of the Executive Board, paying more attention to leadership development. The Chair of the Supervisory Board and the Chair of the Remuneration Committee are taking the lead in this process and are holding formal evaluation conversations with each Executive Board member.
- Given the transformation of the company and general developments, going forward, the Supervisory Board will pay more attention to governance, top structure, the organization model, and succession planning. This will include the creation of a Governance & Nomination Committee, which will inevitably result in a split of the current Remuneration and Nomination Committee. The Remuneration Committee will continue to take charge of all affairs relating to the company's remuneration policy and its execution. The Strategy Committee will be discontinued, as strategy is perceived primarily as a joint responsibility. It is currently well covered throughout the year, most notably during the joint annual strategic offsite session.

3．海外における取締役会評価の開示の実例

【和訳】
2017年12月に開催された各別の会議において，Supervisory Boardは，その構成，パフォーマンス，および委員会のパフォーマンスについて詳細に議論した。この自己評価は，外部アドバイザーであるLinda Hoviusによって進められた。準備の過程で，当該アドバイザーは，Supervisory Boardと経営陣のメンバー並びに会社秘書役にインタビューを行った。自己評価報告書には，Supervisory Boardの機能と経営陣との関係に関する種々の個別の見解が（匿名で）記載されている。評価の対象とされ，その後Supervisory Boardでされた項目は，(1)チームの有効性，(2)相互作用と対話，(3)能力，後継者，新人研修，(4)委員会の有効性と妥当性，(5)議題設定，(6)経営陣との関係，(7)ガバナンス，トップ構造，組織モデルである。

Supervisory Boardは，自己評価において，これらの項目の大半が肯定的に評価されていると結論付けた。チームスピリットは強いものであり，相互の信頼，率直な議論および取締役会メンバーの役割の明確な理解を促進するものと考えられている。Supervisory Board内の専門性は多様であり，補完的である。戦略に関する経営陣との対話は，特に年次の共同戦略オフサイトセッションにおいて，大幅に改善された。Supervisory Boardは，Randstadのデジタル戦略の定義付けと実行の成功，CFOの後継者育成計画が十分な管理，経営陣に関する新しい報酬政策が十分に検討されたものであり，チームワークと共同責任に重点が置かれていることに特に満足している。追加の重要な所見およびフォローアップのポイントは次の通りである。

- Supervisory Boardは監督および諮問の役割を拡大しているが，経営陣が直面し，Supervisory Boardが付加価値を提供することができる具体的な課題，戦略的課題およびジレンマについて，詳細な議論と意見交換を行うことで，更に改善することが可能である。準備とその後の検討の最適化のため，Supervisory Boardは，経営陣との共同の会議の前後に短い非公開の会合を開催する。
- Supervisory Board内のダイナミクスは良好である。全員が専門知識を持ち込み，対話にオープンに貢献する。しかしながら，意思決定プロセスについては，見解の一致のレベルを明確にするために，個々の見解をより明確に表明することによって，さらに最適化することが可能である。
- Supervisory Boardは，経営陣の各メンバーに関する，より体系的な業績評価とフィードバックのプロセスを設計するために，リーダーシップの育成に一層着目している。Supervisory Boardの議長と報酬委員会の委員長が率先してこのプロセスに参加し，経営陣の各メンバーと正式な評価に関する対話を実施している。
- 企業の変革と全般的な進展を踏まえ，Supervisory Boardは今後，ガバナンス，トップ構造，組織モデル，および後継者育成計画にさらに着目していく。これには，ガバナンス・指名委員会（Governance & Nomination Committee）の設置が含まれるが，これは必然的に現行の報酬・指名委員会を分割することに繋がる。報酬委員会は，会社の報酬方針およびその実行に関連する全ての事項を引き続き担当する。戦略は主として共同責任事項と考えられるため，戦略委員会（Strategy Committee）は廃止する。戦略については，現在も年間を通じて十分に取り上げられており，特に，合同の年次戦略オフサイト会合の中で取り上げられている。

第 2 章　海外における開示事例

（注 7 ）　https://www.cii.org/files/publications/governance_basics/08_18_14_Best_Disclosure_Board_Evaluation_FINAL.pdf
（注 8 ）　https://www.ge.com/investor-relations/sites/default/files/investor-relations/committee/GE_Governance_Principles%20_2018.pdf
（注 9 ）　https://www.ge.com/investor-relations/sites/default/files/GE_Proxy2018.pdf
（注10）　https://corporate.dunelm.com/media/2337/dunelm-ar2017-webready.pdf
（注11）　https://www.ir.randstad.com/~/media/Files/R/Randstad-IR-V2/annual-reports/randstad-annual-report-2017.pdf
（注12）　KPMG Insight Vol.12「海外トピック①　欧州法務事情シリーズ　第 2 回オランダ会社法～会社形態の特徴と設立について～」2017年 1 月

第3章 わが国における開示事例

1．はじめに

　本章では，2018年7月末時点におけるわが国における開示事例を紹介する。なお，2017年12月末時点におけるわが国における開示事例については，浦山周「取締役会評価について」資料版商事法務No.408（2018年3月号）を参照されたい。

　開示事例の紹介の前提として，まず取締役会評価の実施状況等を確認する。

　少し古いデータとなるが，東京証券取引所によれば，2017年7月14日時点における原則4-11及び補充原則4-11③の実施状況は，次の表のとおりである[注13]。

	"実施"会社数	"説明"会社数	"実施"率	2016年12月末比
原則4-11	2,451社	89社	96.50％	＋ 2.3pt
補充原則4-11③	1,812社	728社	71.38％	＋16.1pt

（注13）　東京証券取引所「コーポレートガバナンス・コードへの対応状況（2017年7月14日時点）」（2017年9月5日）http://www.jpx.co.jp/equities/listing/cg/tvdivq0000008jdy-att/nlsgeu000002nrg9.pdf

　2017年7月14日時点における補充原則の平均実施率が93.41％であるのに対し，補充原則4-11③の実施率は71.38％に留まる。東京証券取引所によれば，"実施"率が80％未満（"説明"率が20％超）のものは，補充原則4-11③を含めて5つで，全て補充原則である。補充原則4-11③以外の4つは，いずれも英文での情報発信や取締役の報酬に関わる問題であり，業務の内容や性質等に照らして必ずしも実施が適切でない場合があるものと考えられる。しかし，補充原則4-11③については，毎年実施する必要があるかという疑問はあるものの，業務の内容や性質等に照らして実施が適切でない場合は通常想定できないであろう。

第3章 わが国における開示事例

【"説明"率が20％を超える原則】

補充原則	内容	"実施"会社数	"説明"会社数	"説明"率	2016年12月末比
補充原則1-2④	議決権の電子行使のための環境整備（例：議決権電子行使プラットフォームの利用等），招集通知の英訳	1,122社	1,418社	55.8％	-1.9pt
補充原則3-1②	海外投資家等の比率等を踏まえた英語での情報の開示・提供の推進	1,794社	746社	29.4％	-0.7pt
補充原則4-2①	中長期的な業績と連動する報酬の割合，現金報酬と自社株報酬との割合の適切な設定	1,800社	740社	29.1％	-2.3pt
補充原則4-11③	取締役会による取締役会の実効性に関する分析・評価，結果の概要の開示	1,812社	728社	28.7％	-16.1pt
補充原則4-10①	指名・報酬等の検討における独立社外取締役の関与・助言（例：独立社外取締役を主な構成員とする任意の諮問委員会の設置）	1,948社	592社	23.3％	-2.3pt

※ 前掲（注13）より抜粋

2．取締役会評価に係る"説明"

ア 上述のとおり，取締役会評価に係る補充原則4-11③の"実施"率は71.38％に留まる。平成29年12月末を基準時として日経225構成銘柄かつTOPIX構成銘柄である株式会社（168社。2017年10月末時点）を対象とした調査を行ったところ，調査対象とした168社のうち9社では，取締役会評価を実施していないとの開示があったものの，残りの159社では実施しており，"実施"率は94.64％であった。今回，平成30年7月末を基準時として日経225構成銘柄かつTOPIX構成銘柄である株式会社（168社。2018年7月末時点）を対象とした調査を行ったところ，対象とした168社のうち次の3社では，取締役会評価を実施していないとの開示があったものの，残りの165社では実施しており，実施率は98.21％まで上昇している。わが国を代表する企業では，取締役会評価の導入が更に進んでいるといえる。

コード	銘柄名	CG形態	CG報告書の記載
7202	いすゞ自動車	監査役設置会社	（取締役会全体の実効性についての分析・評価 【原則4-11】【補充原則4-11-3】） 　当社は取締役会全体の実効性の分析・評価は実施しておりません。本コードの実施につきましては，取締役会のこれからの役割や方向性，より望ましい運営スタイルなど評価をしていくにあたっての共通認識を深める取り組みも含め，今後検討してまいります。
8628	松井証券	監査役設置会社	＜原則4-11 取締役会・監査役会の実効性確保＞ 　当社の取締役会は，事業戦略，マーケティング，商品開発，システム，コンプライアンス，財務・会計，人事，広報・IR等の分野に精通した社内取締役と，上場会社の経営経験者及び大学教授兼弁護士からなる社外取締役により構成されています。 　当社の監査役会は，税理士等として，財務・会計に関する豊富な知識を有する専門家を含む社外監査役3名で構成されています。 　当社は，変化の激しい経営環境へ適時適切に対応するには，経営判断と業務執行を一体化して運営することが望ましいと考え，高度な専門性を備えた社内取締役を中心に構成するマネジメント体制を採用しています。取締役候補の指名にあたっては，知識・経験・能力の観点から，当社の取締役として十分な資質があると判断した人材について，性別等を問わず選任する方針です。

2．取締役会評価に係る"説明"

コード	銘柄名	CG形態	CG報告書の記載
			また，経営監視の点においては，複数の社外取締役及び社外監査役を選任しており，これら社外取締役における監督，社外監査役による監査を実施することで，取締役会全体としての実効性は十分に確保され，機能の向上に繋がっているものと考えます。そのため，現行の体制下において，取締役会全体としての実効性に関する分析・評価は，実施していません。 〈中略〉 ＜補充原則4-11-3 取締役会の実効性に関する分析・評価及び結果概要の開示＞ 　4-11に記載のとおり，取締役会全体としての実効性に関する評価・分析は実施していないため，開示すべき内容はありません。
9766	コナミホールディングス	監査役設置会社	【補充原則4-11-3 取締役会全体の実効性についての分析・評価及びその結果の概要】 　取締役会の実効性に関して，各取締役からの自己評価をベースとした分析・評価を行うこと，及びその結果の概要の開示を行うことについて，引き続き検討してまいります。

　なお，次頁の表に掲げた会社は，平成29年12月末基準時では取締役会評価を実施しなかったとしていたものの，平成30年7月末基準時では取締役会評価を実施した旨公表している。

　網掛けをした2社（帝人及び伊藤忠商事）は，他の企業会社とは異なり，平成27（2015）年度には取締役会評価を実施したものの，平成28（2016）年度には実施しなかったとのことであった。この2社は，補充原則4-11③では，毎年，取締役会評価を実施すべきとしていることを踏まえ，「平成27年度に実施した評価結果に基づき，実効性を高めるための施策を継続的に実施しています。取締役会の更なる運営改善を図るため，平成29年度は分析・評価を実施する予定です。」（帝人），「2015年度の取締役会評価を起点として2017年度より取締役会構成を大幅に変更した直後であることも勘案し，取締役会評価は実施しないこととしました。次回の取締役会評価は，2017年度以降の新体制となった取締役会の運営状況を踏まえて，2017年度中の適切なタイミングで実施する予定です。」（伊藤忠商事）として，平成28（2016）年度に取締役会評価を実施しなかった理由を説明していた。この2社も，平成29（2017）年度には実施したとのことである。

コード	会社名	CG形態	CG報告書の記載
1928	積水ハウス	監査役設置会社	【補充原則4-11(3)取締役会の実効性の分析・評価】 　取締役会は毎年，取締役会の実効性に関する分析・評価を行います。 ＜2018年1月期の評価結果の概要＞ 2．資本構成 【大株主の状況】 補足説明 3．企業属性 4．支配株主との取引等を行う際における少数株主の保護の方策に関する指針 　2018年1月期においては，取締役および監査役全員を対象に，「取締役会の議題・議論」「取締役会の運営」「取締役の責務・役割」についてアンケート調査を実施しました。 　当事者の忌憚のない意見を引き出すことおよび客観的な分析を担保するために，アンケートの回答回収および分析・評価は，弁護士事務所に協力を要請し，匿名性を確保して実施しました。

第3章　わが国における開示事例

コード	会社名	CG形態	CG報告書の記載
			その結果，当社取締役会の実効性については，概ね確保されていると評価しましたが，一方，事業戦略等に関する実質的な議論をはじめ，建設的・自由闊達な議論をさらに充実すべきであるとの意見が示されました。 　今後，「企業戦略全体に関する議論の拡充」「議事資料の事前配布時期の早期化」「議事資料の内容の充実」「社外取締役・社外監査役支援体制の強化」等の改善策を検討の上，順次実施し，取締役会の実効性の向上とコーポレートガバナンスの強化に努めてまいります。
3401	帝人	監査役設置会社	補充原則4-11-3【取締役会の実効性の分析・評価】 　当社では，取締役会の実効性確保及び機能向上を目的に，「取締役会の実効性に関する自己評価」を実施しました。評価にあたっては，取締役・監査役を対象として，取締役会の構成及び運営，戦略の実行，ステークホルダーとの対話等についてのアンケート調査（記名式）を実施し，その調査結果に基づき，現状のコーポレート・ガバナンス体制及び取締役会の実効性を向上させるための施策を取締役会で議論しました。 　その結果，当社の取締役会では活発な議論が行われており，また重要な経営戦略や事業戦略の審議が十分に行われるなど，現状のガバナンス体制及び運用に問題はなく，取締役会が適切に機能していることを確認しました。 　一方で，より高い実効性確保に向けて，ステークホルダーとの対話（対話機会の充実や対話内容の分析及び評価等）について，改善の余地があることも明らかになりました。 　今後は，これらの課題について改善を進め，取締役会の実効性の向上に継続的に取り組んでまいります。
4272	日本化薬	監査役設置会社	【補充原則4-11-3　取締役会全体の実効性の分析・評価】 　当社は，全取締役および全監査役を対象に，取締役会の実効性アンケートを実施し，アンケートの集計結果をもとに，取締役会で分析・評価いたしました。 　全体としては，取締役会はその役割や責務を実効的に果たしていると確認されました。 　一方，取締役会の構成や運営の一部において，取締役会として取り組むべき課題も認識されました。 　今後も当社取締役会の実効性をさらに高めていくための継続的な取り組みを行ってまいります。
4704	トレンドマイクロ	監査役設置会社	原則4-11-3　取締役会の実効性評価の結果の概要） 　当社は，2017年12月期において取締役会の実効性評価を実施し，以下のような対応を行いました。 【評価プロセス】 　以下の項目を含むアンケートを全ての取締役および監査役に配布し，回答および意見を得ました。 ・取締役会の構成と運営 ・経営課題と経営計画 ・企業倫理とリスク管理 ・業績モニタリング ・株主等との対話 　これらの回答ならびに意見を踏まえた評価結果について，第三者機関の意見も踏まえたうえで，当社取締役会は取締役会全体の実効性に関する分析および評価を行いました。 【評価結果の概要】 　当社の取締役会は，取締役会の役割・責務を果たす上でバランスの取れた構成のもと，適切に運営され，実効性を確保していることを確認いたしました。一方，取締役会の実効性をさらに向上するための課題について建設的な意見が示され，それらの課題について順次取り組んでいくことを確認しました。今後，取締役会においてより充実した議論を行うために，役員間の情報共有のあり方に関して改善に向けた取組みを図ってまいります。
8001	伊藤忠商事	監査役設置会社	（補充原則4-11③） ・取締役会の評価 　当社は，平成29年度の取締役及び監査役を対象として取締役会の実効性に関する評価を実施しました。 　評価の結果，取締役会の構成，任意諮問委員会の構成等，役割・責務，運営状況，情報

2．取締役会評価に係る"説明"

コード	会社名	CG形態	CG報告書の記載
			提供・トレーニングの面において，当社の取締役会の実効性は確保されていることを確認しました。 　当社は，前回（平成27年度）の取締役会評価における結論を受け，ガバナンス・報酬委員会での審議を経たうえで，平成29年度より，取締役総数を削減し，かつ，取締役総員の3分の1以上の社外取締役を選任することにより，「モニタリング重視型」の取締役会に移行しました。外部コンサルタントよりは，社外役員に対する事前ブリーフィングの強化，業務執行状況報告の充実，社外役員による意見の積極的表明等，取締役会の実質面での機能強化も図られているとの評価がありました。 　一方，「モニタリング重視型」への移行を踏まえた取締役会の運用，任意諮問委員会の審議内容の取締役会への報告の拡充等について引き続き検討する必要があるとの意見がありました。 　当社は，今回の取締役会評価の結果を踏まえ，引き続き取締役会の実効性の維持・向上に取組んでいきます。 （上記取締役会評価結果の概要については，当社ホームページ上にて公表しております。以下のURLをご参照ください。 https://www.itochu.co.jp/ja/files/board_evaluation_2017j.pdf） ＝＝＝＝＝＝＝＝＝＝＝＝＝＝＝＝＝＝＝＝＝＝＝＝＝＝＝＝＝＝＝＝＝＝＝＝ （参考） 当社取締役会の実効性に関する評価結果の概要について 当社は，2017年度の取締役および監査役を対象として取締役会の実効性に関する評価を実施しましたので，その評価結果の概要をお知らせします。 【取締役会評価実施要領】 対象者　2017年度の全取締役（9名）及び全監査役（5名） 実施方法　外部コンサルタントを起用し，対象者に対するアンケートおよび個別インタビューを実施（回答は匿名ベース） 質問内容　以下5つの大項目に関する事項 　①　取締役会の構成 　②　任意諮問委員会の構成等（指名委員会，ガバナンス・報酬委員会） 　③　取締役会の役割・責務 　④　取締役会の運営状況 　⑤　取締役・監査役に対する情報提供，トレーニング 評価方法　対象者の回答内容をベースに外部コンサルタントにて第三者評価を実施。 　　　　　当該第三者評価を参考にして，ガバナンス・報酬委員会における検討の後，取締役会において分析・評価を実施。 【評価結果の概要】 　上記による評価の結果，取締役会の構成，任意諮問委員会の構成等，役割・責務，運営状況，情報提供・トレーニングの面において，当社の取締役会の実効性は確保されていることを確認しました。 　当社は，前回（2015年度）の取締役会評価における結論を受け，ガバナンス・報酬委員会での審議を経た上で，2017年度より，取締役総数を削減し，且つ，取締役総員の3分の1以上の社外取締役を選任することにより，「モニタリング重視型」の取締役会に移行しました。外部コンサルタントよりは，社外役員に対する事前ブリーフィングの強化，業務執行状況報告の充実，社外役員による意見の積極的表明等，取締役会の実質面での機能強化も図られているとの評価がありました。 　一方，「モニタリング重視型」への移行を踏まえた取締役会の運用，任意諮問委員会の審議内容の取締役会への報告の拡充等について引き続き検討する必要があるとの意見がありました。 　当社は，今回の取締役会評価の結果を踏まえ，引き続き取締役会の実効性の維持・向上に取り組んでいきます。
9602	東宝	監査等委員会設置会社	【補充原則4-11-3　取締役会全体の実効性についての分析・評価，結果の概要】 　当社では，本年3月に取締役全員に対し取締役会の構成，運営，議論に関する10項目に関して「適切」「概ね適切」「改善の余地あり」を回答するアンケートを実施しました。その結果，一部の項目において指摘事項はありましたが，「適切」および「概ね適切」の回答が9割を超えました。これにより，取締役会は総合的に見てその実効性は確保されているものと評価いたしました。

イ　取締役会評価自体は実施したとしつつも，その内容に関する具体的な開示のない会社も見受けられる。こうした会社は，取締役会評価の内容に関する情報を開示することによるリスクを危惧し，当該リスクの最小化を図っているものと思われるが，そのような開示により獲得できるステークホルダーの信頼は極めて限定的であろう。

3．取締役会評価の開始時期

　大多数の会社が，CGC施行後に取締役会評価を実施した旨を明記しているほか，開始時期についての記載がない会社も少なくない。もっとも，コニカミノルタは，CGC施行前から取締役会評価を実施していることを明記している。

コード	会社名	CG形態	CG報告書の記載
4902	コニカミノルタ	指名委員会等設置会社	【補充原則4-11-3　取締役会の実効性評価】 　当社は，2003年に「委員会等設置会社」（現「指名委員会等設置会社」）に移行しましたが，「コーポレートガバナンスの仕組みが意図したとおりに機能しているか否か」をチェックするために，その翌年から取締役会の実効性に関する自己評価を開始しました。以降，毎年実施することで改善に活かしております。

4．評 価 項 目

　取締役会評価の評価は，取締役会の開催回数や出席率などといった定量的な評価を主とするものではなく，「定性的な分析を主とする評価」であるとされ，評価項目として次の例が挙げられている[注14]。

・取締役会における，スキル，経験，知識，多様性の状況
・企業の目的，方向性および価値における明確さとリーダーシップ
・後継者とその育成に関する計画
・取締役会の一つのユニットとしてのまとまり
・取締役会議長とCEOによって設定される企業の姿勢
・取締役会における関係，特に，取締役会議長とCEO，（中略）社内取締役と社外取締役における関係
・社内取締役・社外取締役個人における実効性
・取締役会における委員会の実効性と委員会と取締役会の関係
・企業とそのパフォーマンスに関して提供される一般的な情報の質
・取締役会に提示される書類とプレゼンテーションの質
・個々の提案に関する議論の質

4．評価項目

- 取締役会議長が主要な決定や論争を呼ぶ事項について十分な議論を確保するために使うプロセス
- 意思決定プロセスと権限に関する明確さ
- リスクを特定し検証するプロセス
- 取締役会と株主及び他のステークホルダーの間のコミュニケーション

(注14)　高山・前掲（注1）16頁

　具体的な評価項目は各会社によって異なるものと思われるが，評価項目の開示のない会社も存在する。ここでは，積極的に開示された評価項目・アンケートの項目の例を紹介する。

コード	会社名	CG形態	CG報告書の記載
1721	コムシスホールディングス	監査等委員会設置会社	・取締役会の規模及び全体的なバランスなど，適切な構成や多様性の確保 ・経営判断における適切なリスクテイクなど，議論の実効性の担保 ・経営陣，会計監査人及び内部監査部門等との連携体制確保など，取締役への支援内容
2282	日本ハム	監査役設置会社	① 取締役会の構成 　　取締役会の人数，構成メンバー，社外役員の兼任状況等 ② 取締役会の運営 　　取締役会の開催頻度，取締役会に上程される議案の件数，提出される資料の内容及び分量の適切性等 ③ 取締役会の議題 　　議題の選定，経営者への委譲事項，付議のタイミングの適切性等 ④ 取締役会を支える体制 　　新任役員・社外役員へのトレーニング，監査役が適切に情報を入手する機会の有無等 ⑤ コーポレート・ガバナンスの体制と運営 　　取締役の選任基準，指名プロセスの適切性，任意の諮問委員会の実効性の確保等 ⑥ 株主との対話 ⑦ 取締役会の総合評価 ⑧ 社外役員への追加質問 　　取締役会に上程された案件につき，事前に理解を得る場の有無等
2502	アサヒグループホールディングス	監査役設置会社	1．取締役会の役割と責務 2．取締役会の議論と取り組み 3．適切なリスクテイクの支援 4．経営陣への委任 5．取締役会の構成 6．経営陣幹部と取締役の選任 7．経営陣の報酬 8．独立社外取締役 9．リスクマネジメント 10．サクセッション・プラン 11．取締役会の情報入手と支援体制 12．取締役への情報提供 13．株主との対話 14．取締役会の実効性
2503	キリンホールディングス	監査役設置会社	①戦略の策定とその実行およびモニタリングの監督，②リスク管理と危機管理の監督，③健全な企業倫理の周知徹底とその監督，④事業買収・撤退等の意思決定の監督，⑤役員報酬および後継者育成計画等の監督，⑥ステークホルダーに対する開示全般の監督，⑦取締役会の構成および運営

第3章　わが国における開示事例

コード	会社名	CG形態	CG報告書の記載
2802	味の素	監査役設置会社	(3) 評価項目: 　1) 取締役会の運営について 　　(a) 年間開催スケジュール，出席機会の確保 　　(b) 開催頻度，審議の適切さ 　　(c) 資料の事前配布 　　(d) 資料の内容・分量 　　(e) 資料以外の情報入手 　2) 取締役会における審議について 　　(a) 決議事項の基準 　　(b) 報告事項の内容・頻度 　　(c) 審議時間の確保 　　(d) 審議の雰囲気 　3) 取締役会の構成について 　　(a) 取締役会メンバーのバランス，多様性，規模 　4) 取締役会による経営の意思決定・監督について 　　(a) 企業戦略を示す課題の審議 　　(b) 内部統制・リスク管理体制の整備・運用 　　(c) 諮問委員会の機能 　　(d) 利益相反取引の管理 　　(e) 情報開示の監督 　5) 取締役会改革に向けた取り組みについて 　　(a) 企業戦略の議論の充実化に向けた取り組み 　　(b) 議論の効率化に向けた取り組み 　　(c) 社内取締役の発言機会の確保に向けた取り組み 　　(d) 社外取締役の情報収集機会の確保に向けた取り組み 　　(e) 諮問委員会の検討プロセスの透明化に向けた取り組み
3402	東レ	監査役設置会社	(1) 経営理念・経営方針 (2) 取締役会の規模・構成 (3) 監督と執行の分離 (4) 取締役会に先立つ情報提供 (5) 取締役会の決議事項の数 (6) 取締役会の議事進行 (7) 取締役会における意見等に対する経営の対応 (8) 取締役会の権限 (9) 利害対立への適切な対応 (10) ステークホルダーとのコミュニケーション (11) 取締役同士のコミュニケーション (12) 知識習得の機会 (13) コンプライアンス推進 (14) 総合評価
4151	協和発酵キリン	監査役設置会社	1) 環境変化の洞察，2) 優先順位の決定とゴール設定，3) 情報取得とリスクマネジメント　4) 取締役のスキル，5) 取締役会/取締役の役割設定，6) 企業の組織体制，7) 取締役会の議案内容と審議時間，8) 取締役が入手すべき情報，9) 取締役会のメンバーの多様性，10) 取締役会のパフォーマンス分析
4452	花王	監査役設置会社	1．昨年度の取締役会実効性評価で指摘された課題への取り組み 　(i) 人財開発 　(ii) 集中力とスピード 　(iii) 子会社・孫会社への内部統制・コンプライアンスの浸透 2．コーポレートガバナンス・コードにおいて特に取締役会に期待されている視点 　(i) 企業戦略等の大きな方向性の議論（基本原則4） 　(ii) 経営陣幹部による適切なリスクテイクを支える環境整備（同上） 　(iii) 独立した客観的な立場から，経営陣・取締役に対する実効性の高い監督（同上）

4．評価項目

コード	会社名	CG形態	CG報告書の記載
			(iv) コンプライアンスや財務報告に係る内部統制やリスク管理体制を適切に整備し，その運用が有効に行われているかの監督（同上） (v) 株主・投資家との建設的な対話（基本原則3，5） 3．取締役会の運営全般 4．取締役会における今後の課題
4506	大日本住友製薬	監査役設置会社	1）取締役会の構成 2）取締役会の役割・責務 3）取締役会の運営状況 4）指名報酬委員会の機能 5）社外役員への支援体制 6）独立社外取締役の役割 7）監査役の役割・監査役に対する期待 8）ステークホルダーとの関係 9）昨年度からの改善
4578	大塚ホールディングス	監査役設置会社	アンケートの項目は以下のとおりです。 1　取締役会の構成の適切性 2　個々の取締役の業務分野，具体的な経営戦略・計画に対する理解・知識の十分性 3　社外取締役との連携の十分性 4　監査役会との連携の十分性 5　取締役会の運営について 6　ガバナンスとの関連について 　ⅰ　経営戦略の方向性の決定における取締役会の機能の適切性 　ⅱ　経営戦略の実行についての各事業に対するモニタリングの十分性 　ⅲ　主要な投資家・ステークホルダーの視点の汲み取りの十分性 　ⅳ　リスクマネジメントの適切性 　ⅴ　各事業会社との間の連携・情報共有の十分性 7　社外役員に対するサポート体制の十分性 8　総括・実効性の観点から十分に機能しているか
4704	トレンドマイクロ	監査役設置会社	以下の項目を含むアンケートを全ての取締役および監査役に配布し，回答および意見を得ました。 ・取締役会の構成と運営 ・経営課題と経営計画 ・企業倫理とリスク管理 ・業績モニタリング ・株主等との対話
6301	小松製作所	監査役設置会社	①取締役会の構成，②付議事項，③率直で有意義な議論，④執行部からの情報提供と議案の提示，⑤重要な事項が報告・提案され，フォローされる仕組み，⑥その他の事項
6326	クボタ	監査役設置会社	取締役会の構成，運営，監督機能，リスクマネジメント，意思決定機能，ボードカルチャー等
6361	荏原製作所	指名委員会等設置会社	(1)【質問票の項目】 ・取締役会の役割・機能・構成（取締役会，議長，執行兼務/非兼務の社内取締役，社外取締役，それぞれの機能・役割・構成について） ・取締役会の運営状況（昨年度の取締役会評価において認識された課題に対する取組状況，議論の現状，昨年度からの変化について） ・委員会（指名・報酬・監査）の構成と役割 ・委員会（指名・報酬・監査）の運営状況 ・社外取締役に対する支援体制（社外取締役への情報提供と社外取締役同士のコミュニケーションについて） ・投資家・株主との関係（当社からの発信と投資家・株主からの評価のフィードバックについて） ・各取締役の自己評価

第3章　わが国における開示事例

コード	会社名	CG形態	CG報告書の記載
			(2)【個別インタビューの項目】 ・取締役会に対する見方（取締役会の規模，社外取締役と社内取締役の割合・構成） ・代表執行役社長・議長・社外取締役のサクセッションプラン ・社外取締役の議論に対する見方 ・監査委員会に対する見方 ・全社を統括する機能に対する見方
6503	三菱電機	指名委員会等設置会社	・取締役会の開催頻度，日程，時間 ・取締役会の議論に関連して提供される情報（質・量）及び提供方法 ・取締役会での提供資料，説明内容・方法，質疑応答要領，議案毎の時間配分 ・その他取締役会の実効性を高める仕組み等 ・過去の取締役会レビューを踏まえた各種施策に対しての改善事項　等
6702	富士通	監査役設置会社	「役員が必要と考える情報が円滑に提供されているか」，「役員に対してトレーニングの機会や費用支援等が適切に提供されているか」等
6724	セイコーエプソン	監査等委員会設置会社	(1)取締役会の構成・機能・運営　(2)監査等委員会の機能　(3)任意の委員会の機能・運営　(4)経営陣の評価・報酬・後継者計画　(5)株主との対話　(6)その他
7011	三菱重工業	監査等委員会設置会社	2017年度においては，昨年度に引き続き，主に「取締役会の構成」，「取締役会の運営」，「取締役会の監督機能」，「社外取締役のサポート体制」の4つの点を軸に，以下の評価プロセスにより取締役会評価を実施いたしました。
7181	コンコルディア・フィナンシャルグループ	監査役設置会社	経営統合2年目の2017年度の実効性評価については，評価対象を前年度の課題認識を踏まえて「中長期的な経営戦略についての議論」に絞り，当社の取締役・監査役全員に対し，アンケートを実施するとともに，取締役会議長が各取締役・監査役にインタビューをおこなうことによって，取締役会の実効性を評価し，その結果を2018年5月の取締役会において決定しました。
7205	日野自動車	監査役設置会社	(3) 評価項目 ・取締役会が果たすべき役割・責任に関する評価 （コーポレートガバナンス・コードの基本原則4において，取締役会に期待されている視点等） ・取締役会の実効性を支える仕組み等に関する評価 （取締役会の構成や運営，コーポレート・ガバナンス委員会における議論の質，社外役員の活動サポート等）
7261	マツダ	監査役設置会社	主な調査内容は，取締役会の構成，経営戦略等に係る審議の状況，コンプライアンス・内部統制に係る審議の状況，情報提供（情報量，資料，説明，社外役員に対するサポート）の状況，審議への関与です。
7270	SUBARU	監査役設置会社	(4) 質問事項 　Ⅰ．取締役会の運営体制 　Ⅱ．取締役会の監督機能 　Ⅲ．株主との対話 完成検査に関わる不適切事案の発生を受け，コーポレートガバナンスやリスク管理体制を中心とした取締役会の監督機能の実効性をより詳細に評価する観点から，質問事項の見直しと追加を行いました。 　各質問に対する自己評価は4段階で行うとともに，当社取締役会の優れている点，および当社取締役会の実効性をさらに高めるために必要な点などについて自身の考えを自由に記入し第三者機関に直接提出いたしました。

4．評価項目

コード	会社名	CG形態	CG報告書の記載
7733	オリンパス	監査役設置会社	(2) 取締役会評価の質問票の大項目は以下のとおりです。 ① 取締役会の機能の発揮について ② 取締役会の構成および運営状況について ③ 重要な委員会について ④ 社外取締役に対する支援体制について ⑤ 監査役の役割に対する期待について ⑥ 投資家・株主との関係について
7751	キヤノン	監査役設置会社	当社では，年１回，以下の項目について各取締役および各監査役にアンケート調査を行い，その結果を踏まえて取締役会において取締役会全体の実効性に関する分析・評価を実施いたします。 ・取締役会の運営について（資料の配布時期，開催頻度，審議時間の妥当性など） ・取締役会の意思決定・監督機能について（取締役会付議事項・付議基準，報告内容の妥当性など） ・監査役・社外取締役の役割について（会社の業務・組織を理解する研修等の機会の必要性など）
7752	リコー	監査役設置会社	成長戦略へ舵をきる2018年度を迎える今回の評価にあたっては，取締役会と執行とが緊張感をもって適切に連携できる好循環を作り出すことが必要であるとの認識により，監督側である取締役会の実効性向上の観点に留まらず，監督の対象となる執行への評価も併せて実施しました。 　具体的には，昨年提案された２つの改善項目（中略）の達成度，取締役会における審議・意思決定・監督の実効性，さらに取締役会において確認された執行の対応等について，取締役および監査役の全員が事前に自由形式での記述による評価を行い，それらを共有した上で討議を行いました。
7951	ヤマハ	指名委員会等設置会社	・「取締役会の役割・責務」，「取締役会の構成」，「取締役の役割と資質」，「取締役会の運営」，「指名委員会等設置会社への移行」，「各委員会の運営」について，取締役へアンケートを実施
8001	伊藤忠商事	監査役設置会社	質問内容　以下５つの大項目に関する事項 ① 取締役会の構成 ② 任意諮問委員会の構成等（指名委員会，ガバナンス・報酬委員会） ③ 取締役会の役割・責務 ④ 取締役会の運営状況 ⑤ 取締役・監査役に対する情報提供，トレーニング
8002	丸紅	監査役設置会社	３．評価項目 (1) 取締役会の役割・責務 (2) 取締役会と経営陣幹部の関係 (3) 取締役会等の機関設計・構成 (4) 取締役（会）の資質と知見 (5) 取締役会における審議 (6) 株主との関係・対話 (7) 株主以外のステークホルダーへの対応
8031	三井物産	監査役設置会社	＜アンケートの項目＞ 2018年３月期アンケートの質問票の大項目は以下のとおりです。大項目に含まれる設問ごとに，５段階で評価する方式としており，当該項目に関するコメント欄を設けています。更に，取締役会の実効性向上の進捗が把握できるよう，前年対比での改善の度合いについても評価することとしています。 Ⅰ．取締役会の構成に関する事項 Ⅱ．取締役会の運営状況に関する事項 Ⅲ．取締役会の審議に関する事項 Ⅳ．取締役会の役割・責務に関する事項 Ⅴ．諮問委員会のメンバー構成，テーマ設定，議論結果の取締役会への報告，その他の運営状況等に関する事項

第3章　わが国における開示事例

コード	会社名	CG形態	CG報告書の記載
			Ⅵ．取締役・監査役自身の職務執行に関する事項 Ⅶ．取締役・監査役への支援等に関する事項 Ⅷ．総括
8058	三菱商事	監査役設置会社	［質問事項］ 　2017年度施策の評価，取締役会の構成・体制，運営，監督・監査機能，自身の関与状況，取締役会の活性化　等
8308	りそなホールディングス	指名委員会等設置会社	1．取締役会の運営について　7項目 　①開催頻度：（中略）　②所要時間：（中略）　③議事進行：（中略）　④資料構成：（中略） 　⑤各議案の説明：（中略）　⑥議論・意見交換の充実：（中略）　⑦情報提供：（中略） 2．取締役会の議題について　4項目 　①議題選定：（中略）　②定例報告の頻度及び内容（業務執行状況報告）：（中略）　③定例報告の頻度及び内容（リスク管理）：（中略）　④定例報告の頻度及び内容（委員会）：（中略） 3．取締役会の機能について　5項目 　①戦略的議題の議論の充実：（中略）　②適切なリスクテイクを支える環境整備：（中略） 　③多角的かつ十分な議案の検討：（中略）　④取締役会の構成：（中略）　⑤取締役個人の自己評価（中略）
8309	三井住友トラスト・ホールディングス	指名委員会等設置会社	評価項目 ①　取締役会の構成・審議・運営等 7項目 ②　取締役会の資料・事前説明等 5項目 ③　取締役会の監督機能の発揮 9項目 ④　各委員会の機能発揮 1項目および以下の各委員会の自己評価項目 　・指名委員会　10項目 　・報酬委員会　10項目 　・監査委員会　16項目 　・リスク委員会　9項目 　・利益相反管理委員会　9項目 ⑤　取締役会での審議希望テーマ等 3項目
8411	みずほフィナンシャルグループ	指名委員会等設置会社	当社の「コーポレート・ガバナンスガイドライン」をベースとし国内外の法令・慣行も踏まえて2015年度に設定した，取締役会およびコーポレート・ガバナンスに関する〈みずほ〉の「目指す姿」の達成状況を評価いたしました。なお，評価にあたり，事前質問票およびインタビューの項目は，「取締役会全体」「取締役会構成」「事前準備」「討議内容」「傘下委員会」「執行体制」「その他」の7つに区分しました（全23項目の質問事項について，絶対評価と昨年度比の相対評価（改善度）を各々5段階で評価）。 　特に，「当社のガバナンスの高度化状況/今後，中長期的に克服していくべき最大の課題」「企業統治改革を通じた，執行のレベルアップ状況/今後，改善すべき課題」については記述式とし，重点的に確認いたしました。
8729	ソニーフィナンシャルホールディングス	監査役設置会社	アンケートは，「取締役会の構成と運営」，「経営戦略と事業戦略」，「企業倫理とリスク管理」，「経営陣の評価と報酬」，「組織・事業再編関連」，「株主等との対話」，「自己評価」等，多岐にわたる項目についての点数評価，および全設問について，その理由やコメントの記述式とし，また，昨年の実効性評価で課題となった事項への対応についても評価を行いました。
8750	第一生命ホールディングス	監査等委員会設置会社	【主な評価項目（詳細）】 ①　取締役会の運営（総論） 　・取締役会運営および議論の内容の適切性 　・取締役会の開催頻度の適切性 　・重要なテーマ（例：経営戦略，リスクテイク方針，内部統制等）の議論の十分性 ②　取締役会の構成 　・経営方針・戦略等を踏まえた中期的な取締役会の構成 ③　取締役会での審議充実に向けて（役員に対するサポート体制）

コード	会社名	CG形態	CG報告書の記載
			・経営に関する情報提供・説明の十分性 ・取締役会の事前説明（資料の事前提供，事前説明）の十分性 ・議案の内容・選定を含む会議当日の運営の適切性 ④ 監査等委員会・指名諮問委員会・報酬諮問委員会の役割と運営状況 ・重要な課題に関する議論の十分性 ・事前準備のための情報提供と時間確保の十分性 ⑤ 役員間のコミュニケーションの活性化 ・社外取締役間のコミュニケーションの十分性 ・社内外取締役間のコミュニケーションの十分性 ⑥ 株主等との関係 ・株主とのコミュニケーション結果に関する情報提供の十分性 ・資本市場への発信の十分性 ⑦ ガバナンス体制・取締役会の実効性全般 ・取締役会の実効性 ・取締役会における取締役自身の役割・貢献
8795	T＆Dホールディングス	監査役設置会社	アンケートの大項目は以下のとおりです。 (1)取締役会の機能，(2)取締役会の構成，(3)取締役会の運営，(4)社外役員に対する情報提供，(5)総合評価
8802	三菱地所	指名委員会等設置会社	・取締役会の構成（社外取締役比率，人数規模，多様性） ・取締役会の運営（開催頻度，所要時間，議題の選定，配布資料の内容，配布資料以外の情報提供，質疑応答，トレーニング等） ・取締役会の実効性（経営計画，執行役への権限委譲，リスク管理体制，株主・投資家との対話，経営幹部の選解任，後継者育成計画，役員報酬，指名・監査・報酬の各委員会の構成・運営・連携等） ・その他（取締役会の実効性評価の手法等）

5．評価手法・プロセス

　評価手法・プロセスについて開示のない会社もあるが，開示のある会社の例を見る限り，各社は，取締役に対するアンケートやヒアリング，それらの結果についての意見交換等により，取締役会の実効性についての定性的な評価を実施している模様である。開示された評価手法・プロセスについて，具体例を紹介する。

コード	会社名	CG形態	CG報告書の記載
1605	国際石油開発帝石	監査役設置会社	今回（2017年度）の評価実施に先立ち，2017年11月の社外取締役と監査役の会合において，前回の評価で抽出された課題に対する上半期の取組状況について意見交換を行い，改善・進展状況を中間評価しました。同中間評価も踏まえ，2018年1月の取締役会にて，2017年度の取組結果全体を振り返るとともに，今回の実効性評価の実施方針について審議し，決定しました。 　評価項目は，各取締役及び監査役の自己評価に加え，取締役会の構成・運営・役割・責務，前回評価での課題の改善状況などとし，2月中旬から3月上旬に掛けて，全ての取締役及び監査役に対して完全無記名のアンケート調査を実施しました。より具体的な意見の吸い上げのために，多くの質問に自由記述欄を設けました。

第 3 章　わが国における開示事例

コード	会社名	CG形態	CG報告書の記載
			その後，取締役会事務局にてアンケート回答結果の集計及び分析を行い，社外取締役・監査役と代表取締役の会合において，集計分析結果及び新たな課題と改善計画について議論を行った上で，本年4月の取締役会において，最終的な評価結果と改善計画を確認しました。
1803	清水建設	監査役設置会社	全取締役及び全監査役によるディスカッション方式（自己評価） ・対象期間：平成29年1月から12月（1年間） ・実施日：平成29年12月取締役会及び平成30年1月取締役会
2282	日本ハム	監査役設置会社	平成29年度の評価は，平成29年度の取締役会の活動の評価並びに平成28年度の評価を通じて発見された課題の改善状況及び進捗状況の確認を目的に，すべての取締役・監査役に対するアンケートによる自己評価の方法で行いました。また，評価を行うに際し，社外の客観的な視点を取り入れるため，独立社外役員全員で構成される「独立社外役員会議」においてその実施方法及び質問項目案を検討し，アンケートの内容を確定いたしました。役員の忌憚のない意見を引き出すこと及び客観的な分析を担保するため，回答方式は無記名方式とし，点数評価に自由回答を組み合わせております。
2432	ディー・エヌ・エー	監査役設置会社	取締役及び監査役の全員を対象としたアンケートを実施し，その回答を踏まえたうえ，担当取締役が全取締役及び常勤監査役を対象とした個別ヒアリングを実施いたしました。そして，その結果に基づき，取締役会において，取締役会の実効性の評価及び今後の課題と施策について議論を行いました。 取締役会議長を本実効性評価の担当取締役とし，分析・評価の方法及び質問項目案は取締役会にて議論したうえで決定いたしました。また，分析・評価の方法及びアンケートの質問項目は外部弁護士からの意見も踏まえております。
2502	アサヒグループホールディングス	監査役設置会社	当社の取締役及び監査役は，"企業価値向上経営"の更なる深化に向けた「攻めのガバナンス」の実現に向けて，2017年度における取締役会の実効性を分析・評価するため，2018年1月に，取締役会事務局が作成し取締役会が承認した自己評価調査票により，各自評価を行いました。 当社取締役会は，各取締役及び監査役の自己評価調査票による評価結果の取り纏めに基づき，また，第三者である外部アドバイザーの意見を参考として，2018年3月の取締役会において議論を行い，評価の内容を決定いたしました。
3382	セブン＆アイ・ホールディングス	監査役設置会社	(3)　評価スケジュールおよび評価プロセス 取締役会評価のスケジュールおよび取締役会評価プロセスの概要は以下のとおりです。 【評価スケジュールおよび評価プロセスの概要】 ①　評価手続　方針確認 【会議実施日】 ・2017年8月3日 ・2017年10月6日 ・2017年10月12日 本年度取締役会評価プロセスについて，当社にとって最適な評価方法は何か，具体的なアンケート，インタビューの形式を含め，取締役会等の協議により決定 ②　事前アンケート ・2017年10月中旬 当社取締役会の実効性に関するアンケート用紙を，当社取締役（13名）および監査役（5名）全員（計18名）に配布し，個別インタビューの前に回答を回収 ③　個別インタビュー ・2017年10月中旬～11月中旬 上記事前アンケート結果を基に，各取締役および監査役個別に1時間程度インタビューを実施 ④　評価集計，論点整理 ・2017年11月中旬～12月中旬 上記事前アンケートおよび個別インタビュー結果について，取締役会事務局において，集計・分析し，論点整理等を実施 ⑤　集計結果を取締役・監査役全員で協議 【会議実施日】

5．評価手法・プロセス

コード	会社名	CG形態	CG報告書の記載
			・2017年12月22日 ・2018年1月5日 ・2018年3月2日 上記論点整理を基に，実務運用により直ちに改善できるものは改善を図る一方で，ガバナンス上重要だと思われるポイントについては，当社取締役会としていかに対応すべきか，今後の改善を図るべきか，3回の会議の中で，協議を実施 ⑥　取締役会にて評価総括を決議 【会議実施日】 ・2018年3月8日 取締役会で評価総括を決議
3402	東レ	監査役設置会社	【補充原則4-11-3（取締役会の実効性の分析・評価）】 1．分析・評価のプロセス 　当社取締役会は2018年3月下旬から4月中旬にかけて，全取締役・監査役計29名を対象に，「2017年度取締役会実効性評価アンケート」を実施しました。アンケートの項目は次のとおりで，29名全員から記名式で回答を得ました。 ⑴　経営理念・経営方針 ⑵　取締役会の規模・構成 ⑶　監督と執行の分離 ⑷　取締役会に先立つ情報提供 ⑸　取締役会の決議事項の数 ⑹　取締役会の議事進行 ⑺　取締役会における意見等に対する経営の対応 ⑻　取締役会の権限 ⑼　利害対立への適切な対応 ⑽　ステークホルダーとのコミュニケーション ⑾　取締役同士のコミュニケーション ⑿　知識習得の機会 ⒀　コンプライアンス推進 ⒁　総合評価 　アンケートに加えて，社外取締役・社外監査役計4名に対して，取締役会事務局が個別にインタビューを行い，アンケートへの回答内容を踏まえて意見を聴取しました。 　これらの結果について，2018年6月21日に開催されたガバナンス委員会で分析・評価を行った上，その結果を2018年6月22日の取締役会で審議しました。
4188	三菱ケミカルホールディングス	指名委員会等設置会社	2017年度は，評価の客観性や透明性を確保すること，および当社のコーポレートガバナンス全般を網羅的に検証することを目的として，アンケートの実施・結果分析を第三者の外部コンサルタントに委託し，取締役会議長を含む全取締役を対象に，5段階評価・無記名式のアンケートを実施しました。なお，全ての質問にコメント欄を設けることで，定量的評価と定性的評価の両側面から現状の把握と課題の抽出を図る形式としました。アンケート結果に基づき，取締役会において課題・対応策について議論し，これらを踏まえ，取締役会議長が，当社取締役会・各委員会の実効性を評価し，その結果を取締役会で報告しました。
4902	コニカミノルタ	指名委員会等設置会社	現在では，「評価・結果の分析，次年度取締役会運営方針の策定，運営計画の策定，実行」というPDCAサイクルを回し，取締役会の実効性を継続的に高めるツールとして活用しています。 　2016年度は，「第三者」の視点を入れることで客観性を高めること，並びに従来の「自己評価」では気付いていなかった課題を明らかにすることを意図し，アンケート及びインタビューの実施を外部機関に委託しました。 　一方で2017年度は，持続的成長及び中長期的な企業価値向上という当社コーポレートガバナンスの目的に適うガバナンスシステムの構築，システムの運用ができているかという観点を重視した実効性評価を実施しています。 ⑴　実施プロセス 　2017年度に関する実効性評価は，以下のスケジュールで実施しました。 ・2018年4月　アンケート実施

コード	会社名	CG形態	CG報告書の記載
			・2018年5月　アンケート回収，評価結果集約 ・2018年6月　取締役会議長による「取締役会運営方針（2018年度）」の説明 （当社定時株主総会直後の取締役会において）
4911	資生堂	監査役設置会社	当社は，課題や改善点を洗い出し，取締役会の実効性を高めるための取り組みにつなげることを目的に，2017年度も取締役会の実効性評価を実施しました。2017年度の評価は，1年間の取締役会の活動を網羅的に評価することと併せて，これまでの取締役会実効性評価を通じて洗い出された課題や取り組み事項の改善状況や進捗を確認することを主な目的とし，セルフアセスメントの方法で実施しました。 　評価にあたっては，取締役および監査役全員を対象に，取締役会，役員指名諮問委員会，役員報酬諮問委員会および監査役会の活動状況や事務局による支援体制への評価・分析を行う匿名のアンケート調査を実施しました。なお，当事者の忌憚ない意見を引き出すことおよび客観的な分析を担保するために，アンケートの回答収集および集計は外部機関に依頼し，当社の取締役会事務局では，集計後のデータを用いて分析を行いました。
5233	太平洋セメント	監査役設置会社	2017年度の評価においては，前年度に引き続き，全取締役に対してアンケート方式による自己評価を実施し，その結果をもとに取締役会議長及び社外取締役が分析・評価を行いました。更に，分析・評価の内容を取締役会に報告の上，前年度評価との対比による改善状況や今後の課題について審議・確認を行いました。
5713	住友金属鉱山	監査役設置会社	取締役会は，適切な業務執行の決定および監督機能の点から取締役会の実効性を分析・評価するため，毎年，取締役および監査役に対してアンケートを実施しております。アンケートは，回答が社内担当者の目に触れることがないよう回答先を外部の法律事務所とし，集計結果の取りまとめおよびその分析を委託しております。 　取締役会は，アンケートに記載された取締役および監査役の自己評価の集計結果および法律事務所の外部評価に基づき，取締役会の実効性を分析・評価しております。
6113	アマダホールディングス	監査役設置会社	社外を含む全取締役を対象に取締役会の実効性に関する質問票を配布し，全員から回答を得ました。回答結果は取締役会事務局が集計し，その内容について分析を行いました。 　その後，分析結果をもとにした社外取締役及び社外監査役による外部意見を踏まえ，2017年11月14日開催の取締役会において取締役会全体の実効性について分析・評価を実施し，併せて現状の課題と今後の取り組み方針について議論を行いました。 ＜質問票の主な質問項目＞ (1) 取締役会の構成 (2) 取締役会の役割・責務 (3) 取締役会の運営 (4) 取締役会の実効性
6301	小松製作所	監査役設置会社	アンケートは，取締役と監査役の全員を対象に，①取締役会の構成，②付議事項，③率直で有意義な議論，④執行部からの情報提供と提案の提示，⑤重要な事項が報告・提案され，フォローされる仕組み，⑥その他の事項について実施し，全員から回答を得ました。その結果をもとに，さらに社外取締役及び社外監査役でディスカッションを行い，その結果を取締役会に報告し，実効性の分析・評価を行い，改善点につき討議を行いました。
6701	日本電気	監査役設置会社	(1) 分析・評価プロセス (i) アンケート 　2017年度は，取締役および監査役全員を対象として，2016年度の取締役会の実効性評価結果に基づき策定した施策の達成度に関する質問を追加するとともに記述回答の質問項目を増やすなど，取締役および監査役の評価や意見がより的確に回答結果に反映されるよう改善を行ったうえで，取締役会の役割，構成，運営に関するアンケートを実施し，全員から回答を得ました。 (ii) アンケートに基づく討議 　アンケート結果については，取締役会の実効性に係る分析・評価を行ったうえで，2018年3月の取締役会で報告し，取締役会のガバナンス体制・機能の強化，経営戦略，意思決定に係る議論のあり方および会社の将来像を見据えた経営方針の明確化などの観点から改善点につき討議しました。

5．評価手法・プロセス

コード	会社名	CG形態	CG報告書の記載
6758	ソニー	指名委員会等設置会社	まず，当社取締役会において，前回の実効性評価を踏まえた対応状況及び今回の実効性評価の進め方について審議・確認しました。（中略） 　そのうえで，当該外部専門家による第三者評価を実施しました。その評価手法は，以下のとおりです。 ・取締役会議事録等の資料の閲覧及び取締役会への陪席 ・取締役会・各委員会の開催・運営実務等の取締役会事務局との確認 ・取締役会の構成，運営，取締役自身のコミットメント，各委員会の活動，実効性評価の手法そのもの等について全取締役に対するアンケートの実施 ・取締役会議長，各委員会議長，CEO（最高経営責任者）その他一部の取締役に対するインタビューの実施 ・日本及び欧米のグローバル企業との比較，その他必要な分析 　その後，当社取締役会が，当該外部専門家より第三者評価の結果についての報告を受け，その内容を分析・審議し，取締役会・委員会の実効性確保の状況を確認しました。併せて今回の結果を踏まえた対応案について，取締役会において審議及び確認しました。
6762	TDK	監査役設置会社	まず，取締役と監査役の全員に対して調査票を配布し，取締役会や諮問委員会の構成，議案，議論，運営等についての自己評価を実施しました。この質問票の結果を取りまとめ，共通する課題や論点を抽出し，そこで見いだされた重要な論点を中心に個別のインタビューでさらに意見の収集を行いました。 　個別インタビューは，独立社外取締役である取締役会議長が，取締役と監査役の全員に対して，個別に面談し自由で忌憚のない意見交換を行うことにより実施しました。この個別インタビューで集められた意見は無記名の形で取りまとめ，取締役会において，取締役会議長がその結果を報告し，議論及び評価を行いました。 　この評価についての方法・対象・分析結果・報告内容に関しては，第三者機関による外部客観評価を行い，その上で取締役会による最終的な評価としました。
6770	アルプス電気	監査等委員会設置会社	取締役会メンバーに対し，取締役会の構成，運営，審議内容，取締役間のコミュニケーション，支援体制等について設問票による記名式アンケートを行い，各々の所感を含む自己評価を実施しました。そしてこれらを社外取締役を含む監査等委員会及び管理担当・経営企画担当各取締役が分析，課題整理を行った後，取締役会において報告を行い，検証及び議論を行いました。
7011	三菱重工業	監査等委員会設置会社	2017年度においては，昨年度に引き続き，主に「取締役会の構成」，「取締役会の運営」，「取締役会の監督機能」，「社外取締役のサポート体制」の4つの点を軸に，以下の評価プロセスにより取締役会評価を実施いたしました。 ・社外取締役を含む全取締役に対するアンケート調査の方法による自己評価を実施 ・社外取締役のみの会合において意見交換を実施 ・取締役会においてアンケート調査結果に基づき議論 ・これらの自己評価，議論等を踏まえて，取締役会評価の結果を取締役会において決議
7186	コンコルディア・フィナンシャルグループ	監査役設置会社	経営統合2年目の2017年度の実効性評価については，評価対象を前年度の課題認識を踏まえて「中長期的な経営戦略についての議論」に絞り，当社の取締役・監査役全員に対し，アンケートを実施するとともに，取締役会議長が各取締役・監査役にインタビューをおこなうことによって，取締役会の実効性を評価し，その結果を2018年5月の取締役会において決定しました。
7203	トヨタ自動車	監査役設置会社	(1) 分析・評価 　取締役会議長の指示に基づき取締役会事務局が，実施状況に関する定量的な分析を行った後，取締役会メンバー（取締役および監査役）に対して，執行やその監督などの状況に関するアンケートを実施しています。 　また，アンケート結果に基づき，社外取締役と社外監査役を含む取締役会メンバーに個別インタビューを実施し，取締役会事務局が取りまとめ，取締役会議長に説明の上，その結果を取締役会にて報告・議論しています。

第3章 わが国における開示事例

コード	会社名	CG形態	CG報告書の記載
7270	ＳＵＢＡＲＵ	監査役設置会社	１．評価および分析の方法 　(1) 実施時期　2018年3月 　(2) 回答者　全取締役および監査役（社外役員含む計12名） 　(3) 実施要領　第三者機関作成のアンケートによる自己評価方式 　　① 第三者機関が全取締役および監査役に対し，無記名式による自己評価アンケートを実施 　　② 第三者機関がアンケートを集計・分析 　　③ 第三者機関より受領した報告書を取締役会で検証・議論 ※本年度から無記名式といたしました。
7272	ヤマハ発動機	監査役設置会社	〈評価プロセス〉 経営企画部を事務局として，以下のプロセスで取締役会の実効性の評価を実施しました。 ・当社取締役会の目指す姿の7つの評価観点に基づいた，社外取締役と社外監査役を含む全ての取締役会メンバーに対する質問票による調査 （コーポレートガバナンス基本方針の項目4-6取締役会実効性評価で7つの評価観点を公開しております） ・調査結果の分析および前年評価との対比による改善状況の確認 ・分析結果に基づいた，取締役会での実効性評価の共有，取り組むべき課題についての審議
7752	リコー	監査役設置会社	成長戦略へ舵をきる2018年度を迎える今回の評価にあたっては，取締役会と執行とが緊張感をもって適切に連携できる好循環を作り出すことが必要であるとの認識により，監督側である取締役会の実効性向上の観点に留まらず，監督の対象となる執行への評価も併せて実施しました。 　具体的には，昨年提案された2つの改善項目（中略）の達成度，取締役会における審議・意思決定・監督の実効性，さらに取締役会において確認された執行の対応等について，取締役および監査役の全員が事前に自由形式での記述による評価を行い，それらを共有した上で討議を行いました。
8001	伊藤忠商事	監査役設置会社	【取締役会評価実施要領】 対象者　2017年度の全取締役（9名）及び全監査役（5名） 実施方法　外部コンサルタントを起用し，対象者に対するアンケートおよび個別インタビューを実施（回答は匿名ベース） 評価方法　対象者の回答内容をベースに外部コンサルタントにて第三者評価を実施。 　　　　　当該第三者評価を参考にして，ガバナンス・報酬委員会における検討の後，取締役会において分析・評価を実施。
8002	丸紅	監査役設置会社	２．実施方法 　アンケートを実施した。（回答は匿名）　＊実施に当たっては外部専門機関を活用 ４．評価プロセス 　アンケートの回答内容に基づいて，ガバナンス・報酬委員会にての，取締役会の構成や運営等，取締役会全体に関する評価・レビューを踏まえ，取締役会において審議を実施しました。
8015	豊田通商	監査役設置会社	当社では，社外取締役・監査役を含む取締役会構成メンバー全員にアンケートを行い，取締役会事務局で分析・評価を行った上で，その結果を取締役会に報告しました。
8031	三井物産	監査役設置会社	＜評価方法＞ 　2018年1月に取締役14名及び監査役5名に対し，取締役会の構成，運営状況及び自身の職責等に関する質問票を配布し，全員から回答を得ました（以下「2018年3月期アンケート」）。また，同年2月開催の社外役員会議（全社外取締役及び全社外監査役が出席）において，取締役会の実効性に関する意見交換を行いました。その後，2018年3月期アンケート及び社外役員会議の結果を踏まえ，同年2月開催のガバナンス委員会にて議論し，同月開催の取締役会において，同委員会の答申を踏まえて議論した後，2018年3月期の取締役会の実効性の評価を確定させました。

コード	会社名	CG形態	CG報告書の記載
			なお，上記評価方法の実施にあたっては，2017年11月開催のガバナンス委員会において，第三者起用による取締役会実効性評価方法も含めたプロセスの妥当性を検証した結果，2018年3月期の取締役会実効性評価については，有効性が認識されたため，現状の自己評価方式を継続するとの結論に至りました。
8035	東京エレクトロン	監査役設置会社	1．実効性評価の方法 取締役，監査役全員に取締役会および指名委員会・報酬委員会の実効性に関する質問形式によるアンケートを実施し，回答を得ました。このアンケート結果に加え，社外取締役および社外監査役を主たるメンバーとしての意見交換・討議を実施したうえで，取締役会全体でそれらを共有し，当社取締役会の実効性に関する評価を実施いたしました。
8058	三菱商事	監査役設置会社	［プロセス］ 1．ガバナンス・指名・報酬委員会で2017年度取締役会評価のプロセス・テーマについて審議 2．全取締役及び監査役に対しアンケート及びヒアリングを実施 3．ヒアリング結果を取り纏め，今後の方針を含めガバナンス・指名・報酬委員会で審議 4．ガバナンス・指名・報酬委員会での審議結果を踏まえ，取締役会にて分析・評価するとともに，今後の方針を共有
8604	野村ホールディングス	指名委員会等設置会社	本年は，昨年の評価結果を受けて，投資家やアナリストなどのステークホルダーとの対話状況に関する取締役会へのタイムリーなアップデートを継続し，また取締役会の外でも，執行役・執行役員会議に社外取締役を含む取締役が参加し，2020年以降の野村のあるべき姿について，2日間にわたり議論を行いました。また，2015年から開始した社外取締役会議を引き続き定期的に開催し，野村グループの戦略や取締役会の運営について議論を行いました。
8725	ＭＳ＆ＡＤインシュアランスグループホールディングス	監査役設置会社	(1) 各取締役に対する自己評価アンケートの実施と集計 ・主に取締役会の役割・責務，運営等の観点から9項目の質問票を事前に配付し，事務局によるインタビュー形式でアンケートを実施しました。 ・PDCAサイクルを回していく観点から，2016年度の取締役会評価でとりまとめた改善策（機能向上策）に沿って取締役会の実効性を向上させるための取組みが実施されているかどうかを中心に回答を行いました。 (2) 社外取締役会議における意見交換 ・社外取締役会議（社外取締役全員で構成）において，アンケート結果に基づき，分析・評価のための意見交換を実施しました。 (3) ガバナンス委員会における分析・評価および機能向上策のとりまとめ ・(2)の意見交換を踏まえ，ガバナンス委員会（社外取締役全員，取締役会長，取締役社長で構成）としての分析・評価を行うとともに，2018年度さらに強化すべき課題を機能向上策としてまとめました。
9009	京成電鉄	監査役設置会社	当社は，全ての取締役及び監査役に対して，取締役会の実効性評価の趣旨等を説明のうえ，各評価項目に関する質問票を配布し，その回答結果に基づいて，取締役会議長（会長），社長，総務人事担当役員，独立社外役員2名（社外取締役1名，常勤監査役1名）の計5名が評価者となり，取締役会全体の実効性について分析・評価を行いました。

6．第三者からの助力

　取締役会評価の手法として，最終的には自己評価を実施することを前提としつつも，一定の範囲で第三者からの助力を得ることにより，取締役会評価の恣意性を排除することを試みる会社が多数存在する。

　第三者として具体的に挙げられているものは，弁護士，外部アドバイザー，外部コンサルタ

第3章　わが国における開示事例

ント，外部専門機関などである。その利用の範囲について，取締役に対するアンケートの回収・集計作業に留まる会社，第三者の意見を参考としたり，助言を受ける会社，アンケートの作成を委託した会社があるほか，アンケートや個別インタビューの実施や，アンケート等の結果の分析を委託する会社，取締役会の傍聴等を実施する会社も存在する。

また，第三者からの助力を得る頻度に関しては，毎回の取締役会評価において第三者からの助力を得る計画と思われる会社が多数であったが，定期的に利用する計画である旨をCG報告書に明示する会社もあった。

第三者からの助力に言及したCG報告書の具体例は，次のとおりである。

コード	会社名	CG形態	CG報告書の記載
1801	大成建設	監査役設置会社	当社は，2017年度の取締役会全体の実効性の分析・評価について，見直しを加えた評価項目に基づき，まず取締役及び監査役が記名式による自己評価を行い，社外取締役による全体評価を実施するとともに，第三者（弁護士）の意見を参考としながら，取締役会で審議を行うという手続により実施しました。
1802	大林組	監査役設置会社	2018年1月期においては，取締役および監査役全員を対象に，「取締役会の議題・議論」「取締役会の運営」「取締役の責務・役割」についてアンケート調査を実施しました。 　当事者の忌憚のない意見を引き出すことおよび客観的な分析を担保するために，アンケートの回答回収および分析・評価は，弁護士事務所に協力を要請し，匿名性を確保して実施しました。
1928	積水ハウス	監査役設置会社	分析・評価の方法及びアンケートの質問項目は外部弁護士からの意見も踏まえております。
2432	ディー・エヌ・エー	監査役設置会社	当社取締役会は，各取締役及び監査役の自己評価調査票による評価結果の取り纏めに基づき，また，第三者である外部アドバイザーの意見を参考として，2018年3月の取締役会において議論を行い，評価の内容を決定いたしました。
2502	アサヒグループホールディングス	監査役設置会社	2017年は，第三者であるアドバイザーの調査に基づく「評価の視点」を盛り込んだ質問票を作成し，取締役および監査役の全員に対しアンケートを実施しました。
2503	キリンホールディングス	監査役設置会社	当社は食品，アミノ酸等の広い範囲の事業をグローバルに展開しており，「確かなグローバル・スペシャリティ・カンパニー」にふさわしく，適切かつ機動的な意思決定と執行の監督を行うことのできる取締役会を目指しています。その一環として，2015年度から取締役・監査役による自己評価アンケートと外部弁護士による分析ならびに取締役会における結果検証を行っています。
2802	味の素	監査役設置会社	2018年1月期においては，取締役および監査役全員を対象に，「取締役会の議題・議論」「取締役会の運営」「取締役の責務・役割」についてアンケート調査を実施しました。 　当事者の忌憚のない意見を引き出すことおよび客観的な分析を担保するために，アンケートの回答回収および分析・評価は，弁護士事務所に協力を要請し，匿名性を確保して実施しました。
3086	J.フロントリテイリング	指名委員会等設置会社	【補充原則4-11-3】　取締役会評価 　当社は，指名委員会等設置会社への移行を踏まえ，2016年に引き続き，2017年7月～9月に第三者機関による3回目の取締役会評価を実施しました。 　（中略） 　評価手法は，第三者機関が「個別インタビュー」及び「取締役会傍聴参加による直接観察」（注）した結果を集計・分析した報告書を作成し，その報告書を基に取締役会で審議する手法で行いました。 　（注）「個別インタビュー」

6．第三者からの助力

コード	会社名	CG形態	CG報告書の記載
			取締役（社内・社外とも）の全員に対して第三者機関が個別インタビューを実施し，取締役会に関する各種質問に対する考え方・問題意識などをヒアリングしました。 「取締役会傍聴参加による直接観察」 第三者機関が取締役会に陪席し，取締役会の実際の議論の様子を直接観察しました。
4151	協和発酵キリン	監査役設置会社	「協和発酵キリン株式会社　コーポレートガバナンス・ポリシー」に定める当会社の取締役会の役割や責任等のあるべき姿と2016～2017年における取締役会の状況との違いを認識し，取締役会の実効性をより高めるために今後検討すべき事項を把握することを目的とし，昨年に引き続き第三者である外部アドバイザーの意見を受け，アンケートを作成・実施いたしました。
4183	三井化学	監査役設置会社	今回の実効性評価では，第三者を起用し，調査項目の検討，集計等を行いました。
4188	三菱ケミカルホールディングス	指名委員会等設置会社	2017年度は，評価の客観性や透明性を確保すること，および当社のコーポレートガバナンス全般を網羅的に検証することを目的として，アンケートの実施・結果分析を第三者の外部コンサルタントに委託，取締役会議長を含む全取締役を対象に，5段階評価・無記名式のアンケートを実施しました。
4502	武田薬品工業	監査等委員会設置会社	取締役会の実効性については，第三者機関を起用し，取締役全員を対象として，個別にアンケートおよび／またはインタビュー形式で，個々の意見を求めやすい方法により，毎年実施しています。
4519	中外製薬	監査役設置会社	取締役会事務局は，外部専門家の助言を参考にして，自己評価アンケートの作成及びその結果の取りまとめを行い，取締役会に報告いたしました。
4523	エーザイ	指名委員会等設置会社	4．外部機関を活用した「取締役会評価」の改善および保証の仕組み (1)「取締役会評価の適正性の保証」を企図し，外部機関による取締役会評価の改善とその保証の仕組みを2017年度より導入しました。 　なお，外部機関による評価プロセスの調査，評価，改善提案，評価結果の点検等は3年に1回実施します。 (2) 外部機関は，当社の過去の評価方法，評価の決定プロセス，各取締役の評価，最終評価等を分析の上，制度およびその運用について，指摘や助言を行います。 (3) 外部機関の指摘，助言にもとづき，社外取締役ミーティングおよび取締役会は，制度および運用の改善をはかることとします。 (4) 外部機関は，社外取締役ミーティングがとりまとめる取締役会評価について，評価プロセス，評価結果等を点検し，取締役会に報告書を提出します。 (5) 取締役会は，社外取締役ミーティングがとりまとめた評価と外部機関による報告書にもとづき，当該年度のコーポレートガバナンス評価を決定します。
4543	テルモ	監査等委員会設置会社	(11) 取締役会の実効性評価 　取締役会は，取締役会の実効性のさらなる向上のため，毎年，外部専門家を交えた自己評価等の方法により，取締役会の実効性に関する分析・評価を行い，その結果の概要を開示します。
4578	大塚ホールディングス	監査役設置会社	Ⅰ　評価の実施方法 　2018年1月から2月にかけて，全取締役，全監査役に対するアンケートを実施し，その内容に基づいて，顧問弁護士によるレビューを受けた上で検討・評価を実施し，2018年3月開催の取締役会において審議を行いました。
4704	トレンドマイクロ	監査役設置会社	これら（＊全取締役及び全監査役に対して行ったアンケート）の回答ならびに意見を踏まえた評価結果について，第三者機関の意見も踏まえたうえで，当社取締役会は取締役会全体の実効性に関する分析および評価を行いました。
4911	資生堂	監査役設置会社	当事者の忌憚ない意見を引き出すことおよび客観的な分析を担保するために，アンケートの回答収集および集計は外部機関に依頼し，当社の取締役会事務局では，集計後のデータを用いて分析を行いました。

第3章 わが国における開示事例

コード	会社名	CG形態	CG報告書の記載
5332	TOTO	監査役設置会社	分析・評価にあたっては，取締役および監査役全員の忌憚のない意見を引き出すことおよび客観的な分析を担保するために，集計と結果の分析を外部機関に委託したアンケート調査を定期的に継続して実施していきます。
5333	日本碍子	監査役設置会社	取締役会の実効性について，当社取締役会は毎年度終了時に取締役および監査役を対象としたアンケートを実施し，分析と評価を外部機関に委託してその結果を取締役会に報告しております。
5713	住友金属鉱山	監査役設置会社	取締役会は，アンケートに記載された取締役および監査役の自己評価の集計結果および法律事務所の外部評価に基づき，取締役会の実効性を分析・評価しております。
6361	荏原製作所	指名委員会等設置会社	今回の実効性評価についても，評価自体の透明性や客観性を確保することと専門的な視点からのアドバイスを得ることを目的として，国内外のコーポレートガバナンスに高い知見を持つ外部専門家による第三者評価も取得したうえで，実施されました。 〈評価プロセス〉 　まず，当社取締役会において，前回の実効性評価を踏まえた対応状況及び今回の実効性評価の進め方について審議・確認しました。(中略) 　そのうえで，当該外部専門家による第三者評価を実施しました。その評価手法は，以下のとおりです。 ・取締役会議事録等の資料の閲覧及び取締役会への陪席 ・取締役会・各委員会の開催・運営実務等の取締役会事務局との確認 ・取締役会の構成，運営，取締役自身のコミットメント，各委員会の活動，実効性評価の手法そのもの等について全取締役に対するアンケートの実施 ・取締役会議長，各委員会議長，CEO（最高経営責任者）その他一部の取締役に対するインタビューの実施 ・日本及び欧米のグローバル企業との比較，その他必要な分析 　その後，当社取締役会が，当該外部専門家より第三者評価の結果についての報告を受け，その内容を分析・審議し，取締役会・委員会の実効性確保の状況を確認しました。併せて今回の結果を踏まえた対応案について，取締役会において審議及び確認しました。
6758	ソニー	指名委員会等設置会社	まず，取締役と監査役の全員に対して調査票を配布し，取締役会や諮問委員会の構成，議案，議論，運営等についての自己評価を実施しました。この質問票の結果を取りまとめ，共通する課題や論点を抽出し，そこで見いだされた重要な論点を中心に個別のインタビューでさらに意見の収集を行いました。 　個別インタビューは，独立社外取締役である取締役会議長が，取締役と監査役の全員に対して，個別に面談し自由で忌憚のない意見交換を行うことにより実施しました。この個別インタビューで集められた意見は無記名の形で取りまとめ，取締役会において，取締役会議長がその結果を報告し，議論及び評価を行いました。 　この評価についての方法・対象・分析結果・報告内容に関しては，第三者機関による外部客観評価を行い，その上で取締役会による最終的な評価としました。
7267	本田技研工業	監査等委員会設置会社	2017年度は，評価にあたり，前回同様，取締役の自己評価を行いました。自己評価は，取締役に対して実施したアンケートとヒアリングの結果をもとに，取締役会で審議・決定しました。アンケートの質問項目は，外部の弁護士の監修のもとで設定し，またヒアリングおよび結果の集計は外部の弁護士により実施しました。
7270	SUBARU	監査役設置会社	1．評価および分析の方法 　(1) 実施時期 2018年3月 　(2) 回答者 全取締役および監査役（社外役員含む計12名） 　(3) 実施要領 第三者機関作成のアンケートによる自己評価方式 　　① 第三者機関が全取締役および監査役に対し，無記名式による自己評価アンケートを実施 　　② 第三者機関がアンケートを集計・分析 　　③ 第三者機関より受領した報告書を取締役会で検証・議論 　※本年度から無記名式といたしました。
8053	住友商事	監査役設置会社	(4) 評価プロセス：第三者（外部コンサルタント）が集計したアンケートの回答内容をもとに，分析した結果を取締役会に報告しました。

6．第三者からの助力

コード	会社名	CG形態	CG報告書の記載
8306	三菱UFJフィナンシャル・グループ	指名委員会等設置会社	評価の手法として，第三者機関の外部コンサルタントを活用し，取締役全員を対象に取締役会・委員会の構成，議案・議論，運営，貢献等に関する事前アンケートとインタビューを実施しております。
8309	三井住友トラスト・ホールディングス	指名委員会等設置会社	2017年度の取締役会評価においては，従来から実施している社外有識者による社外取締役へのインタビューを通じた第三者の視点の活用に加え，取締役会の「監督機能の発揮状況」の評価項目をこれまで以上に充実させて取り組みました。
8316	三井住友フィナンシャルグループ	指名委員会等設置会社	本評価については，その実施プロセスの各段階において，外部コンサルティング会社によるレビューを受けております。
8355	静岡銀行	監査役設置会社	■取締役会全体の実効性についての分析・評価 当行の取締役会は，定期的に次の事項の審議や報告を受けることなどにより，その実効性を自ら分析・評価しているほか，取締役会の機能発揮状況との観点では，四半期決算の状況をアドバイザリーボードに報告し，外部有識者の意見や評価をいただいております。
8411	みずほフィナンシャルグループ	指名委員会等設置会社	取締役会は，毎年，取締役会全体の実効性について分析・評価を行い，その結果の概要を開示することとし，当該評価においては，各取締役が当会社のコーポレート・ガバナンスの目指す姿を踏まえつつ，自己評価を行うとともに，少なくとも3年に一度は第三者評価機関による評価を実施します。 （中略） 評価にあたっては，2016年12月の「社外取締役会議（社外取締役のみ）」において中間評価を実施いたしました。その上で，第三者評価機関の金融業界および企業統治に関する豊富な知見を活用し，全取締役への事前質問票による回答を経た上で，個別インタビューを実施すると共に，カンパニー長へのインタビュー，取締役会事務局および監査委員会事務局との面談に基づいた「第三者評価」を踏まえ，2017年4月および5月の取締役会において，取締役会の実効性確保のための課題と今後に向けた取組みを議論し，自己評価を実施いたしました。
8729	ソニーフィナンシャルホールディングス	監査役設置会社	2017年度においては，昨年度に引き続き，独立した第三者の評価会社により，すべての取締役および監査役に対するアンケート形式の実効性評価を実施しました。
8750	第一生命ホールディングス	監査等委員会設置会社	取締役会の実効性等に関するアンケート用紙を，取締役会メンバーである全取締役に配布し，回答を得ました。回答結果に基づき，外部コンサルタントの協力のもと，取締役会において，取締役会の実効性に関する分析および自己評価を行いました。 （中略） 結果の集計　アンケート結果は外部コンサルタントに取りまとめを依頼，集計結果は取締役会に提出された上で，取締役会において，分析および自己評価を実施しました。
9001	東武鉄道	監査役設置会社	実施3回目となる2017年度においては第三者を活用したアンケート調査を実施し，客観性を高めることといたしました。評価の手法としては，各取締役に第三者が作成したアンケートを行ったうえで，結果の集計・分析を第三者が行い，アンケート結果および取締役会の課題等について監査役会からの意見および代表取締役へのヒアリングを踏まえ，評価結果をとりまとめました。

第3章 わが国における開示事例

コード	会社名	CG形態	CG報告書の記載
9005	東京急行電鉄	監査役設置会社	「今回の自己評価の結果については，第三者である弁護士より，前回の自己評価において課題とされた点について改善が進められており，取締役会の実効性評価が有効に機能しているとの評価を受けておりますが，今後，取締役会の構成のあり方等について，社外役員との議論を深めるなど，さらなる取締役会の実効性の向上に取り組んでまいります。」
9613	エヌ・ティ・ティ・データ	監査役設置会社	(1) 実施方法 実施時期：2017年10月 評価方法：取締役会の構成員であるすべての取締役・監査役を対象にアンケートを実施 回答方法：匿名性を確保するため外部機関に直接回答 (2) 評価結果 外部機関からの集計結果の報告を踏まえ，2017年12月から2018年2月において分析・議論・評価を実施しました。評価結果については取締役会へ報告し，取締役会は内容の検証と更なる改善に向けた方針等について，議論を行いました。
9984	ソフトバンクグループ	監査役設置会社	ソフトバンクグループ（株）は，2017年11月から2018年4月にかけて，第三者機関を起用し，取締役会の構成，取締役会の運営，取締役会を支える体制等の観点から，社外取締役および監査役の全員を対象としたインタビューを行い，当該インタビュー結果に基づき，取締役会全体の実効性について評価を実施しました。

7．社外取締役の活用

　上記6．記載の第三者からの助力は，取締役会評価の恣意性を排除する効果を有すると思われるところ，社外取締役の知見を活用することにより同様の効果を得ることも可能と考えられる。その具体的な方法として，社内取締役と社外取締役のアンケート結果の比較・分析を行う，社外取締役のみで構成される会議にて意見交換を行ったり評価結果をとりまとめる，社外取締役の意見を参照するなどの手法が各社の創意工夫によって実施されている。また，第三者からの助力を得ることと社外取締役を活用することは，両立しうるものである。この2つの要素の組み合わせにより，恣意性の排除を図っている会社も存在する。

　社外取締役の活用については，次の開示が存在した。

コード	会社名	CG形態	CG報告書の記載
1332	日本水産	監査役設置会社	2017年度，当社は，監査役を含む全役員に対し，全36問の選択式（理由も付記）・記名式のアンケート（以下「2017年度アンケート」という）を実施（3月）し，社内役員と社外役員の結果を比較・分析し，それを基に全役員で議論する方法で，取締役会の実効性評価を実施しました。当社役員の3分の1に変更があったことから，2017年度アンケートの内容は2016年度とほぼ同内容のものを実施しました。
1605	国際石油開発帝石	監査役設置会社	今回（2017年度）の評価実施に先立ち，2017年11月の社外取締役と監査役の会合において，前回の評価で抽出された課題に対する上半期の取組状況について意見交換を行い，改善・進展状況を中間評価しました。同中間評価も踏まえ，2018年1月の取締役会にて，2017年度の取組結果全体を振り返るとともに，今回の実効性評価の実施方針について審議し，決定しました。 評価項目は，各取締役及び監査役の自己評価に加え，取締役会の構成・運営・役割・責務，前回評価での課題の改善状況などとし，2月中旬から3月上旬に掛けて，全ての取締役及び監査役に対して完全無記名のアンケート調査を実施しました。より具体的な意見の吸い上げのために，多くの質問に自由記述欄を設けました。

7．社外取締役の活用

コード	会社名	CG形態	CG報告書の記載
			その後，取締役会事務局にてアンケート回答結果の集計及び分析を行い，社外取締役・監査役と代表取締役の会合において，集計分析結果及び新たな課題と改善計画について議論を行った上で，本年4月の取締役会において，最終的な評価結果と改善計画を確認しました。
1801	大成建設	監査役設置会社	当社は，2017年度の取締役会全体の実効性の分析・評価について，見直しを加えた評価項目に基づき，まず取締役及び監査役が記名式による自己評価を行い，社外取締役による全体評価を実施するとともに，第三者（弁護士）の意見を参考としながら，取締役会で審議を行うという手続により実施しました。
4208	宇部興産	監査役設置会社	当社は，取締役会の実効性の評価について，定期的に，社外取締役，社外監査役及び非業務執行社内取締役で構成する取締役会実効性評価会議を開催し，取締役・監査役による取締役会に対する自己評価（アンケートの実施等）を踏まえて議論を行っております。取締役会は，その議論の報告を受けて，取締役会の実効性の評価を行っております。
4523	エーザイ	指名委員会等設置会社	当社取締役会は，コーポレートガバナンスガイドラインおよび内部統制に関連した取締役会決議の自己レビューならびに社外取締役ミーティングによる取締役会の実効性評価にもとづき，毎年当社のコーポレートガバナンスの状況を評価し，コーポレートガバナンスの実効性を高めています。
4689	ヤフー	監査等委員会設置会社	【補充原則4-11-3：取締役会全体の実効性の分析・評価】 当社は，年1回定期的に社外取締役および監査委員に対してインタビューを実施し，取締役会の実効性の分析・評価を行っています。
5233	太平洋セメント	監査役設置会社	2017年度の評価においては，前年度に引き続き，全取締役に対してアンケート方式による自己評価を実施し，その結果をもとに取締役会議長及び社外取締役が分析・評価を行いました。更に，分析・評価の内容を取締役会に報告の上，前年度評価との対比による改善状況や今後の課題について審議・確認を行いました。
6301	小松製作所	監査役設置会社	取締役会において，2017年度に実施した実効性評価方法及び結果を踏まえ，今年度の評価方法について討議し，実効性ある取締役会のあり方を考慮してアンケートを実施しました。アンケートは，取締役と監査役の全員を対象に，①取締役会の構成，②付議事項，③率直で有意義な議論，④執行部からの情報提供と議案の提示，⑤重要な事項が報告・提案され，フォローされる仕組み，⑥その他の事項について実施し，全員から回答を得ました。その結果をもとに，さらに社外取締役及び社外監査役でディスカッションを行い，その結果を取締役会で報告し，実効性の分析・評価を行い，改善点につき討議を行いました。
6302	住友重機械工業	監査役設置会社	当社は，取締役会の実効性を高めるため，毎年次に取締役会の実効性の評価を実施することとしており，2017年12月から2018年2月にかけて，取締役及び監査役全員を対象に取締役会の運営及び構成に関するアンケートを実施するとともに，その内容，結果について，社外役員会議及び取締役会において議論を行いました。
6305	日立製作所	指名委員会等設置会社	・2017年度の取締役会の実効性評価にあたっては，取締役会を構成する全ての取締役に対し，調査票を配布し，取締役会の構成，取締役会の運営，貢献，委員会の活動状況，運営支援体制等に関する各取締役の自己評価を実施した。 ・加えて，社外取締役による会合において，取締役会の実効性について議論した。 ・調査票による評価結果及び社外取締役による会合での議論を基に，前年度の評価結果との比較や取組みへの対応状況も踏まえつつ，取締役会で審議し，全体としての実効性を分析・評価するとともに，実効性の更なる向上のための対応方針を確認した。
6702	富士通	監査役設置会社	今年度の評価は，まず，「役員が必要と考える情報が円滑に提供されているか」，「役員に対してトレーニングの機会や費用支援等が適切に提供されているか」等の観点で独立社外役員と取締役会議長である会長との議論により意見聴取を行いました。その後，取締役会において，以下①，②が報告，議論されました。 ①独立社外役員と取締役会議長である会長との議論による意見聴取結果 ②機関投資家の議決権行使ご担当者より頂いた当社取締役会に関するご意見

第3章 わが国における開示事例

コード	会社名	CG形態	CG報告書の記載
6762	TDK	監査役設置会社	個別インタビューは，独立社外取締役である取締役会議長が，取締役と監査役の全員に対して，個別に面談し自由で忌憚のない意見交換を行うことにより実施しました。この個別インタビューで集められた意見は無記名の形で取りまとめ，取締役会において，取締役会議長がその結果を報告し，議論及び評価を行いました。
7011	三菱重工業	監査等委員会設置会社	2017年度においては，昨年度に引き続き，主に「取締役会の構成」，「取締役会の運営」，「取締役会の監督機能」，「社外取締役のサポート体制」の4つの点を軸に，以下の評価プロセスにより取締役会評価を実施いたしました。 ・社外取締役を含む全取締役に対するアンケート調査の方法による自己評価を実施 ・社外取締役のみの会合において意見交換を実施 ・取締役会においてアンケート調査結果に基づき議論 ・これらの自己評価，議論等を踏まえて，取締役会評価の結果を取締役会において決議
8031	三井物産	監査役設置会社	＜評価方法＞ 同年2月開催の社外役員会議（全社外取締役及び全社外監査役が出席）において，取締役会の実効性に関する意見交換を行いました。その後，2018年3月期アンケート及び社外役員会議の結果を踏まえ，同年2月開催のガバナンス委員会にて議論し，同月開催の取締役会において，同委員会の答申を踏まえて議論した後，2018年3月期の取締役会の実効性の評価を確定させました。
8035	東京エレクトロン	監査役設置会社	1．実効性評価の方法 取締役，監査役全員に取締役会および指名委員会・報酬委員会の実効性に関する質問形式によるアンケートを実施し，回答を得ました。このアンケート結果に加え，社外取締役および社外監査役を主たるメンバーとしての意見交換・討議を実施したうえで，取締役会全体でそれらを共有し，当社取締役会の実効性に関する評価を実施いたしました。
8058	三菱商事	監査役設置会社	2017年度は自己評価を基本として，評価のテーマを「取締役会の更なる活性化」とし，独立社外役員である西山取締役，高山監査役が中心となって，質問項目の策定，分析・評価を行いました。
8267	イオン	指名委員会等設置会社	(1) 評価方法 2017年度は，「社外取締役ミーティング」で取締役会審議の質向上についての意見交換を行い，課題を共有したうえでアンケート調査およびインタビューを実施しました。
8308	りそなホールディングス	指名委員会等設置会社	2017年度においては，全取締役に対する取締役会の運営，議題，機能等に関する評価のアンケート形式での実施ならびに社外取締役ミーティングにおける取締役会の実効性評価に関する議論内容に基づき，2018年5月に開催された取締役会において，その分析及び評価結果について審議しました。
8309	三井住友トラスト・ホールディングス	指名委員会等設置会社	取締役会における審議に加え，社外取締役だけが参画する社外取締役会議においても取締役会評価の実施結果等について意見交換を実施し，翌月の取締役会においては，それまでの会議で出た意見を踏まえつつ，取締役会や各委員会において今後審議を深めるべきテーマについて検討しました。
8316	三井住友フィナンシャルグループ	指名委員会等設置会社	2017年度については，「コーポレートガバナンス・コード」及び「SMFGコーポレートガバナンス・ガイドライン」に記載されている以下の4点を中心に，2018年4月及び5月取締役会において，全ての社外取締役（計7名）から意見を聴取した上，社内取締役へのインタビュー等も踏まえ，同年6月取締役会において審議を行い，取締役会の職務の執行が，同ガイドラインに沿って運用されているかについて，分析・評価を行いました。
8331	千葉銀行	監査役設置会社	・2017年度は，各取締役・監査役に対しアンケートを実施するとともに，より幅広い意見を得るため社外取締役及び監査役からアンケート結果に係る意見を聴取したうえで，その評価結果を取締役会で審議いたしました。

コード	会社名	CG形態	CG報告書の記載
8411	みずほフィナンシャルグループ	指名委員会等設置会社	評価にあたっては，2016年12月の「社外取締役会議（社外取締役のみ）」において中間評価を実施いたしました。
8725	ＭＳ＆ＡＤインシュアランスグループホールディングス	監査役設置会社	(2) 社外取締役会議における意見交換 ・社外取締役会議（社外取締役全員で構成）において，アンケート結果に基づき，分析・評価のための意見交換を実施しました。 (3) ガバナンス委員会における分析・評価および機能向上策のとりまとめ ・(2)の意見交換を踏まえ，ガバナンス委員会（社外取締役全員，取締役会長，取締役社長で構成）としての分析・評価を行うとともに，2018年度さらに強化すべき課題を機能向上策としてまとめました。
9008	京王電鉄	監査役設置会社	取締役会の実効性については，各取締役へのアンケート等を活用し，取締役会の任意の諮問機関として，社外取締役を含むメンバーで構成されるガバナンス委員会で分析・評価を行い，取締役会に報告しております。
9020	東日本旅客鉄道	監査役設置会社	評価の手続きは，取締役全員に対して取締役会の実効性に関する自己評価を実施し，その結果を分析したうえで独立社外取締役（コーポレートガバナンス・ガイドライン第22条に定める社外役員の独立性に関する基準を充たす社外取締役。以下同じ。）に対して意見聴取を行い，必要に応じて取締役会の運営等の見直しを行います。
9202	ＡＮＡホールディングス	監査役設置会社	2017年12月から2018年1月にかけて，全取締役・全監査役を対象として，アンケート形式により取締役会の実効性に関する分析・評価を行ったことに加え，2018年2月に，社外取締役・社外監査役を対象として，アンケート結果に関するインタビューを行い，分析・評価を更に深掘り致しました。
9432	日本電信電話	監査役設置会社	独立社外取締役と監査役，独立社外取締役と代表取締役，独立社外取締役と国内外の主要グループ会社経営陣，及び当社と主要なグループ会社の独立社外取締役等との間で，NTTグループの経営課題について適宜意見交換を行いました。 これらの意見交換会において，独立社外取締役及監査役から，当社の取締役会等に関し，十分な情報提供と活発な議論が行われており，実効性が確保できているとのご意見を頂いているところであります。
9532	大阪瓦斯	監査役設置会社	当社は，社外役員（社外取締役及び社外監査役）を中心に取締役会の実効性について，毎期，分析・評価を行っています。

8．監査役の関与状況

　監査役が取締役会評価にどのように関わるべきかについても議論されているが，取締役会評価を実施している監査役設置会社のうち，①監査役がアンケートの対象となっていたり，監査役が取締役会や監査役会を通じて取締役会の実効性の評価や，改善策の作成に関与するなど，監査役が取締役会評価に関与していることが明記されている会社が大多数であった。その他の会社においては監査役の関与状況は明記されていなかったところ，②監査役の関与の有無を推測できる記載のない会社，③監査役が関与していないものと推測できる会社も存在した。なお，社外監査役に限って関与していると判断できる記載のある会社は見当たらなかった。

【③監査役の関与の有無を推測できる記載のない会社】

コード	会社名	CG形態	CG報告書の記載
4063	信越化学工業	監査役設置会社	業務執行に係る当社の主な審議・決定機関としては，法定の取締役会のほか，常務委員会があります。これらの会議には，社外役員を含めた全ての取締役及び監査役が出席できることとなっております。2017年度は合計14回の取締役会が開催され，法令，定款及び当社取締役会規程に定められた事項が遺漏なく付議されました。 　当社取締役会といたしましては，各取締役からの意見聴取などを踏まえ，重要案件に係る決定及び報告が，適切かつ迅速に行われていると評価をしております。
4568	第一三共	監査役設置会社	今般，取締役会の役割，責務，運営および構成，ならびに，前年度評価からの改善状況に関して，全取締役が，評語選択および自由記述による自己評価を実施し，その分析・内容を取締役会へ報告しております。
5703	日本軽金属ホールディングス	監査役設置会社	平成29年度においては，取締役会は12回開催され，業務執行にかかわる重要事項が時機に遅れることなく決議され，報告されております。 　社外取締役は，取締役会事務局から決議事項，報告事項の説明資料の事前送付を受け，議案等について事前に検討し，取締役会において積極的に意見を述べ，その意見は取締役会の決議および取締役会を含む経営陣の業務執行に反映しております。 　監査役は，取締役会等に付議される議案について事前に検討し，必要に応じて取締役，関係者から事前説明を受け，問題点を把握し，取締役会等において，法令・定款への適合およびリスク管理の観点から積極的に意見を述べ，その意見は取締役会の決議および取締役を含む経営陣の業務執行に反映しております。 　加えて，社外取締役・監査役の事業所視察の機会の確保などによる情報提供方法の改善，取締役会の決議事項にとらわれない中長期的，グローバルな視点を含む経営全般に関する幅広いテーマによる自由討議の実施など，取締役会運営の充実に努めている。 　平成29年度の取締役会の実効性評価としては，当社の取締役会は，オープンで建設的な発言・議論が活発にされており，特に社外取締役・監査役の提言・問題提起による審議への貢献が大きく，総合的にみて，当社取締役会全体の実効性は確保されていると評価しております。
6504	富士電機	監査役設置会社	1) 決定されたスケジュールに従い，取締役会は計13回開催され，重要事項につき適切に審議・決定されています。 2) 事前に資料を提供した上で，適切な審議項目数・審議時間が設定され，活発な議論が行われています。 3) 経営状況について報告を定期的に受け，業務執行の監督をしています。 4) 取締役会運営の在り方について，適時議論が行われ，その結果が反映されています。
6952	カシオ計算機	監査役設置会社	当社は，取締役会に求められる役割の変化を認識する中，その実効性についての評価を行い，組織や運営等についてガバナンス強化に向けた見直しを実施しております。
8630	SOMPOホールディングス	監査役設置会社	当社は，取締役会が「監督機能」と「執行が適切にリスクテイクすることを後押しする機能」を十分に発揮するため，「取締役会と事前説明会の一体的な運営」および「自由・闊達な議論が行われる議事運営」を行っています。 　また，取締役会の場以外でも，「グループ経営におけるホールディングスの役割に関する議論」，「グループCEOと社外取締役のみによる意見交換」，「グループ・チーフオフィサーによる自己評価および総括」，「代表取締役と監査役の意見交換」，「役員アンケート」等を行うことで，グループガバナンスの中核である当社の取締役会の実効性について様々な角度から評価と課題認識を行う機会を確保し，それらをもとに必要な改善を講ずることによって，透明性・客観性のある意思決定プロセスと監督機能を向上させていくガバナンス体制を構築しています。 　こうしたガバナンス体制のもと，2017年度は，取締役会において「海外保険事業における強固な成長基盤（プラットフォーム）の構築」や「デジタル技術を活用したイノベーションの実現」など，グループの大きな枠組みや成長戦略にかかる決定を適時・適切に行ってきました。その過程においては，「各事業会社の状況を理解し，そのステージや環境に応じて当社の関与の在り方を判断すること」や「必要な資源配分を行い，各事業のビジネスモデルの変革（トランスフォーメーション）を支えていくこと」など，グループの

8．監査役の関与状況

コード	会社名	CG形態	CG報告書の記載
			持続的な成長とさらなる企業価値向上のために当社が果たすべき役割についての意見が様々な場面で交わされ，その内容は，取締役会付議事項の絞込み，グループ内の役割・機能の見直し，事業計画の策定等に着実に反映され，活かされています。 当社は，こうした能動的なPDCAの仕組みが有効に機能していると評価しており，今後も幅広い視点・立場から議論を継続してグループ全体に還元していくことが，ガバナンスの高度化や，株主をはじめとするステークホルダーの期待に応えることにも繋がっていくと考えています。
9005	東京急行電鉄	監査役設置会社	当社では，年に1回，取締役会の実効性について分析・評価を実施することとしており，その概要をコーポレートガバナンスガイドラインにおいて定めております。
9008	京王電鉄	監査役設置会社	取締役会の実効性については，各取締役へのアンケート等を活用し，取締役会の任意の諮問機関として，社外取締役を含むメンバーで構成されるガバナンス委員会で分析・評価を行い，取締役会に報告しております。
9021	西日本旅客鉄道	監査役設置会社	当社取締役会は，当社グループの中長期的な企業価値の向上に向け，その前提となる安全性向上が推進され，事業の持続的成長に向けた適切なリスクテイクが行われるための環境整備を行うとともに，実効性の高い監視・監督を行う等の責務を果たしております。 具体的には，当社取締役会は経営ビジョンの実現に向けて策定した中期経営計画の達成に必要な各施策等について，中長期的視点に立ったリスク及びリターンの評価等を行い，適時，適切に意思決定を行っております。また，業務執行状況等について，適時，適切に報告を受けております。これらの過程において，各取締役，各監査役は建設的な議論，意見交換等を通じ，適切に役割を果たしております。 これらのことから，当社取締役会は有効に機能していると評価しております。
9022	東海旅客鉄道	監査役設置会社	当社は，取締役会を月1回以上開催し，法定事項はもとより，経営上重要な事項について，事柄の背景や進捗状況等を丁寧に説明し十分に審議の上，適法かつ適正に意思決定を行っております。また，業務執行の状況につきましても，各業務を担当する取締役から必要に応じて報告がなされており，取締役の業務執行状況を適切に監督しております。社外取締役からは，高い見地から経営に対する有効な助言をいただくとともに，経営に規律をもたらしております。 また，取締役会に先立ち，社外取締役，社外監査役（非常勤），経営陣の間で意見交換を行う懇談会を設けており，取締役会の実効性向上を図っております。 以上の内容につきまして，取締役会において，取締役会全体の実効性は十分に確保されていると評価しております。

【④監査役が関与していないものと推測できる会社】

コード	会社名	CG形態	CG報告書の記載
8725	ＭＳ＆ＡＤインシュアランスグループホールディングス	監査役設置会社	2017年度は，以下のプロセスで分析・評価を実施いたしました。 (1) 各取締役に対する自己評価アンケートの実施と集計 ・主に取締役会の役割・責務，運営等の観点から9項目の質問票を事前に配付し，事務局によるインタビュー形式でアンケートを実施しました。 ・PDCAサイクルを回していく観点から，2016年度の取締役会評価でとりまとめた改善策（機能向上策）に沿って取締役会の実効性を向上させるための取組みが実施されているかどうかを中心に回答を行いました。 (2) 社外取締役会議における意見交換 ・社外取締役会議（社外取締役全員で構成）において，アンケート結果に基づき，分析・評価のための意見交換を実施しました。 (3) ガバナンス委員会における分析・評価および機能向上策のとりまとめ ・(2)の意見交換を踏まえ，ガバナンス委員会（社外取締役全員，取締役会長，取締役会社長で構成）としての分析・評価を行うとともに，2018年度さらに強化すべき課題を機能向上策としてまとめました。 (4) 結果の概要は下記2．のとおりです。本結果を踏まえ，改善策（機能向上策）を実施していきます。

9．選択式の回答

　アンケート形式の自己評価においては，5段階評価のように予め準備された定型の回答を回答者が選択することによって評価を行う方法が採用されることがある。この選択式の回答による取締役会評価の功罪には十分に留意するべきである。

　こうした評価手法は，自己評価を実施する取締役にとって受け入れやすい反面，質問毎に各カテゴリーの定義が異なる可能性がある，どのような場合に当該カテゴリーに該当するかについての基準が曖昧であるといった当該評価手法に内在する問題のみならず，例えば5段階評価で3と評価した具体的理由が必ずしも明確とならず，これに伴い改善点が明確にならないといった問題や，5段階評価で5と評価した場合には改善点の発見につながらないといった問題も想定される。各会社において，5段階評価等を使用する場合には，上記のような問題を念頭に置きつつ，自由回答と組み合わせるなどの方法により問題を解消することが重要であろう。

コード	会社名	CG形態	CG報告書の記載
2871	ニチレイ	監査役設置会社	従来から実施しているアンケートに加え，個別インタビューを併用しました。 (a)　アンケート 　　　5段階評価と自由記述式回答　12区分（69項目） 　　　［区分］ 　　　① 取締役会の役割・機能 　　　② 取締役会の規模・構成 　　　③ 取締役会の運営状況 　　　④ 指名諮問委員会の構成と役割 　　　⑤ 指名諮問委員会の運営状況 　　　⑥ 報酬諮問委員会の構成と役割 　　　⑦ 報酬諮問委員会の運営状況 　　　⑧ 社外取締役に対する支援体制 　　　⑨ 監査役の役割・監査役に対する期待 　　　⑩ 投資家・株主との関係 　　　⑪ 当社のガバナンス体制・取締役会の実効性全般 　　　⑫ 自己評価 (b)　個別インタビュー 　　　(a)の結果に基づき，それぞれの対象者のアンケート回答内容の確認や深掘り，又はそれ以外の事項について，外部専門家による各30～45分程度の個別インタビューを行いました。
4188	三菱ケミカルホールディングス	指名委員会等設置会社	取締役会議長を含む全取締役を対象に，5段階評価・無記名式のアンケートを実施しました。なお，全ての質問にコメント欄を設けることで，定量的評価と定性的評価の両側面から現状の把握と課題の抽出を図る形式としました。
4519	中外製薬	監査役設置会社	自己評価アンケートの結果，全ての項目について「できている」の回答が多数を占めており，またその割合も増えていることから，取締役会は，取締役会全体の実効性が確保されていることを確認しました。

コード	会社名	CG形態	CG報告書の記載
6326	クボタ	監査役設置会社	取締役会の実効性評価については，昨年度と同様に，2018年1月に取締役および監査役の全員を対象に第三者機関よりアドバイスを受けて作成したアンケートによる自己評価を実施し，2018年2月度の取締役会で集計結果を全て報告の上，それを基に取締役会の実効性について議論を行いました。 1．実施内容 　対象者：取締役および監査役の全員（計13名） 　回答方式：記名方式 　評価方法：5段階評価の選択式及び自由記述欄（計33問） 　主な評価項目：取締役会の構成，運営，監督機能，リスクマネジメント，意思決定機能，ボードカルチャー等
7270	SUBARU	監査役設置会社	各質問に対する自己評価は4段階で行うとともに，当社取締役会の優れている点，および当社取締役会の実効性をさらに高めるために必要な点などについて自身の考えを自由に記入し第三者機関に直接提出いたしました。
7735	SCREENホールディングス	監査役設置会社	回答方法：5段階評価，および自由回答
8031	三井物産	監査役設置会社	＜アンケートの項目＞ 2018年3月期アンケートの質問票の大項目は以下のとおりです。大項目に含まれる設問ごとに，5段階で評価する方式としており，当該項目に関するコメント欄を設けています。更に，取締役会の実効性向上の進捗が把握できるよう，前年対比での改善の度合いについても評価することとしています。
8303	新生銀行	監査役設置会社	(5)　分析・評価手段：取締役会議長の指示に基づき取締役会事務局によるアンケート調査（選択回答および自由回答）
8308	りそなホールディングス	指名委員会等設置会社	アンケート方式で，下記設問内容（全16項目）について4段階（適切，概ね適切，課題あり，不十分）で評価・・・全体としては「概ね適切」と評価
8309	三井住友トラスト・ホールディングス	指名委員会等設置会社	回答方法 ①　全取締役，各委員会の全委員に対するアンケート（5段階評価の選択式設問および記述式設問）
8411	みずほフィナンシャルグループ	指名委員会等設置会社	全23項目の質問事項について，絶対評価と昨年度比の相対評価（改善度）を各々5段階で評価
9433	KDDI	監査役設置会社	評価手法はアンケート形式であり，4段階評価と自由記述を組み合わせることで，定量的評価と定性的評価の2つの側面から，取り組みの効果検証と改善点の発見に取り組んでいます。
9602	東宝	監査役設置会社	当社では，本年3月に取締役全員に対し取締役会の構成，運営，議論に関する10項目に関して「適切」「概ね適切」「改善の余地あり」を回答するアンケートを実施しました。

10．改善状況の開示

取締役会評価のメリットとしては，「取締役会が置かれている現状を正しく理解し，強みを

第3章　わが国における開示事例

さらに強化するとともに，取締役会の抱えるさまざまな課題を把握しそれらを解決することで，よりよい取締役会運営が可能となる」ことが挙げられている[注15]。この観点からすると，過去の取締役会評価で発見された課題や，提出された意見を踏まえ，取締役会の実効性を改善するための取り組みを継続的に行うことが肝要である。

　こうした観点を踏まえ，改善に向けた取り組み状況を開示する具体例を紹介する。

(注15)　高山・前掲（注1）16頁

コード	会社名	CG形態	CG報告書の記載
2282	日本ハム	監査役設置会社	平成28度の取締役会評価を通じて発見された課題の解決に向けて，平成29年度は①議案の内容に関する情報提供の早期化②中長期的な経営方針及び経営戦略についての議論の深化③役員指名・報酬制度の在り方及び代表取締役の後継者計画についての継続検討に取り組むことを目標として設定しておりました。 　そこで，平成29年度，当社は上記目標の達成に向けて，事前資料の早期配信や社外役員への事前説明を強化し（①），「中期経営計画2020」の議論を通して中長期的な経営方針及び経営戦略についての議論を深化させ（②），さらには経営者に求められる人財像についての議論を通して後継者計画についての継続検討の強化に取り組みました（③）。 　その結果，平成29年度の実効性評価においては，上記課題のうち①及び②については改善されたとの評価を得ました。また，③については，持続的な企業価値向上を図るべく，経営者に求められる人財像として「誠実」「献身」「熟慮」「挑戦」「共感」の5要件を定義いたしましたが，平成30年度においてはこれらの定義の実効性をさらに高めていく必要があると認識しております。
2432	ディー・エヌ・エー	監査役設置会社	・前回の取締役会実効性評価の際にも導入について議論を行っていた，任意の指名委員会及び報酬委員会の設置は，業務執行に関する監視をより実効性の高いものとしている。
2802	味の素	監査役設置会社	2016年度のアンケートにおいては，社内外の取締役・監査役から概ね高い評価を受けたものの，社内取締役の多さ，社内取締役の発言の少なさ，議論の必要のない議題や必要性の低い報告の多さ，過去に取締役会が決議した事項に関するフォロー，フィードバックの不十分さ，資料の配布時期の遅さ，資料の内容における更なる工夫の必要および諮問機関での審議についての取締役会への情報提供の不十分さ，について課題が指摘されました。 そこで，2017年度に，以下のとおり取締役会改革を進めました。 (1) 取締役の員数の削減 　社内取締役の数が削減され，社内取締役と社外取締役の構成比率が適切となり，業務執行に対する監督機関である取締役会と執行部門との役割分担が明確になるとともに，効率の良い審議が行われるようになりました。 (2) 取締役会規程の改定 　適切な基準に基づいて決議事項・報告事項が選定されるようになりました。 (3) 案件に関する定期的な報告 　プロジェクトや決議済み事項についての定期的な報告が実施されるようになり，取締役会の監督機能が強まりました。 (4) 資料の配布時期の早期化 　電子化等の工夫により，資料を適時に配布できるようになりました。 (5) 資料内容の整理・充実 　取締役会の審議の充実化のため，資料内容を整理し，かつ充実させました。 　今回の実効性評価において以上の取り組みの効果について検証いたしましたところ，取締役会における審議の充実や監督機能強化に貢献したことを確認いたしました。ただし，さらに改善の余地があることも確認いたしました。

10. 改善状況の開示

コード	会社名	CG形態	CG報告書の記載
3086	J．フロントリテイリング	指名委員会等設置会社	取締役会の一層の実効性の向上への期待から，執行の企画・提案能力の向上を求める意見もあり，株主視点での企画・提案精度向上に向け，審議資料を見直すことに取り組みました。また，執行強化に向けて，事業ポートフォリオの変革を成し遂げ，企業価値の向上を実現するため，「事業開発統括部」を，最も重要な経営資源である人財の成長がグループ組織全体の成長につながるよう，採用・配置・育成・評価に関する人財政策立案と推進を一層強化するための，「人財戦略統括部」をそれぞれ新設しました。
3407	旭化成	監査役設置会社	2017年度の取締役会では，前年度の評価結果を踏まえて，主に以下の取り組みを実行しました。 (1) 社外役員に対する情報提供の充実 　社外役員に対する情報提供機会の拡充として，当社製造・研究拠点視察の実施を継続しています。また，多岐にわたる当社の各事業部門の責任者から社外役員に対して事業概要を紹介する機会を定期的に設けるとともに，当社の理解の一助となる社内外のイベントも案内しています。今後も，社外役員への情報提供のさらなる拡充を推進していきます。 (2) IR活動や投資家の声についての情報共有の取り組み 　従来からの取締役会へのIR活動の概要報告に加え，新たに投資家からの声を取締役会で担当役員が定期的に報告し，共有する取り組みを始めました。今後も投資家からの視点をタイムリーに取り込んで，取締役会での議論を推進していきます。
4005	住友化学	監査役設置会社	前回（2017年度）の実効性評価において要改善事項として指摘された諸点のうち，①新規の重要起業案件における客観的なリスク分析の実施と過去の起業案件についての定期的な進捗確認，②それらについての取締役・監査役との確実な共有については，より丁寧な説明がなされるようになり，取締役会においては充実した議論がなされているが，さらに後述(2)②のような取り組みを行っていくこと，また③投資家・アナリストとの対話のフィードバックの更なる充実についても，着実な取り組みがなされているが，今後これら取組みをベースに一層の深化を図っていくことを確認した。
4188	三菱ケミカルホールディングス	指名委員会等設置会社	2016年度の実効性評価において，ⅰ）社外取締役に対する情報提供の充実，ⅱ）取締役会の効率的な運営，が課題であることが確認されたことを受け，以下の点に取り組みました。 　ⅰ）については，執行役会議で審議・報告された重要案件を取締役会で報告対象とし，また社内データベースを活用した情報提供の内容を拡充しました。また，執行役との定期の情報交換会を利用し，4つの事業ドメインの事業戦略管理を所管する部署から各事業戦略についての説明を実施しました。加えて，国内外のグループ会社や事業所等の視察を通じて情報提供の充実に努めました。
4452	花王	監査役設置会社	1．昨年度の取締役会実効性評価で指摘された下記(ⅰ)-(ⅲ)の課題への取り組みに対する評価 （ⅰ）人財戦略 　事業のグローバル化推進は従前から課題となっているが，その前提となるグローバル人財の活用に加え，近時の消費者の購買モデル，流通モデルの大変革への対応などのため，多様な人財を確保することが喫緊の課題であり，さらにスピード感を持って進めることが必須である。 （ⅱ）集中力とスピード 　花王グループの強みは，花王ウェイの共有による全社一丸となったスピード感ある組織運営だと評価しているが，人財の多様化を推進する過程において，この強みと多様性との調和を如何に図るかが課題である。 （ⅲ）子会社・孫会社への内部統制・コンプライアンスの浸透 　海外を含め経営から目の届きにくい子会社・孫会社ほど，また新しく花王グループ入りした会社・従業員ほど内部統制整備が行き届かず，コンプライアンス意識の浸透が難しいという認識の下，特にこれらの会社における体制の一層の整備とその監督の強化が必要と考えている。

第 3 章　わが国における開示事例

コード	会社名	CG形態	CG報告書の記載
4503	アステラス製薬	監査等委員会設置会社	昨年度課題として認識した取締役会の機能最適化に向け，監査等委員会設置会社に移行することを決定し，監督と執行の明確な分離により，取締役会で議論するべきテーマが議論される体制を確立した
4523	エーザイ	指名委員会等設置会社	取締役会評価については，2016年度取締役会評価にもとづき，2017年度における対応状況を確認，評価し，次年度に向けた課題等を認識しました。 なお，外部機関による点検結果は，後述の「6．取締役会評価の第三者レビュー報告書（概要）」のとおりでした。 (1) 取締役会の役割等 （中略） (2) 取締役会の運営等 （中略） (3) 社外取締役，社外取締役ミーティング 　① Plan（計画）「2016年度取締役会評価」 　　・取締役会では製薬業界特有の専門性の高い内容が審議される場面がある。取締役会における議論を深化させるため，引き続き，社外取締役を対象とする研修や現場訪問の機会を設定する。社外取締役は，経営の監督に必要な情報や知識を得る努力を積み重ねること，およびそのために社外取締役への十分な支援を行う必要性が確認された。 　　・社外取締役ミーティングでは，社外取締役相互の理解を深めるとともに，コーポレートガバナンスに関する認識の共有化をはかることができた。今後もより幅広いテーマを検討し，取締役会等においてさらに効率的かつ実質的な議論が行われるよう，その役割を果たしていくことが確認された。 　② Do（実行）&Check（評価）「2017年度の対応状況の確認と評価」 　　各ビジネスグループや各リージョンにおける事業活動への理解を深めること，リージョンにおけるリスク管理の状況を把握すること等を目的に，取締役と担当執行役とのミーティングを実施した。2017年度は，日本事業，ニューロロジービジネスグループ，コーポレートアフェアーズ，中国リージョン，アメリカスリージョンに関してこのミーティングを実施した。また，筑波研究所，川島工園，東京コミュニケーションオフィスを訪問し，社外取締役と若手社員との情報共有と議論の場を持った。 　　定例的な研修としては，上期，下期に各1回，役員を対象とするコンプライアンス研修を実施し，社外取締役もこれに参加した。これらの研修等に加え，2017年度は5回の社外取締役ミーティングを開催した。その内容は，海外リスクに関する取締役会への報告，四半期業務執行報告の改善，サクセッションプランの情報共有，取締役会評価における外部機関の活用，指名委員会における取締役の選任に関する情報共有等であった。以上のとおり，社外取締役ミーティングはその期待どおりの役割を果たしており，取締役会内の機関としてよく機能している。 　③ Action（改善）「2018年度に向けた課題」 　　・研修会については，業界や会社に関する基本的な情報・知識を，再任取締役であっても新任社外取締役研修を聴講するなどの方法で繰り返し習得することの重要性や，業界特有の知識・情報の取得機会の定期的な設定の必要性が確認された。また，取締役会等の議案における専門用語や略号に関する事務局によるサポートの継続的な取り組みが求められた。 　　・2017年度は，社外取締役が，当社の主要なステークホルダーである患者様と接する機会を得る場がなかった。企業理念にもとづいて，継続的にこのような機会を設定することの必要性が確認された。 　　・社外取締役ミーティング設置の当初の目的であった，社外取締役間のコミュニケーションをはかり，相互に考え方等を理解する場としての活用について再度，検討すること，取り扱うテーマの幅を広げること，開催方法等について工夫することが課題として確認された。 (4) 指名・監査・報酬委員会 （中略） (5) 内部統制とリスクに関する事項等 　① Plan（計画）「2016年度取締役会評価」

10. 改善状況の開示

コード	会社名	CG形態	CG報告書の記載
			・内部統制に関しては執行部門が厳格に取り組んでおり，内部監査の外部評価実施等をはじめ，合理的なレベルで内部統制体制が整備，運用されており，監査委員会へは海外を含めたリスクが適時かつ十分に報告されている。特に，海外でのリスクについては，取締役会として常に関心を持って取り組んでいくことが確認された。 ② Do（実行）&Check（評価）「2017年度の対応状況の確認と評価」 　取締役会が決議した内部統制関連規則である，監査委員会の職務の執行のために必要な事項に関する規則，および執行役の職務の執行の適正を確保するために必要な体制の整備に関する規則のいずれも逸脱等の運用はなく，適切に遵守されていることが確認された。 　海外リスクに関しては，取締役会にグローバルな安全性情報管理体制に関する報告がなされたことに加え，中国リージョン，アメリカスリージョンについては，担当執行役が各リージョンにおけるリスク管理とその対応に関する説明を社外取締役に行い，ディスカッションする場を設定した。 ③ Action（改善）「2018年度に向けた課題」 ・海外リスクに関する担当執行役とのミーティングは現地の状況を知るよい機会であったが，今後も繰り返し実施すること，よりリスクに的を絞った情報交換の場として他のリージョンに関しても実施することが確認された。 ・取締役が積極的にリスクに関する報告を執行部門に求めることで，リスクを見える形にし，リスクを正しく把握して物事を進めていく健全なリスク管理の習慣を，取締役が率先して根付かせていく必要性が確認された。 (6) その他のコーポレートガバナンスに関する事項 ① Plan（計画）「2016年度取締役会評価」 ・コーポレートガバナンス評価は，評価の客観性を確保することを企図して今後とも社外取締役ミーティングでとりまとめるが，2017年度は，外部の第三者による評価の活用について検討を行う必要性が確認された。 ② Do（実行）&Check（評価）「2017年度の対応状況の確認と評価」 　取締役会評価における外部機関の活用に関し検討を行い，2017年度より，取締役会評価に対して外部機関による評価結果のレビューを実施することが決定された。なお，外部機関による取締役会評価のレビューは3年に1回実施し，継続的，定期的に取締役会評価の適正性と妥当性を確保することとした。 　従来，単発的に実施してきた社外取締役と機関投資家との面談について，2017年度は，社外取締役が複数の機関投資家を訪問し，当社のガバナンスに対する取り組みや，当社企業価値・株主共同の利益の確保に関する対応方針に関する社外取締役独立委員会の活動について説明を行い，意見交換をする機会を得た。 ③ Action（改善）「2018年度に向けた課題」 ・コーポレートガバナンス評価の結果を，取締役会のPDCA（Plan（計画)-Do（実行)-Check（評価)-Action（改善））として開示するなど，コーポレートガバナンスに関連する開示の充実をはかることが確認された。 ・社外取締役と機関投資家との対話は，実施方法，対話のテーマなどを検討の上，2018年度以降も継続して実施すること，および，今後は，このような社外取締役による投資家とのエンゲージメントを，取締役会評価の項目として追加することが確認された。
4902	コニカミノルタ	指名委員会等設置会社	(c) 2017年度取締役会運営方針・課題への取組み状況の振り返り 　前記(b)と一部重複するが，振り返り結果・評価結果は以下のとおりである。 （中略） ・取締役会の審議の質の向上のための取組み状況は次のとおりである。 ① 取締役会の開催通知に合わせて，資料配布予定日を各取締役に通知するとともに，計画的な事前配布に努めたが，引き続き改善の取組みを要する。 ② 担当執行役へ議題の目的・狙いを徹底すべく，監督する取締役会が聴きたいポイントを取締役会議長から執行役へ要請したが，引き続き報告資料の改善や工夫の取組みを要する。 ③ 社内取締役への研修は，事務局からの情報提供により充実が図れた。 ④ 社外取締役へ当社の基本情報の提供機会を増やしたが，引き続き内容の充実が課題として残った。

第3章　わが国における開示事例

コード	会社名	CG形態	CG報告書の記載
4911	資生堂	監査役設置会社	この集計および分析の結果，取締役会事務局は，2017年度の当会社の取締役会は以下のような状況であったと評価しています。 （中略） ・2015-2016年度の取締役会実効性評価で洗い出された課題について着実に改善が進んでいるものの，以下に掲げる項目については，継続的に改善に取り組む必要がある。 　・CEOのサクセッションプラン 　・社外取締役員の重要性の再認識およびそのサクセッションプラン 　・取締役会のさらなる多様性の確保 　・社外取締役と監査役（会）のコミュニケーション強化
6752	パナソニック	監査役設置会社	・2016年度のアンケート結果への対応状況 (1)　中長期的な戦略議論を行う時間枠を取締役会の中に別途設定 　・財務戦略，グローバルコンプライアンス等の議論を実施 (2)　取締役会の時間枠を拡大 (3)　指名・報酬諮問委員会で扱うべきテーマの拡充 　・社長後継候補者の選任プロセス 　・顧問制度の見直し
6758	ソニー	指名委員会等設置会社	なお，前回の実効性評価後，取締役会の実効性向上につながる取り組みとして主に以下を実施しています。 ・取締役会構成の多様化（社外取締役として外国人，女性をそれぞれ一名追加） ・譲渡制限付株式報酬制度の導入 ・取締役会によるサイバーセキュリティに関するリスク管理のモニタリング ・取締役ワークショップでの中長期事業戦略に関する検討・議論 ・規模の大きな投資やM&A案件について，実施後も継続的に投資効果・リターンを取締役会において評価
7011	三菱重工業	監査等委員会設置会社	なお，前年度（2016年度）の取締役会評価にて認識した課題への取組状況並びに今回認識した課題及び今後の対応方針は下記のとおりです。 １．前年度認識した課題への取組み 　(1)　取締役向けトレーニングの一環として，当社の財務戦略等に関するレクチャーや国内外生産拠点の視察等を実施しました。 　(2)　取締役会審議の充実のため，ポイントを明確にした資料の作成や事前の資料送付に継続的に取り組んでいます。 　(3)　取締役会付議事項・報告事項基準を改正し，業務執行の効率性・機動性の向上及び取締役会の監督機能の強化を図りました。 　(4)　社外取締役間のコミュニケーションの機会として，社外取締役のみによる会合を2回開催しました。
7752	リコー	監査役設置会社	Ⅱ．2017年度「取締役会実効性評価」の結果概要 　当社取締役会は，2016年度の実効性評価を受け，取締役会運営の基本方針とともに，改善を着実に実施するための2つの具体的な改善項目を設定し，実効性向上に取り組みました。 ＜2017年度の基本方針＞ 　1)　適切なモニタリングにより構造改革を促進させるような環境を整備する。 　2)　成長戦略に関する議論を通して会社の将来的方向性を明確化する。 　3)　持続的な成長ならびに企業価値の向上に資する健全経営を促進させる監督体制を整備する。 ＜2017年度の改善項目＞ 　①　監査・監督の実効性向上の観点から，取締役会・監査役会・内部統制を包括したガバナンス体制の点検と改善を行う。 　②　持続的な成長に資する企業体質への転換にむけて，執行への働きかけとモニタリングを行う。 　上記の取り組みに対して，今回の実効性評価において以下のような評価がありました。 １．監査・監督の実効性向上の観点からのガバナンス体制の点検と改善への評価（改善項目①）

10．改善状況の開示

コード	会社名	CG形態	CG報告書の記載
			◎コーポレートガバナンスのさらなる強化のため，取締役任期の１年化，社長ならびに取締役に対する評価の強化，顧問制度の見直し，情報開示プロセスの見直し，包括的なガバナンスの点検としてのガバナンス検討会の実施等，外形基準にとらわれない実効的な改善が行われたことについて評価されました。 ◎一方で，成長戦略を展開するにあたって，関連会社に対するグローバルガバナンスについてさらなる強化を図る必要があり，その実現に向けてリスク管理体制・危機対応体制・本社機能の強化等が必要であるとの指摘がありました。 ２．企業体質の転換にむけた執行への働きかけとモニタリングへの評価（改善項目②） ◎取締役会における執行への働きかけとモニタリングに対しては以下のような評価がされました。 　「リコー再起動」を掲げた新経営体制の下，複数の重要経営課題に対して果断な意思決定がなされ，その過程で自由闊達で充実した議論が行われており，取締役会による適切な執行への働きかけとモニタリングが実施された。 　取締役会による執行への働きかけにより経営課題に対する取組みが確実に実行されるとともに，その報告が取締役会へ適切に行われ，迅速かつ的確な合意形成・意思決定が促進された。 　重要事項の議論の充実および意思決定のための重点議案，ならびにモニタリング強化のための定常議案を中心に，適切に議案がスケジュール化されている。 ◎一方で，2018年２月に発表された「リコー挑戦」の実行を確実なものとし，取締役会が執行を後押しするためにも，成長戦略の進捗状況について取締役会が適切にモニタリングするとともに，より中長期的なテーマ（人材戦略・研究開発方針など）についても取締役会での十分な議論が必要であるとの指摘がありました。 ３．執行の観点からの評価 ◎多くの重要な経営課題への対応が求められた執行に対しては，以下のような評価がありました。 　新経営体制となり，取締役会での議論および情報提供の質の向上がみられ，経営の透明性が高まった。 　社長のリーダーシップにより，取締役会での審議や意思決定を真摯に受け止め，プロアクティブな姿勢で重要課題に対応しており，構造改革を中心として着実に成果へ繋げている。 ◎一方で，今後の成長戦略を実行するためにも，本社機能としてのグループ経営管理能力の向上，ならびに事業構造の転換に向けた組織と権限の設計等の体制面における点検と改善が必要であるとの指摘がありました。
8001	伊藤忠商事	監査役設置会社	当社は，前回（平成27年度）の取締役会評価における結論を受け，ガバナンス・報酬委員会での審議を経たうえで，平成29年度より，取締役総数を削減し，かつ，取締役総員の３分の１以上の社外取締役を選任することにより，「モニタリング重視型」の取締役会に移行しました。外部コンサルタントよりは，社外役員に対する事前ブリーフィングの強化，業務執行状況報告の充実，社外役員による意見の積極的表明等，取締役会の実質面での機能強化も図られているとの評価がありました。 　一方，「モニタリング重視型」への移行を踏まえた取締役会の運用，任意諮問委員会の審議内容の取締役会への報告の拡充等について引続き検討する必要があるとの意見がありました。
8031	三井物産	監査役設置会社	＜実効性向上に向けた2018年３月期の取組み＞ 　2017年３月期の取締役会の実効性評価の結果を踏まえ，取締役会及び取締役会事務局は，2018年３月期は以下の点に取組みました。なお，実効性向上のための課題や課題解決のための施策の取組み状況については，2017年７月及び同年11月に開催されたガバナンス委員会でも確認・報告等がなされました。 ・取締役会の議論テーマについて 　企業戦略や中期経営計画等，会社の大きな方向性について，より多くの議論の機会を設けるべく，2018年３月期では，取締役会にて同期事業計画につき審議した他，新中期経営計画につき，社外役員会議を経て，取締役会で審議しました。また，社外役員会議にて，「資本市場の関心事項と当会社IR活動」や「当会社のDigital Transformation」をテーマとした議論の機会を設定し実行しました。

第3章　わが国における開示事例

コード	会社名	CG形態	CG報告書の記載
			2018年3月期アンケートでは，取締役会での会社の大きな方向性に関する議論に関し，社外役員の大多数が肯定的に評価しており，全体でも大多数の回答者から，前期より改善がみられるとの回答が得られました。 ・取締役会の構成について 　2018年3月期には，グローバル企業の最高経営責任者としての経験を有するウォルシュ取締役の就任，及び，会計・監査の専門的知見を有する森監査役の就任により，取締役会の構成において多様化が進み，バランス面での改善が図られました。 　2018年3月期アンケートでは，取締役会の構成に関し，社外役員の大多数が肯定的に評価しており，全体でも大多数の回答者から，前期より改善がみられるとの回答が得られました。 ・取締役会の運営見直しについて 　2018年3月期から，取締役会に付議・報告される事項について，個別案件審議会や経営会議など，取締役会への付議・報告に至るまでの議論のポイントを取締役会資料において明示し，当該ポイントの審議に適した内容とするとともに，主要な論点・リスクとその対応策を一覧化した表を取締役会資料に含める運用を開始しました。 　2018年3月期アンケートでは，取締役会の議論のベースとなるそれまでの社内の議論のポイントが明らかになっている点に関し，社外役員の大多数が肯定的に評価しており，全体でも大多数の回答者から，前期より改善がみられるとの回答が得られました。
8053	住友商事	監査役設置会社	【2016年度取締役会評価における課題への2017年度の主な取組】 　前年度の取締役会評価において課題として指摘があった，取締役会資料の質の改善や社内・社外役員同士の議論の活発化等については，2017年度に，専門用語等を解説した用語集を新たに作成して取締役及び監査役全員に配付したほか，取締役会において，付議される案件の審議に際し，経営会議での論点の説明を引き続き行うなど，取締役会の実効性を更に向上させるための改善施策を実施しました。また，中長期的な企業価値の向上と持続的な成長に対するインセンティブ等に配慮した役員報酬制度及び役員の業績評価の基準について，指名・報酬諮問委員会で検討し，その答申内容に基づいて取締役会で役員報酬制度の改定を決定しました。今後も引き続き取締役会の実効性向上に向けて取り組んでまいります。
2653	イオン	指名委員会等設置会社	(3)　評価結果の概要 　2017年度イオン㈱取締役会の実効性は相応に確保され前年度よりも向上していると評価しました。その評価の概要は以下の通りです。 ①　前年度に設定した「イオングループの中長期課題」について重点的な議論を行いました。その議論において，社外取締役からの高い知見に基づいた有益な助言がなされています。 ②　アンケート結果により，報告および資料について簡潔に表現される等の改善が進んでいると評価されました。今後も，論点の明確な報告と簡潔な資料の作成をさらに進めていきます。 ③　本年は社外取締役とCEOとの面談を行うよう社外取締役ミーティングで提案があり，結果として有意義な議論が行われるなど，社外取締役の経営への監督機能が向上しています。
8303	新生銀行	監査役設置会社	ストラテジーセッションの有効性については，昨年の評価でも確認し継続する方向で一致していましたが，本年においてもビジネス戦略を検討していく上で引き続き有効であると評価しております。 　その一方，取締役会の構成・メンバーについては，ダイバーシティーやメンバー構成のバランス等により一層配慮すべきであることを確認しました。 　執行側による取締役会およびストラテジーセッションの運営については，議題の選定や審議の時間配分に対しては概ねメリハリが効いているとの評価であり，昨年より改善がみられる一方，審議時間が長いという評価もあり，従前からの課題でもある説明省略議案の選定や簡潔な説明等に一層努めることで，より効率的でメリハリのある運営に取り組む必要があることを再確認しました。 　執行側から取締役会への情報提供については，資料の内容を含め概ね肯定的な回答が得られましたが，取締役会における説明については引続き改善が必要であることが認識されました。

10. 改善状況の開示

コード	会社名	CG形態	CG報告書の記載
			今年度初めて質問項目とした第三者による実効性評価の実施の必要性に関しては，取締役会の意向を踏まえつつ，その活用および実施の必要性について検討してまいります。 また，監査役を対象にした質問において，全般として取締役は期待されている責務を適切に遂行していると，監査役は評価していることが確認されました。 同アンケートにおいて，適切と評価された項目や昨年から改善がみられた項目については，維持・向上に努めるとともに，課題については検討・改善等を図り，更なる取締役会の実効性および機能の向上に取り組んでまいります。
8306	三菱UFJフィナンシャル・グループ	指名委員会等設置会社	・2017年度の取締役会評価結果の概要は以下のとおりです。 (1) 昨年度の取締役会評価結果を踏まえ，招聘した外国人社外取締役2名の支援体制を強化するなど，取締役会のグローバル化を着実に前進させました。また，各委員会間，内外の主なグループ子会社との役割分担を明確化するために各委員会のチャーターを制定し，持株と主なグループ子会社間における社外取締役同士の交流や持株監査委員と監査等委員会等の交流も行うなどグループガバナンス態勢を進化させました。また，昨年に引き続き主要ポスト及び社外取締役の後継者計画に関する議論も重ねております。その結果，取締役会および傘下各委員会における「議案・議題」や「各取締役の貢献」等，企業統治の「実質」面での改善が確認され，着実にガバナンスの高度化が進んでいるとの評価を受けました。 (2) 一方，取締役会の構成については，多様化の推進は為されたものの，取締役の総数・社内と社外の比率について課題を指摘されたため，本年度より，取締役総数を18名から15名に削減するとともに社外取締役が過半数を占める構成に変更いたしました。また，グループ視点での取締役会議案の選定や，更なる改善が見込める取締役会資料に関しては課題であると認識されました。
8309	三井住友トラスト・ホールディングス	指名委員会等設置会社	2．実施結果等 (1) 2016年度の取締役会評価において認識された課題への取り組み 2016年度の取締役会評価において認識された課題について，2017年度に実施した主な取り組みは以下のとおりです。 ① 持株会社の取締役会としての機能発揮に資する運営 取締役会の付議・報告基準を見直し，原則として，法令で定められた専決事項以外の業務執行の決定を執行役へ委任し，経営上の重要事項に関する執行役からの職務執行状況報告の充実を図るとともに，中長期的な視点に立った経営上の重要課題を「経営テーマ」として選定し，特に結論を得ることを目的とせず，自由に審議する運営を開始するなど，持株会社の取締役会としての機能発揮に資するメリハリのある運営に努めました。 ② 効率的で充実した審議に向けた取締役会の運営インフラのレベルアップ 取締役会資料の様式を改定し，取締役会における審議のポイント，事前審議機関での審議状況，当該案件のリスクや課題をより明確にしたうえで説明する運営を徹底しました。 また，資料の視認性・会議の効率性を向上させるべく，ペーパーレス会議運営を導入しました。 ③ 信託銀行グループのビジネスモデルに沿った審議の充実 前年度の取締役会評価のアンケートにおいて，取締役会等で審議を充実すべきとされた「各事業の戦略と課題」，「主要子会社の業務執行状況」，「ダイバーシティ＆インクルージョンの取組状況」等，信託銀行グループのビジネスモデルやこれを推進する社員に関するテーマについて，取締役会等で審議しました。 以上の取り組みを踏まえて，2017年度の取締役会評価において，各課題の改善状況を確認した結果，いずれの課題についても2016年度よりも改善したことが確認できました。
8411	みずほフィナンシャルグループ	指名委員会等設置会社	1．2015年度「取締役会の実効性評価」で認識した課題への対応状況について 前年度評価で認識された諸課題については改善が見られ，一部に課題は残しつつも前進に向けた継続的な努力を確認いたしました。 (1) 取締役会における議論の更なる充実と効率化 ・戦略議案への絞り込み，資料における論点明確化，議案説明の短縮化等に取り組み，取締役会の議論は一層充実しました。

第3章　わが国における開示事例

コード	会社名	CG形態	CG報告書の記載
			① 説明資料に「取締役会で何を議論するか」をよりシャープに記載すると共に，議論すべきポイントに絞って説明する運営の徹底 ② 「経営の基本方針」である，業務計画および中期経営計画の付議事項を明確化すると共に，「取締役会規程」を改定し，報告事項を絞り込み ③ 「ペーパーレス会議システム」の導入 ・今後は，議論を促すような議案説明，より踏み込んだ議論にするための更なる工夫が必要であると認識いたしました。 (2) 社外取締役の知見の更なる活用と執行への反映 ・「経営状況オフサイトミーティング」を新設し，社外取締役への情報提供と相互理解の場として活用しました（2016年7月～12月，のべ12回）。 ・執行と監督の相互理解のための更なる取り組みが必要であると認識いたしました。 (3) ステークホルダーとの対話に関する取締役会としての関与のあり方の共有 ・議決権行使や剰余金の配当方針について深度ある議論がなされていること，および投資家との対話や情報開示が強化されていることを確認いたしました（2016年8月，9月および11月の取締役会，ならびに7月および2017年1月の社外取締役会議）。
8725	ＭＳ＆ＡＤインシュアランスグループホールディングス	監査役設置会社	2．分析・評価結果の概要 (1) 取締役会における論議内容と機能発揮について ＜向上した点＞ ・新中期経営計画（以下「Vision 2021」）策定に向け，環境認識・リスク要因等についての認識を深めるとともに，著しい技術革新等を踏まえた論議を行った。 ・将来の環境変化を見据え，積極的な新規事業投資を進める等，取締役会として中期経営計画の実現に向け努力を尽くした。 ・議場での一部議案の説明を簡略化する一括審議事項の拡大等の取組みにより，通常の議案数は毎年減少し，戦略決定に向けた重要議案に充てる時間が増加しているなどの改善が図られている。 ・海外投資案件等新たなリスクテイク案件について，社外役員勉強会等の機会も活用し，早期の情報提供を行う運営が定着している。 ・社員の日常の活動が経営理念（ミッション）の実現につながることを示す「価値創造ストーリー」の社内外への浸透が進んだ。価値創造ストーリーの取組みを通じたSDGs（持続可能な開発目標）への貢献を「Vision 2021」に盛り込んだ。 ・サステナビリティ（CSR）取組みについては，社外のESG評価機関等からの評価等も含め，進展していると評価できる。 ＜今後強化していくべき点＞ ・技術革新等環境変化が非常に速いことから，「Vision 2021」の実現に向け，関連業態における動向も注視の上，事業環境の変化に応じた丁寧な論議をさらに深めていく必要がある。 ・「Vision 2021」のグループ全社員への説明，理解を通じ，SDGsへの貢献と経営理念（ミッション）と価値創造ストーリーやサステナビリティの取組みの意義についても全社員の理解を深めていく。 ・内部通報制度等社内外の声を聴く仕組みについて，体制はできているが，周知・浸透にはさらなる工夫が必要である。内部通報制度をはじめ社員の声を広く受け止める仕組み全体を「スピークアップ」として，疑問を感じること，困っていること等をフランクかつ前向きに声を出すことができる環境整備に取り組む。 (2) 取締役会の運営 ＜向上した点＞ ・2015年度以降の取組みにより，定例取締役会における1件あたりの平均審議時間が毎年増加している等の改善が見られている。資料の事前配付や審議時間等の運営についても，適切に行われている。 ・議案にグラフを使用するなどのビジュアル化や，ページ数削減の取組みも進展している。 ＜今後強化していくべき点＞ ・特に新任の社外役員に対して，取締役会議案の事前説明の際に，過去の経緯等もできるだけ丁寧に説明するように努める。

10. 改善状況の開示

コード	会社名	CG形態	CG報告書の記載
			・事前説明を行っているため，取締役会議場での議案説明はポイントを絞り簡潔にするよう，さらに徹底する。 (3) その他 ＜向上した点＞ ・社外役員に対する研修・情報提供等に関して，社外役員からの要望のあったテーマを中心に，勉強会を実施（2017年度は4回）したほか，事業会社の職場（営業部門，事故受付コールセンター等）見学会を実施するなど，研修・情報提供の機会は充実している。
8306	第一生命ホールディングス	監査等委員会設置会社	3．前回アンケート結果を踏まえた取組み 　2016年度のアンケートにおきまして，社内外の取締役から概ね高い評価を受けたものの，議案の理解促進等による審議の活性化，および取締役間のコミュニケーション活性化等について課題が指摘されました。そこで，2017年度に以下のとおり取締役会運営の充実・見直しを進めました。 ≪取締役会審議の活性化≫ ・取締役会上程議案の見直し ・平易・簡潔な説明の推進（議論のポイント等を簡潔に記載したエグゼクティブ・サマリーを中心に説明する運営の推進，論点の明確化や平易な言葉の使用等，資料記載内容の見直し） ・経営会議での議論のポイントの補足説明の実施 ・上程議案の内容，重要性に応じた事前説明の充実 ≪社外取締役の経営の理解促進≫ ・取締役への就任前後での研修の充実 ・経営戦略等に関する社長・担当役員と社外取締役とのディスカッション実施 ・午餐会等取締役会以外の場を活用した情報提供の実施 ・DSR※推進大会等の社内行事への社外取締役の参加，国内外拠点訪問による現地経営幹部との意見交換等の実施 ※一般的なCSR（企業の社会的責任）という言葉の枠に留まらない当社独自の経営の枠組みについて，「DSR＝Dai-ichi's Social Responsibility（第一生命グループの社会的責任）」と表現したもの 　以上の取組みの結果と効果について，今回の取締役会評価において検証いたしましたところ，「2．取締役会の実効性に関する評価の結果（概要）」に記載のとおり，これらの取組みが，審議の活性化と社外取締役の当社経営の理解促進に貢献したことを確認しました。ただし，今回の取締役会評価の結果に見られるように，さらなる改善の余地があることも確認しております。
9007	小田急電鉄	監査役設置会社	2016年度の分析・評価結果を踏まえ，①経営計画策定プロセス，②取締役会における審議・決議方法，③重要案件の進捗管理について，これらの改善の一環として，「経営計画の策定方針の審議」，「一部議案の付議方法の見直し」，「グループ各会社の決算および重要案件に関する情報共有化の推進」等を実施いたしました。
9008	京王電鉄	監査役設置会社	2017年度の取組み課題であった，「審議充実に資する議案の付議方の見直し」については，関連性のある議案について包括付議を行うことや，定例報告事項の削減等に取組むことで，重要性の高い決議事項により多くの審議時間を振り向けました。
9433	KDDI	監査役設置会社	【前回からの改善点】 　中期経営計画の達成状況等が共有され，経営環境の長期的展望や環境変化への対応方針等の戦略に関する議論の機会が定期的に設けられるなど，前回の評価において課題として指摘された事項が改善していることを確認しました。
9613	エヌ・ティ・ティ・データ	監査役設置会社	なお，2016年度の本取り組みにおいて浮かび上がった課題に対し実施した，取締役会における経営戦略的な議論の比重を高めるなどの対応については，取締役会の付議基準の見直しや議論を行う場の設定等，改善が実施されているとの一定の評価を得ました。

第3章 わが国における開示事例

11. 株主総会招集通知への記載

　取締役会評価の実施状況については，株主も大きな関心を有しているものと推認される。こうした点を踏まえ，①株主総会招集通知においても，CG報告書と同文ないしは実質的に同内容の記載をしている会社のほか，次のとおり，②株主総会招集通知は概要の記載に留め，CG報告書においてより詳細に記載する会社，③株主総会招集通知には前年度の取締役会評価について記載し，CG報告書では当該事業年度の取締役会評価について記載する会社が見られた。

【②株主総会招集通知は概要の記載に留め，CG報告書においてより詳細に記載する会社】

コード	会社名	CG形態	株主総会招集通知の記載
3086	J．フロントリテイリング	指名委員会等設置会社	取締役会の実効性評価について 　当社は，2017年8月に第3回目の取締役会有効性評価を行いました。評価手法は，第三者機関が「個別インタビュー」と「取締役会の直接観察」した結果を集計・分析し，10月の取締役会で報告し，課題について審議を行いました。評価項目は，グループ全体への取締役会の貢献度，取締役会の構成，取締役会における論議内容などの項目に加え，本年は指名委員会等設置会社への移行初年度ということで，移行後の企業統治態勢の進行度，各委員会の機能の有効性などの項目についても評価を行いました。 　取締役会はガバナンスの要であるとの考えのもと日々課題解決に取り組んだ結果，「取締役会のグループ全体への貢献度」「適切な議案選定と本質的な論議の実行」「各取締役の議論への貢献」などは大きく改善された結果となりました。また，「機関設計変更を通じた企業統治態勢の高度化」や，「各委員会の取締役会への貢献度」も高評価を得られました。 　一方，取締役会の一層の実効性の向上への期待から，執行の企画・提案能力の向上を求める意見もあり，株主視点での企画・提案精度向上に向け，審議資料を見直すことに取り組みました。また，グループ会社の執行の強化が必要であるとする審議を受け，主要3事業会社の主管者を当社執行役と兼務するなど強化をはかっております。 　本年度も，取締役会有効性評価を基点に課題の共有を行い，取締役会の実効性の確保に努めてまいります。
4021	日産化学	監査役設置会社	・取締役会は，その役割・責務を果たしているかについて，第三者評価を採り入れた分析・評価（いわゆる「取締役会実効性評価」）を行い，取締役会としての実効性の確保に努めている。
4061	デンカ	監査役設置会社	■取締役会の実効性評価 　当社は全取締役・監査役による，取締役会の実効性に関する分析・評価を毎年おこない，その結果をコーポレートガバナンス報告書にて開示することとしております。 　昨年度は，取締役会の実効性につきまして，取締役会の規模，構成，運営，その他20項目以上にわたる質問事項からなる「自己評価質問票」に，全取締役および全監査役が回答し，その回答結果をもとに取締役会において協議する方法にて，取締役会の実効性に関する分析・評価をおこないました。 　その結果としましては，取締役会の規模や構成（知識・経験・能力のバランスおよび多様性），その開催頻度や時間が適切であることや，社外役員の当社への理解を深めるための様々な取組みが，社外役員の取締役会での積極的な発言につながり，付議事項の審議等，取締役会を活発化させていることなどを確認いたしました。 　一方，デンカグループ全体の事業戦略について，取締役会として，中長期的な視点にたって，適切な管理・監督ができるよう，情報の提供と事前説明を含めた十分な審議時間の確保をおこなうことで，さらなる取締役会の機能の向上が図れるとの建設的な意見が出されました。 　これらをふまえ，今後は取締役会として，より高いレベルの議論をおこない，経営の安定と健全化を目指し，継続した成長と企業価値の向上に努めてまいります。

11. 株主総会招集通知への記載

コード	会社名	CG形態	株主総会招集通知の記載
4506	大日本住友製薬	監査役設置会社	取締役会全体の実効性について，取締役および監査役全員に対するアンケートを実施し，その分析結果をもとに取締役会で議論しました。この結果，課題として取締役会での議論の更なる活性化を図るために，社外役員への事前説明および取締役会での情報提供に関する提言がなされ，これらの課題に対して改善に取り組みました。
4519	中外製薬	監査役設置会社	取締役会の実効性評価の実施 　取締役会は，取締役会における意思決定及び監督の実効性を担保するため，事業年度ごとにその活動状況についての分析・評価を行い，その結果の概要を開示いたします。 　当社取締役会は，現任の取締役及び監査役のうち対象期間中に在任していた者を対象として2017年1月に自己評価アンケートを実施し，その結果について取締役会事務局から報告を受けたうえで議論を行いました。なお，取締役会事務局は，外部専門家の助言を参考にして，自己評価アンケートの作成及びその結果の取りまとめを行い，取締役会に報告いたしました。 　自己評価アンケートの結果，すべての項目について「できている」とする回答が多数を占めており，また，その割合も増えていることから，当社取締役会は，取締役会全体の実効性が確保されていることを確認いたしました。昨年度からの変更点である議案内容の事前送付や議長による取締役会冒頭のコメント等に対して，取締役会全体の実効性に有益であるとの肯定的な評価が見受けられました。2017年度においては取締役及び監査役への情報提供も含め，当社グループ主要工場における取締役会開催や外部有識者による講義など実施してまいりました。当社取締役会は，今後も評価結果を踏まえ，取締役会の実効性のさらなる向上に努めてまいります。
4902	コニカミノルタ	指名委員会等設置会社	(7)　ガバナンス全体の実効性の分析・評価 　当社では，取締役会の実効性評価を2004年から実施しています。毎年，取締役会・三委員会の構成や運営，各取締役の自己評価等を含むアンケートを実施し，取締役会全体の実効性について分析・評価を行い，課題を抽出し，継続的に改善を図っています。 　今年度は，持続的成長及び中長期的な企業価値の向上という当社コーポレートガバナンスの目的に適うガバナンスシステムの構築，システムの運用ができているかという観点を重視した実効性評価を実施しております。評価結果を踏まえ，次年度に取締役会として取り組むべき事項を明らかにし，更なる実効性の向上に努めてまいります。
5201	AGC	監査役設置会社	(3)　取締役会の実効性評価 　当社は，持続的な成長と中長期的な企業価値の向上を実現するために，継続的にコーポレートガバナンスを強化し，充実させることが重要であると考えています。この取り組みの一環として，取締役会において，毎年，その実効性を分析・評価しています。 　具体的には，取締役会を構成する全ての取締役による調査票及び個別インタビューへの回答により，取締役会の実効性の評価を行い，その後，取締役会においてそれらの評価結果を検証し，取締役会の実効性を向上させるための施策を議論しています。
5714	DOWAホールディングス	監査役設置会社	3．内部統制システムにおける運用状況の概要 〈中略〉 (2)　効率的職務執行体制に関する運用状況 〈中略〉 　更に，当期においては，取締役および監査役全員を対象としてアンケート（自己評価）を行い，その結果を踏まえ取締役会で実効性についての分析・評価を行いました。この結果，取締役会の構成・運営・付議事項などを含む実効性は充分に確保されていることが確認されました。加えて，社外取締役および監査役は，定期的な会合として意見交換会を実施し，その連携を確保しております。 〈以下略〉
6301	小松製作所	監査役設置会社	(2)　コーポレート・ガバナンスの仕組み 〈中略〉 　当社では，取締役会の実効性向上のための改善に努めており，取締役会の実効性についての評価・分析を毎年行っております。当期の評価・分析の結果，いずれの評価項目においても概ね高い水準にあり，実効性についての重要な問題点の指摘はありませんでした。

第3章　わが国における開示事例

コード	会社名	CG形態	株主総会招集通知の記載
6326	クボタ	監査役設置会社	4．取締役会の実効性評価 　取締役会の実効性評価については，昨年度と同様に2018年1月に取締役および監査役の全員を対象に第三者機関よりアドバイスを受けて作成したアンケートによる自己評価を実施し，2018年2月度の取締役会で集計結果を全て報告のうえ，それを基に取締役会の実効性について議論を行いました。 　　対　象　者：取締役および監査役の全員 　　回答方式：記名方式 　　評価方法：5段階評価の選択式 　　主な評価項目：取締役会の構成，運営，監督機能，リスクマネジメント，意思決定機能，ボードカルチャー等 　その結果，昨年度に引き続き，それぞれの項目において概ね高い水準を維持しており，当社の取締役会は適切に機能していることを確認しました。一方で，中長期的な経営戦略や事業リスクに関する議論の拡充，社外役員の知見をさらに活用するため，市場動向や事業環境等に関する情報提供を充実させる必要性について意見や提言がありました。取締役会の監督機能を最大限に発揮するため，今後はこれらの結果を基に，改善を進めていきます。
6752	パナソニック	監査役設置会社	③　取締役会実効性評価の実施と活用 　当社は，取締役会の実効性を一層高めていくため，毎年1回，取締役会出席メンバーを対象としたアンケートを実施し，その結果・評価を取締役会で報告しております。 【平成29年度のアンケート項目と結果】 ①　アンケート項目 　1)　取締役会の規模・構成 　2)　取締役会の運営 　3)　本年実施した，中長期戦略の議論について 　4)　取締役会の監督・意思決定機能 　5)　取締役・監査役への情報提供 ②　アンケート結果 　当社はアンケート結果の分析を行い，取締役会の実効性について，取締役会の監督・意思決定機能ともに，基本的に現状は適切であると評価いたしました。一方で，取締役会の機能の強化について，中長期の戦略やコンプライアンスについての議論をさらに拡充すべきなどの提案も示されましたので，順次対応・改善を実施しております。
6762	TDK	監査役設置会社	(6)　取締役及び取締役会 ＜中略＞ 　取締役会は，その実効性をより高めていくために，毎事業年度，取締役会の諮問機関（指名諮問委員会及び報酬諮問委員会）を含めた取締役会についての実効性の評価を実施しております。 　特に，過去の取締役会評価の結果を踏まえて，社内取締役の構成を改め，社内取締役には事業部門責任者を含めず，グループ全体を俯瞰する役員（会長，社長，経営戦略担当及び財務担当）のみからなる構成とし，これにより，社外の取締役・監査役とともに，経営の監督機能をより高める体制としております。
6770	アルプス電気	監査等委員会設置会社	11．取締役会の評価 　取締役会による経営の監督の実効性及び適正性，ならびに自らの取締役としての職務の遂行状況について，毎年自己評価等を実施し，社外取締役を含む監査等委員会及び管理担当・経営企画担当各取締役がその内容の分析，課題整理を行った後，取締役会に報告します。取締役会は評価結果に基づき，取締役会全体の実効性について，検証及び議論を行い，その結果の概要について開示するものとします。なお，2017年度の当社取締役会実効性評価結果の概要については，47頁記載の『「アルプス電気株式会社　取締役会実効性評価」について』をご参照ください。
7752	リコー	監査役設置会社	2017年度 取締役会の実効性評価の結果概要 　当社は，2017年度（2017年4月から2018年3月まで）に開催された取締役会の実効性評価会を2018年4月27日に実施しました。結果概要は以下のとおりです。

11. 株主総会招集通知への記載

コード	会社名	CG形態	株主総会招集通知の記載
			Ⅰ．評価の方法 　成長戦略へ舵をきる2018年度を迎える今回の評価にあたっては，取締役会と執行とが緊張感をもって適切に連携できる好循環を作り出すことが必要であるとの認識により，監督側である取締役会の実効性向上の観点に留まらず，監督の対象となる執行への評価も併せて実施しました。 　具体的には，昨年提案された2つの改善項目（下記参照）の達成度，取締役会における審議・意思決定・監督の実効性，さらに取締役会において確認された執行の対応等について，取締役および監査役の全員が事前に自由形式での記述による評価を行い，それらを共有した上で討議を行いました。 　以下の結果概要は，当該記述および討議の内容・結果を総括したものとなります。 Ⅱ．2017年度「取締役会実効性評価」の結果概要 　当社取締役会は，2016年度の実効性評価を受け，取締役会運営の基本方針とともに，改善を着実に実施するための2つの具体的な改善項目を設定し，実効性向上に取り組みました。 ＜2017年度の基本方針＞ 　1）適切なモニタリングにより構造改革を促進させるような環境を整備する。 　2）成長戦略に関する議論を通して会社の将来的方向性を明確化する。 　3）持続的な成長ならびに企業価値の向上に資する健全経営を促進させる監督体制を整備する。 ＜2017年度の改善項目＞ 　①　監査・監督の実効性向上の観点から，取締役会・監査役会・内部統制を包括したガバナンス体制の点検と改善を行う。 　②　持続的な成長に資する企業体質への転換にむけて，執行への働きかけとモニタリングを行う。
8015	豊田通商	監査役設置会社	2．内部統制システムの運用状況の概要 ・取締役会の実効性について，取締役会メンバー全員を対象にアンケートを実施し，分析・評価を行ったところ，取締役会の実効性は向上していると確認することができました。
8750	第一生命ホールディングス	監査等委員会設置会社	意思決定の有効性・実効性を担保するために，取締役会の運営及び議論の内容等について取締役全員が評価を行い，その結果分析を第三者に委任しています。2017年度に実施したアンケート調査による評価結果（概要）は以下のとおりであり，取締役会の有効性・実効性向上に向け，引き続き取り組んでまいります。なお，評価結果は当社ホームページにて開示しております。 ■取締役会の実効性に関する評価結果（概要） 　● 取締役会の運営及び議論の内容は総合的満足度が高く，総じて改善傾向にある。中期経営計画の戦略について，十分な時間とステップを経て議論された点が高く評価される。 　● 一方で，「議論のポイントの明確化」や「資料・説明の分かりやすさ」等が継続して課題として認識される。 　● 監査等委員会設置会社として，取締役会と監査等委員会，任意の指名諮問委員会・報酬諮問委員会との情報共有について更なる改善の余地がある。
8766	東京海上ホールディングス	監査役設置会社	(2) 取締役会の実効性評価 　イ　取締役会の実効性評価の方法 　　当社は，取締役会のさらなる機能発揮に向け，毎年1回取締役会の実効性評価を実施しております。具体的には，取締役会に参加している全員の意見を反映した評価とすべく，取締役および監査役の全員を対象に，取締役会の運営や機能発揮の状況に関するアンケートを行い，その結果を取締役会に報告しております。 　ロ　取締役会の実効性評価の結果 　　取締役会の運営については，説明の簡素化およびわかりやすさの向上等もあり，役員が活発に発言し，自由闊達に建設的な議論が行われており，取締役会の機能発揮は概ね十分であると評価されております。 　　一方で，取締役会資料の電子提供の実施，わかりやすい資料の提供に対する評価は高いものの，資料についての不断の見直しやポイントを絞った大局的な説明を求める意見もあり，こうした点については引き続き改善に努めております。

第3章　わが国における開示事例

【③株主総会招集通知には前年度の取締役会評価について記載し，CG報告書では当該事業年度の取締役会評価について記載する会社】

コード	会社名	CG形態	株主総会招集通知の記載
8053	住友商事	監査役設置会社	【取締役会評価の実施】 　取締役会の実効性の維持・向上のため，毎年，取締役及び監査役による自己評価等の方法により，取締役会の実効性についての分析，評価を行い，その結果の概要を開示しています。2016年度の取締役会の実効性評価及びその結果の概要並びに2017年度の主な取組は以下のとおりです。 １．評価の手法 　（1）対象者 　　　取締役全員（13名）及び監査役全員（5名） 　（2）実施方法 　　　2017年3月〜4月にアンケートを実施しました（回答は匿名）。＊実施に当たっては第三者（外部コンサルタント）を活用 　（3）評価項目 　　　①　取締役会の役割・責務 　　　②　取締役会の構成 　　　③　取締役の役割と資質 　　　④　取締役会の運営 　（4）評価プロセス 　　　第三者（外部コンサルタント）が集計したアンケートの回答内容をもとに，分析した結果を取締役会に報告し，洗い出された課題に対する改善策を検討しました。 ２．評価結果の概要 　全評価項目において概ね肯定的な評価であり，実効性を有する取締役会の実現に向けたさまざまな改革を実施し，着実に成果を上げているというものでした。 　一方，取締役会の実効性の更なる向上のため，取締役会資料の質の改善や社内・社外役員同士の議論の活発化等が課題として指摘されました。 ３．2016年度取締役会評価における課題への2017年度の主な取組 　上記2の指摘内容を踏まえ，専門用語等を解説した用語集を新たに作成して取締役及び監査役全員に配付したほか，取締役会において，付議される案件の審議に際し，経営会議での論点の説明を引き続き行うなど，取締役会の実効性を更に向上させるための改善施策を実施しました。また，中長期的な企業価値の向上と持続的な成長に対するインセンティブ等に配慮した役員報酬制度及び役員の業績評価の基準について，指名・報酬諮問委員会で検討し，その答申内容に基づいて取締役会で役員報酬制度の改定を決定しました。今後も引き続きPDCAサイクルにより取締役会の実効性向上に向けて取り組んでまいります。

12. 結　　語

　2017年7月14日時点における補充原則4-11③の"実施"率は71.38％に留まっていたものの，2016年12月末比で+16.1ptとなっており半年間で大幅に"実施"率が上昇した。取締役会評価は，そのメリットは「①取締役会が置かれている現状を正しく理解し，強みをさらに強化するとともに，取締役会の抱えるさまざまな課題を把握しそれらを解決することで，よりよい取締役会運営が可能となる，②評価を実施している事実と評価の概要を伝えることで，投資家をはじめとしたステークホルダーの信頼を獲得し，自社に対する評価を高めることができる」という点にある[注16]。このようなメリットを積極的に評価して，取締役会評価を導入する会社が大幅に増加することが期待される。

また，取締役会評価自体は実施したとしつつも，その内容に関する具体的な開示のない会社も見受けられる。取締役会評価は，債券格付けのような，主として定量的な分析に基づいて，会社間で比較しランキング付けをするものではなく，定性的な分析を主とするものであり[注17]，個々の取締役の能力や成績の評価を行ったり，他者との優劣比較を行うことを直接の目的とするものではなく，100点満点の取締役会というようなモデルがあって，それと比べて対象となる取締役会が何点を取れているか，といった採点をすることを目的とするものではないことが強調されている[注18]。また，取締役会評価は，「評価自体を目的とするものではなく，評価を通じて全体としての取締役会が，当該企業におけるそのときどきの環境・状況のなかで，実効性をもって本来の機能を果たしているか，改善すべき点は何かを見つけ出し，取締役会の実効性・品質向上を目指す不断の営み」とされている[注19]。投資家をはじめとしたステークホルダーの信頼を獲得して自社に対する評価を高めるためには，評価項目，評価手法・プロセス，評価結果，過去の取締役会評価の結果についての改善状況など取締役会評価の全体像の継続的な開示に取り組むことが肝要であろう。

　本章では，第三者機関への委託，社外取締役の活用，評価手法・プロセスなどに着目して，各社の開示状況を整理した。また，具体的な開示方法として，CG報告書に記載するのみならず，別途の書面による詳細な開示の実例や，株主総会招集通知への記載例を紹介した。CGCについては，その内容に形式的に従っている外観を作出するという表面的な対応ではなく，その趣旨・精神を理解して，各社の創意工夫により実質的に対応することが要請される。取締役会評価については，取締役会評価を実施したところ特段の問題は不見当であったなどという形式的な対応で足りるものでないことは明らかである。形式的に対応する会社を含む"実施"率の上昇は，必ずしも実効的なコーポレート・ガバナンスの実現に向けた取組みの進捗を意味するものではない。補充原則4-11③は，取締役会評価を"実施"した会社に対して，CGCの趣旨・精神を踏まえて"実施"した取締役会評価の全体像を説明することを要請するものであり，単に"実施"したとするに留まる説明をしても，補充原則4-11③を真に実施したものと評価するべきでなかろう。

(注16)　髙山・前掲（注1）16頁
(注17)　髙山・前掲（注1）16頁
(注18)　石黒徹「取締役会評価の考え方と社外取締役の機能」経理情報1419号（2015年）39頁
(注19)　石黒・前掲（注18）40頁

第4章　取締役会評価の開示実例
（2018年7月末時点）

コード	社　　　　名	Ｃ　Ｇ　形　態
1332	日本水産	監査役会設置会社
招集通知の記載		
—		
CG報告書の記載		

（補充原則4－11③）
1．評価の実施方法
　2017年度，当社は，監査役を含む全役員に対し，全36問の選択式（理由も付記）・記名式のアンケート（以下「2017年度アンケート」という）を実施（3月）し，社内役員と社外役員の結果を比較・分析し，それを基に全役員で議論する方法で，取締役会の実効性評価を実施しました。当社役員の3分の1に変更があったことから，2017年度アンケートの内容は2016年度とほぼ同内容のものを実施しました。
　2017年度アンケートの大項目は以下のとおりです。
　(a)　取締役会の構成
　(b)　取締役会の運営/支援体制
　(c)　取締役会の議題
　(d)　対外的コミュニケーション
　(e)　トレーニング
　また，2016年度のアンケート回答済みの役員に対しては，2016年度の評価において指摘された課題点の改善状況を確認する比較アンケート（以下「比較アンケート」という）を，別途実施しました。
2．評価結果の概要
　2017年度アンケート結果からは，社内役員と社外役員との差異はほぼなく，議長のリーダーシップの下，活発な意見交換がなされ，社外取締役や監査役の意見も尊重されており，取締役会は概ね良好に運営されていると評価できます。また，昨年度に比し，課題点も減少しました。しかし，未だ以下の項目が課題としてあげられます。
　(a)　取締役会と執行役員会の役割の明確な区別
　(b)　企業戦略の大きな方向性や中期経営計画の達成に向けた議論の充実
　(c)　取締役会の多様性
3．ディスカッション
　全役員によるフリーディスカッション（5月実施）においては，比較アンケートの結果を全役員にも共有し，当該結果を勘案しながら，2017年度アンケートの総括及び差異のある項目を共有するとともに，上記2．を含むアンケート記載の意見を基にしながら，課題の改善に向けて議論しました。
　今回の議論の結果を踏まえて，更なる取締役会の充実を図って参ります。

コード	社　　　　名	Ｃ　Ｇ　形　態
1605	国際石油開発帝石	監査役会設置会社
招集通知の記載		
—		

CG報告書の記載

　当社は，取締役会全体が適切に機能しているかを定期的に検証し，課題の抽出と改善の取組みを継続していくことを目的として，取締役会全体の実効性の評価を毎年実施し，その結果の概要を開示することとしております。この方針に基づき，2017年度も評価を実施いたしました。評価方法及び結果の概要は以下のとおりです。
【評価方法】
　今回（2017年度）の評価実施に先立ち，2017年11月の社外取締役と監査役の会合において，前回の評価で抽出された課題に対する上半期の取組状況について意見交換を行い，改善・進展状況を中間評価しました。同中間評価も踏まえ，2018年1月の取締役会にて，2017年度の取組結果全体を振り返るとともに，今回の実効性評価の実施方針について審議し，決定しました。
　評価項目は，各取締役及び監査役の自己評価に加え，取締役会の構成・運営・役割・責務，前回評価での課題の改善状況などとし，2月中旬から3月上旬に掛けて，全ての取締役及び監査役に対して完全無記名のアンケート調査を実施しました。より具体的な意見の吸い上げのために，多くの質問に自由記述欄を設けました。
　その後，取締役会事務局にてアンケート回答結果の集計及び分析を行い，社外取締役・監査役と代表取締役の会合において，集計分析結果及び新たな課題と改善計画について議論を行った上で，本年4月の取締役会において，最終的な評価結果と改善計画を確認しました。
【評価結果の概要】
　1．取締役会全体として適切に実効性が確保されている。
　2．前回評価に比較すると，過去2回の実効性評価に基づく改善の成果が表れていると考えられる。特に，前回評価で認識された課題のうち，女性独立社外取締役の選任による取締役会の多様性の進展，議案説明資料の改善や社外役員への事前説明の充実といった取締役会の運営改善，さらには「ビジョン2040」及び「中期経営計画2018-2022」の策定にかかわる集中的な経営戦略議論の実施などにより，課題の改善状況に関する評価が向上しました。
　3．今後の取締役会の更なる実効性向上に向けた優先課題は，以下のとおり。
・2018年度から2022年度までを対象とした中期経営計画の着実な遂行のモニタリングを含む，取締役会での経営戦略に関する議論の継続
・取締役会における効率的な審議や果断な投資判断に資するよう，投資関連議案資料でのリスク関連情報及び当該案件の当社事業ポートフォリオ上での位置づけに関する情報を充実させること
・取締役会の多様性の更なる進展等，中長期的な取締役会のあるべき姿についての議論の継続
　当社は，これらの評価結果を踏まえて，引き続き，取締役会の実効性の向上を図ってまいります。

コード	社　　　　名	ＣＧ形態
1721	コムシスホールディングス	監査等委員会設置会社
招集通知の記載		
―		

CG報告書の記載

　当社は，取締役会の開催頻度，開催日程及び決議事項等をはじめ運営全般について，取締役会規則に基づき運営を実施しており，また，四半期ごとの業務執行状況報告において，その執行状況の監督並びに取締役会の運営についても，評価を実施しております。更に，本年は，以下の主要な項目により取締役に対して「取締役会の実効性評価」に関するアンケートを実施しております。
＜主要な項目＞
・取締役会の規模及び全体的なバランスなど，適切な構成や多様性の確保
・経営判断における適切なリスクテイクなど，議論の実効性の担保
・経営陣，会計監査人及び内部監査部門等との連携体制確保など，取締役への支援内容
　以上のアンケート分析結果を取締役会に諮り，現状を分析した結果，当社の取締役会の実効性は確保されていることを確認しております。
　さらに，機能強化を図るための意見交換会を実施しております。

コード	社　　　　名	ＣＧ形態
1801	大成建設	監査役会設置会社
招集通知の記載		
―		

CG報告書の記載
【補充原則4-11-3】（取締役会全体の実効性の分析・評価） 　当社は，2017年度の取締役会全体の実効性の分析・評価について，見直しを加えた評価項目に基づき，まず取締役及び監査役が記名式による自己評価を行い，社外取締役による全体評価を実施するとともに，第三者（弁護士）の意見を参考としながら，取締役会で審議を行うという手続により実施しました。 　評価の結果は，全体としては，多様性が備わった取締役会構成を活かし，コーポレートガバナンス・コードの主旨を踏まえた取締役会運営の着実な改善努力がなされており，社外取締役・監査役からの活発な発言も踏まえて，取締役会は総じて実効的に機能し，適切な意思決定と経営の監督が業績の向上につながっていると思われるというものでした。 　なお，重要な経営戦略等については更なる審議の充実を図るために時間的な枠組等を工夫すべきという意見や，各種委員会等での議論の要点が一層簡明に取締役会に報告されるよう検討すべきとの意見，取締役に対する研修や現場見学等の実施を継続して，社外役員と社内役員・執行役員が接する機会を一層充実させていくべきとの意見などが述べられました。また，2017年度の取締役会では，2016年度の評価における意見を受け，当社の中長期的なテーマについての「自由討議」や「意見交換会」，研修や現場見学等を実施し，取締役会運営の活性化に取り組みました。 　当社の取締役会は，2017年度の評価の結果も踏まえて，今後も取締役会運営の更なる充実を図っていきます。

コード	社　　　名	Ｃ　Ｇ　形　態
1802	大林組	監査役会設置会社

招集通知の記載
―

CG報告書の記載
【4-11-3　取締役会・監査役会の実効性確保のための前提条件】・・・取締役会の実効性評価 　当社は，取締役会の規模，構成，運営方法，審議状況，支援体制等に対する各取締役及び各監査役の評価及び意見をもとに，外部の弁護士事務所の助言を受けながら取締役会全体の実効性について分析・評価を行い，取締役会全体の実効性は確保されていると判断しております。取締役会のあり方や運営方法は，各取締役及び各監査役の意見を踏まえ適宜改善を図ります。

コード	社　　　名	Ｃ　Ｇ　形　態
1803	清水建設	監査役会設置会社

招集通知の記載
―

CG報告書の記載
【補充原則4-11-3．取締役会の実効性の評価】 　当社の取締役会は，毎年1回，取締役会全体の実効性について分析・評価を行うこととしています。平成29年の評価方法及び結果の概要は以下のとおりです。 (1) 評価方法 　　全取締役及び全監査役によるディスカッション方式（自己評価） 　　・対象期間：平成29年1月から12月（1年間） 　　・実　施　日：平成29年12月取締役会及び平成30年1月取締役会 (2) 評価結果の概要 　　当社の取締役会は，建設的で活発な議論が行われており，取締役会の構成，機能，運営状況，社外取締役への支援体制，取締役に対する情報提供・研修，株主・投資家との対話等について，適切で実効的に機能していると評価しています。一方で，今後の主な検討課題として，下記が挙げられました。 　・企業価値向上や中長期的な成長に向けて，取締役会における議論のさらなる充実を図る。 　・企業の持続可能な発展を図るため，取締役会として，経営の基本理念である「論語と算盤」の社内浸透を促進する。 　・IR活動において，建設業の社会的役割やものづくりの魅力を伝えるための取組みを促進する。 (3) 今後の取組み 　　当社は，取締役会の実効性評価の結果を踏まえて，取締役会の実効性向上とコーポレート・ガバナンスのさらなる充実を目指していきます。

コード	社　　　　名	ＣＧ形態
1808	長谷工コーポレーション	監査役会設置会社

招集通知の記載
－

ＣＧ報告書の記載

【補充原則4-11-3　取締役会の実効性分析評価】
「コーポレートガバナンス基本方針」第8条（取締役会の実効性分析評価）をご参照ください。
平成29年度の取締役会の実効性について，「コーポレートガバナンス基本方針」に則り，分析・評価を行った結果，実効性が十分に確保されていることを確認しております。
===
（参考）コーポレートガバナンス基本方針
第8条（取締役会の実効性分析評価）
　会長，社長，社外取締役，監査役は，毎年取締役会全体の実効性に関して，取締役会で意見を表明し，取締役会はその意見に基づき，取締役会全体の実効性を分析・評価する。
　2．取締役会全体の実効性の分析・評価の結果の概要は開示する。

コード	社　　　　名	ＣＧ形態
1812	鹿島建設	監査役会設置会社

招集通知の記載
－

ＣＧ報告書の記載

【補充原則4-11-3　取締役会の実効性の自己分析・評価】
　当社は，取締役会の機能及び実効性を高めることを目的として，毎年1回，取締役会全体の実効性評価を行っており，開催の都度，外部専門家によるレビューを実施し，評価方法の改善を図っています。
　評価にあたっては，前年度の取締役会の運営や主な案件の決議後の経過を報告した上で，社外取締役，社外監査役を含めた取締役会に参加するメンバー全員により，取締役会のあり方や実効性を高める方策について討議を行い，課題や改善点の抽出を行っています。
　討議の結果，当社の取締役会は，適切な事前の情報提供や運営が行われており，社外取締役の意見を積極的に取り入れ，実効性を高める取組みが継続的に行われていると評価されました。また，重要性の観点から一部執行案件の審議・決定を経営陣に移譲し，経営方針や目標等，会社の中長期的な方向性に関して一層の議論充実を図るべきとの意見がありました。
　取締役会は，付議基準を改訂して審議案件を絞り込み，グループ全体の中長期的な事業計画の審議を充実させるなど，実効性向上に取り組んでいます。

コード	社　　　　名	ＣＧ形態
1925	大和ハウス工業	監査役会設置会社

招集通知の記載

(5)　取締役会の実効性評価の結果の概要
　当社では，持続的な成長と中長期的な企業価値向上のために制定した「コーポレートガバナンスガイドライン」に基づき，平成27年より毎年，取締役会の実効性評価を実施しております。
　当社取締役会は，アンケート方式での取締役による自己評価，監査役会，取締役会による評価により，取締役会全体の分析・評価を行っており，平成29年におきましては，外部機関の協力を得てアンケートを実施し，回答方法は外部機関に直接回答することで匿名性を確保いたしました。外部機関からの集計結果の報告を踏まえたうえで，取締役会の構成，意思決定プロセス，業績管理等の取締役会の運営状況，社外取締役へのサポート状況，取締役の職務執行状況等を確認した結果，当社取締役会の実効性は十分確保されているものと評価いたしました。
　一方，取締役会の構成の多様性や変化し続ける経営環境に対する必要な知識の習得等の課題についても共有いたしました。
　加えて当社は，「コーポレートガバナンスガイドライン」に定める各項目について，毎年，自己レビューを行うことにより経営システムの総点検を行っております。平成29年におきましては，概ねガイドラインに沿った運用がなされているものと評価いたしました。
　今後も，取締役会の実効性と経営システムの向上に努めてまいります。

CG報告書の記載

【補充原則4-11③　取締役会評価の結果の概要】
　当社では，アンケート方式での取締役による自己評価結果に基づき，監査役会・取締役会により，取締役会全体の分析・評価を行っています。
［2017年の評価結果の概要］
　2017年においては，外部機関の協力を得てアンケートを実施し，回答方法は外部機関に直接回答することで匿名性を確保いたしました。外部機関からの集計結果の報告を踏まえたうえで，取締役会の構成，意思決定プロセス，業績管理等の取締役会の運営状況，社外取締役へのサポート状況，取締役の職務執行状況等を確認した結果，当社取締役会の実効性は十分確保されているものと評価しました。
　一方，取締役会の構成の多様性や変化し続ける経営環境に対する必要な知識の習得等の課題についても共有いたしました。
　今後も，取締役会の実効性と経営システムの向上に努めてまいります。
（コーポレートガバナンスガイドライン第17条　取締役会評価）
　１．取締役会は，毎年，各取締役の自己評価等も参考にしつつ，取締役会全体の実効性について分析・評価を行い，その結果の概要を開示する。
　２．取締役会評価にあたっては，代表取締役会長（CEO）を実施責任者，経営管理本部長を実施担当者とし，評価を行う。
　３．監査役会は，毎年，取締役会の監督機能ならびに業務執行機能について，ビジネス，ガバナンス，リスク管理に関する事項等を含む取締役会
全体の実効性について，監査役会としての分析・評価を行い，意見を述べる。当該評価に際しては，社外取締役へのヒアリング等を行ったうえで，取締役会のあり方について，建設的な意見を述べる。

コード	社　　　　名	Ｃ　Ｇ　形　態
1928	積水ハウス	監査役会設置会社
招集通知の記載		
—		

CG報告書の記載

【補充原則4-11(3)　取締役会の実効性の分析・評価】
　取締役会は毎年，取締役会の実効性に関する分析・評価を行います。
＜2018年1月期の評価結果の概要＞
　2018年1月期においては，取締役および監査役全員を対象に，「取締役会の議題・議論」「取締役会の運営」「取締役の責務・役割」についてアンケート調査を実施しました。
　当事者の忌憚のない意見を引き出すことおよび客観的な分析を担保するために，アンケートの回答回収および分析・評価は，弁護士事務所に協力を要請し，匿名性を確保して実施しました。
　その結果，当社取締役会の実効性については，概ね確保されていると評価しましたが，一方，事業戦略等に関する実質的な議論をはじめ，建設的・自由闊達な議論をさらに充実すべきであるとの意見が示されました。
　今後，「企業戦略全体に関する議論の拡充」「議事資料の事前配布時期の早期化」「議事資料の内容の充実」「社外取締役・社外監査役支援体制の強化」等の改善策を検討の上，順次実施し，取締役会の実効性の向上とコーポレートガバナンスの強化に努めてまいります。

コード	社　　　　名	Ｃ　Ｇ　形　態
2269	明治ホールディングス	監査役会設置会社
招集通知の記載		
—		

CG報告書の記載

■補充原則4-11-3　取締役会の評価
・当社は，毎年１回，取締役会の役割・運営や課題等について調査票による取締役会メンバーの自己評価などを参考にしつつ，取締役会全体の実効性を分析・評価し，抽出した課題の改善に取り組むことで，取締役会の実効性向上に努めております。
１．2017年度の取締役会の実効性に関する評価・分析の方法

・当社取締役会は，2015年10月に制定した当社のコーポレートガバナンス方針に基づき，2017年度における取締役会の実効性を分析・評価するため，2018年5月に取締役会事務局が作成した自己評価調査票により，取締役会メンバーによる取締役会の実効性に関する調査を実施しました。
・本調査は，大項目として「取締役会の役割（方向付け，監督，後継者計画，議論，議案・報告事項）」「取締役会の構成」「取締役会議長の運営」「資料とプレゼンテーションの質」「事務局の運営」「前年度に課題として掲げた事項に関する評価」から構成する調査票を取締役会事務局が作成し，「当社コーポレートガバナンス方針に沿った評価」「取締役会の運営に関する評価」「前年度に課題として掲げた事項に関する評価」の観点から各取締役および監査役の評価を実施し，評価結果を取りまとめました。
2．2017年度の取締役会の実効性に関する分析・評価結果の概要
・取締役会開催状況や取締役・監査役の自己評価などを参考の上，分析した結果，当社の取締役会の実効性については有効に機能していると認識しておりますが，一方，後継者計画の体系化・プロセス・運用方法の策定，取締役会付議基準，取締役会の運営について一層の充実を図ることといたしました。

コード	社　　　　名	ＣＧ形態
2282	日本ハム	監査役会設置会社

招集通知の記載

CG報告書の記載

（補充原則4-11-3）取締役会の実効性評価
　当社取締役会は，基本方針に基づき取締役会の実効性について，分析と評価を実施しました。
　詳細は，基本方針参考資料3．をご参照ください。
＝＝＝
（参考）ニッポンハムグループ　コーポレートガバナンス基本方針
第2章2(2)③実効性評価
　当社取締役会は，取締役会の意思決定の実効性を担保するため，毎事業年度の終了時に，当社グループの経営課題の進捗状況，取締役会の規模・構成（バランス）・運営方法・付議基準，取締役会における審議状況，取締役会に提供される資料の内容，情報の共有，運営等について自己評価を行い，かかる評価及び改善事項の概要を開示する。
　独立社外役員会議は，取締役会の意思決定の実効性について確認された事項がある場合，取締役会にその内容を報告する。
【補充原則4-11③に基づく開示】
　当社取締役会は，当社取締役会の実効性について分析と評価を行いました。その結果の概要については参考資料3．をご参照ください
〈中　略〉
参考資料3．取締役会
　当社は，当社の取締役会の体制や運営についての課題を発見し，取締役会の実効性を高めるための取組みにつなげることを目的に，ニッポンハムグループ・コーポレートガバナンス基本方針に基づき，平成27年度より取締役会の実効性について分析と評価を行っております。以下，平成29年度に行いました評価につき，その概要を開示いたします。
1．評価のプロセス
　（1）評価の方法
　　　平成29年度の評価は，平成29年度の取締役会の活動の評価並びに平成28年度の評価を通じて発見された課題の改善状況及び進捗状況の確認を目的に，すべての取締役・監査役に対するアンケートによる自己評価の方法で行いました。また，評価を行うに際し，社外の客観的な視点を取り入れるため，独立社外役員全員で構成される「独立社外役員会議」においてその実施方法及び質問項目案を検討し，アンケートの内容を確定いたしました。役員の忌憚のない意見を引き出すこと及び客観的な分析を担保するため，回答方式は無記名方式とし，点数評価に自由回答を組み合わせております。
　（2）主な評価項目
　　①　取締役会の構成
　　　　取締役会の人数，構成メンバー，社外役員の兼任状況等
　　②　取締役会の運営
　　　　取締役会の開催頻度，取締役会に上程される議案の件数，提出される資料の内容及び分量の適切性等
　　③　取締役会の議題
　　　　議題の選定，経営者への委譲事項，付議のタイミングの適切性等
　　④　取締役会を支える体制

新任役員・社外役員へのトレーニング，監査役が適切に情報を入手する機会の有無等
　⑤　コーポレート・ガバナンスの体制と運営
　　　取締役の選任基準，指名プロセスの適切性，任意の諮問委員会の実効性の確保等
　⑥　株主との対話
　⑦　取締役会の総合評価
　⑧　社外役員への追加質問
　　　取締役会に上程された案件につき，事前に理解を得る場の有無等
（3）意見の取りまとめ
　取締役会事務局は，上記質問への回答をもとに，客観的な分析・評価を行うため，報告書作成の段階から社外役員の意見を取り入れるべく，平成30年4月27日開催の「独立社外役員・代表取締役会議」にて議論を行い，その後同年5月7日開催の取締役会において意見交換の上，回答結果をまとめました。
　この回答結果のまとめを参考に，同年6月14日，同月26日開催の取締役会において，当社取締役会の実効性に関する分析，評価を行いました。

2．結果の概要
（1）評点の総括
　　〈中　略〉
（2）分析・評価の結果の概要
　当社取締役会による分析の結果，当社取締役会の運営については，適切な構成人数かつ頻度で開催され，社内・社外役員ともに自由に意見が言える活発な議論の場となっていること，また，コーポレート・ガバナンスの体制と運営については，社外役員の独立した立場に基づく情報共有の場が確保され，社内役員との連携が強化されていることを確認いたしました。
　また，社内役員9名中6名，社外役員5名全員が，総合評価において「昨年より改善された」と認識（社内役員3名は「昨年と変わらない」と回答）しており，取締役会全体の議論の深化及び活発化につながったと評価しております。
　以上のことから，当社取締役会による意思決定及び業務執行の監督の実効性は，当社のコーポレート・ガバナンスに関する基本的な考え方に沿って相応に確保されていると評価いたしました。一方で，「4　取締役会を支える体制」等については改善が必要との評価もありましたので，後述のとおり，今後の取り組みを強化して参ります。
（3）前期の課題解決に向けた取組み
　平成28度の取締役会評価を通じて発見された課題の解決に向けて，平成29年度は①議案の内容に関する情報提供の早期化②中長期的な経営方針及び経営戦略についての議論の深化③役員指名・報酬制度の在り方及び代表取締役の後継者計画についての継続検討に取り組むことを目標として設定しておりました。
　そこで，平成29年度，当社は上記目標の達成に向けて，事前資料の早期配信や社外役員への事前説明を強化し（①），「中期経営計画2020」の議論を通して中長期的な経営方針及び経営戦略についての議論を深化させ（②），さらには経営者に求められる人財像についての議論を通して後継者計画についての継続検討の強化に取り組みました（③）。
　その結果，平成29年度の実効性評価においては，上記課題のうち①及び②については改善されたとの評価を得ました。また，③については，持続的な企業価値向上を図るべく，経営者に求められる人財像として「誠実」「献身」「熟慮」「挑戦」「共感」の5要件を定義いたしましたが，平成30年度においてはこれらの定義の実効性をさらに高めていく必要があると認識しております。
（4）平成30年度の取組み
　以上の結果を踏まえ，平成30年度，当社では特に評点の低かった「4．取締役会を支える体制」を強化し取締役会の実効性をさらに高めるため，以下の取組みを行います。
　㈦　当社取締役会における議論のさらなる充実化を図るため，新任役員就任時及び就任後において，役員に求められる役割と責務等の理解の場を継続的に提供し，取締役会において十分かつ積極的に発言できる素地を作るためのトレーニング及び情報提供を進めてまいります。
　㈣　次世代経営者について，上述5要件を備えた人財を計画的に育成すべく，評価・育成指標を明確にした上で，全社横断的な「選抜」「教育」「異動」プログラムを実施してまいります。
当社では，引き続き企業価値のさらなる向上，当社グループのありたい姿への到達に向けて，今後も取締役会の実効性を高めてまいります。

コード	社　　　名	ＣＧ形態
2432	ディー・エヌ・エー	監査役会設置会社

招集通知の記載

取締役会全体の実効性の分析・評価

　当社は，取締役会全体（任意の諮問委員会等含む）の実効性についての分析及び評価を，2018年1月から3月にかけて行いました。

1．2017年度の分析・評価の方法

＜分析・評価の方法＞

　取締役及び監査役の全員を対象としたアンケートを実施し，その回答を踏まえたうえ，担当取締役が全取締役及び常勤監査役を対象とした個別ヒアリングを実施いたしました。そして，その結果に基づき，取締役会において，取締役会の実効性の評価及び今後の課題と施策について議論を行いました。

　取締役会議長を本実効性評価の担当取締役とし，分析・評価の方法及び質問項目案は取締役会にて議論したうえで決定いたしました。また，分析・評価の方法及びアンケートの質問項目は外部弁護士からの意見も踏まえております。

＜アンケートの質問項目の概要＞

① 2017年3月及び5月に公表したコーポレート・ガバナンス及び内部統制の強化に関する対外的なコミットメント（*）の進捗，及びそれらに関して取締役会が果たすべき役割を果たし，機能しているか

② 取締役会が，会社の中長期での成長に向けた舵取りを行えているか

③ その他，取締役会の構成や会議体の位置づけ等

　＊「トップマネジメントの強化」「取締役会による業務執行に関する監視」「コンプライアンス・管理体制の強化」「抜本的な意識改革」の4点からなります。詳細な内容は，2017年5月23日に開示いたしました『コーポレート・ガバナンス及び内部統制の強化に関するお知らせ』に記載しております。（株式会社ディー・エヌ・エーホームページTOP（http://dena.com/jp/）→IR・投資家情報→IRニュース→2017年5月23日「コーポレート・ガバナンス及び内部統制の強化に関するお知らせ」）

　2017年度においては，上記のお知らせに記載した取組みに加え，コーポレート・ガバナンス及び取締役会の実効性強化のための取組みとして，

・取締役会議長による取締役会のアジェンダ整理・見直し

・全取締役及び常勤監査役が参加し，全社課題について集中的に議論を行うオフサイトミーティングの実施

・独立社外役員間の情報共有を目的とした社外取締役及び監査役のみからなるエグゼクティブ・セッションの実施などの施策を行いました。

2．2017年度の分析・評価結果の概要

　以下の点について，取締役会の実効性が確保できていると分析・評価しております。

・コーポレート・ガバナンス及び内部統制の強化の取組みは，全般的に有効に機能，もしくは進捗しており，また取締役会が果たすべき役割も概ね果たされている。特に，コンプライアンス・管理体制の強化の取組み，取締役会の議長変更（社長と議長の分離）やオフサイトミーティングの開催等は，取締役会が業務執行を監督するうえで，有効に機能している。

・前回の取締役会実効性評価の際にも導入について議論を行っていた，任意の指名委員会及び報酬委員会の設置は，業務執行に関する監視をより実効性の高いものとしている。

・取締役会において，上程された議案に関して，結論ありきではない実質的な議論，以前よりも深度ある議論がなされており，業務執行に対する牽制が果たされている。

・2017年度より実施している社外取締役及び監査役のみで構成されるエグゼクティブ・セッション等，独立社外役員間の情報共有・意見交換の場が，取締役会において実質的な議論を行ううえで有効に機能している。

　また，以下の点については，今後さらなる改善の余地があると分析・評価しております。

・中長期での会社の成長の達成に向けた議論を行う時間は現時点でも確保されている一方，取締役会での議論をより充実させていくために，経営管理機能等をより強化することもできるのではないか。

・取締役会の運営については，以前と比較して実質的な議論により多くの時間を割くことができるようになっている一方，アジェンダ設定の工夫や議論テーマ・論点の明確化をより一層進めていけるのではないか。

　当社取締役会においては，以上の分析・評価を行うとともに，取締役会の実効性をさらに高めるための議論を行いました。

　その結果，取締役会で議論すべきポイントの事前絞りこみ作業や，四半期毎の早期の業績振り返り機会設定等の取組みを行っていくことに加え，中長期の課題解決につなげるための自由討議の時間を通常の取締役会においても設ける，等の取組みを行うことといたしました。

　当社は，取締役会の実効性評価の方法について改善の検討を進めつつ，今後も継続的に取締役会全体の実効性評価を行うことで，取締役会の機能のより一層の向上を図ってまいります。

（当社「コーポレート・ガバナンスに関する報告書」（2018年4月11日付）に記載の内容）

CG報告書の記載

【補充原則4-11-3 取締役会全体の実効性の分析・評価】
　当社は，取締役会全体（任意の諮問委員会等含む）の実効性についての分析及び評価を，2018年1月から3月にかけて行いました。
(1) 2017年度の分析・評価の方法
＜分析・評価の方法＞
　取締役及び監査役の全員を対象としたアンケートを実施し，その回答を踏まえたうえ，担当取締役が全取締役及び常勤監査役を対象とした個別ヒアリングを実施いたしました。そして，その結果に基づき，取締役会において，取締役会の実効性の評価及び今後の課題と施策について議論を行いました。
　取締役会議長を本実効性評価の担当取締役とし，分析・評価の方法及び質問項目案は取締役会にて議論したうえで決定いたしました。また，分析・評価の方法及びアンケートの質問項目は外部弁護士からの意見も踏まえております。
＜アンケートの質問項目の概要＞
① 2017年3月及び5月に公表したコーポレート・ガバナンス及び内部統制の強化に関する対外的なコミットメント（*）の進捗，及びそれらに関して取締役会が果たすべき役割を果たし，機能しているか
② 取締役会が，会社の中長期での成長に向けた舵取りを行えているか
③ その他，取締役会の構成や会議体の位置づけ等
　＊「トップマネジメントの強化」「取締役会による業務執行に関する監視」「コンプライアンス・管理体制の強化」「抜本的な意識改革」の4点からなります。
　　詳細な内容は，2017年5月23日に開示いたしました『コーポレート・ガバナンス及び内部統制の強化に関するお知らせ』（下記URL）に記載しております。
　　http://v3.eir-parts.net/EIRNavi/DocumentNavigator/ENavigatorBody.aspx?cat=tdnet&sid=1477222&code=2432&ln=ja&disp=simple
　2017年度においては，上記のお知らせに記載した取組みに加え，コーポレート・ガバナンス及び取締役会の実効性強化のための取組みとして，
・取締役会議長による取締役会のアジェンダ整理・見直し
・全取締役及び常勤監査役が参加し，全社課題について集中的に議論を行うオフサイトミーティングの実施
・独立社外役員間の情報共有を目的とした社外取締役及び監査役のみからなるエグゼクティブ・セッションの実施
　等の施策を行いました。
(2) 2017年度の分析・評価結果の概要
　以下の点について，取締役会の実効性が確保できていると分析・評価しております。
・コーポレート・ガバナンス及び内部統制の強化の取組みは，全般的に有効に機能，もしくは進捗しており，また取締役会が果たすべき役割も概ね果たされている。
　特に，コンプライアンス・管理体制の強化の取組み，取締役会の議長変更（社長と議長の分離）やオフサイトミーティングの開催等は，取締役会が業務執行を監督するうえで，有効に機能している。
・前回の取締役会実効性評価の際にも導入について議論を行っていた，任意の指名委員会及び報酬委員会の設置は，業務執行に関する監視をより実効性の高いものとしている。
・取締役会において，上程された議案に関して，結論ありきではない実質的な議論，以前よりも深度ある議論がなされており，業務執行に対する牽制が果たされている。
・2017年度より実施している社外取締役及び監査役のみで構成されるエグゼクティブ・セッション等，独立社外役員間の情報共有・意見交換の場が，取締役会において実質的な議論を行ううえで有効に機能している。
　また，以下の点については，今後さらなる改善の余地があると分析・評価しております。
・中長期での会社の成長の達成に向けた議論を行う時間は現時点でも確保されている一方，取締役会での議論をより充実させていくために，経営管理機能等をより強化することもできるのではないか。
・取締役会の運営については，以前と比較して実質的な議論により多くの時間を割くことができるようになっている一方，アジェンダ設定の工夫や議論テーマ・論点の明確化をより一層進めていけるのではないか。
　当社取締役会においては，以上の分析・評価を行うとともに，取締役会の実効性をさらに高めるための議論を行いました。
　その結果，取締役会で議論すべきポイントの事前絞りこみ作業や，四半期毎の早期の業績振り返り機会設定等の取組みを行っていくことに加え，中長期の課題解決につなげるための自由討議の時間を通常の取締役会においても設ける，等の取組みを行うことといたしました。
　当社は，取締役会の実効性評価の方法について改善の検討を進めつつ，今後も継続的に取締役会全体の実効性評価を行うことで，取締役会の機能のより一層の向上を図ってまいります。
1．トップマネジメントの強化

当社は，2017年３月13日開催の取締役会において，代表取締役１名の体制から，代表取締役社長及び代表取締役会長の２名体制へと変更する決議をいたしました。これにより，代表取締役の業務執行における相互チェック機能・相互補完機能を働かせ，コーポレート・ガバナンスを強化しつつも機動的な業務執行を実現すべく，トップマネジメントの強化を図っております。
　具体的には，取締役会から委任された重要事項の決定は会長・社長の合議を原則とし，経営会議での決議事項についても，両名の合意が得られない場合は，取締役会の判断を仰ぐことといたしました。

２．取締役会による業務執行に関する監視
　(1) 取締役の任期短縮
　　　取締役の任期を，従来の２年から１年へ短縮し，経営環境の変化に迅速かつ柔軟に対応できる経営体制を構築するとともに，事業年度における取締役の経営責任をより明確にし，株主の皆様への説明責任を果たしてまいります。(注)
　(2) 取締役会の議長変更
　　　これまで，当社取締役会の議長は社長が務めてまいりましたが，取締役会の監督機能の強化の観点から，取締役会の招集権者及び議長を，取締役会において選定することを可能とする予定です。本年度においては，会長が取締役会の議長を務める予定です。(注)
　(注) 上記(1)及び(2)に関連し，第19回定時株主総会を経て，定款の一部変更を行う予定です。詳細は，本日開示の「定款一部変更に関するお知らせ」をご参照ください。
　(3) 執行役員体制の見直し（経営と執行の役割分担の明確化）
　　　当社は，執行役員制度を導入しておりますが，職務執行のさらなる効率化を図るため，事業領域ごとに執行役員を置き，代表取締役がこれを統括し監督する体制とします。これにより，業務執行にかかる権限委譲を進め，経営と執行の役割分担の明確化を図ります。
　　　また，取締役会は，以下(4)に詳述の通り，執行役員の選任や報酬決定への関与等を通じ，業務執行取締役を中心とする業務執行全体を監督してまいります。
　(4) 指名委員会及び報酬委員会の設置
　　　当社は，取締役会の諮問機関である任意の指名委員会及び報酬委員会を設置し，取締役のほか執行役員等当社の経営の一翼を担う役職者の指名・報酬の決定プロセスに社外取締役の適切な関与・助言を得ることで，経営の透明性・客観性を確保し，取締役会の監督機能を強化してまいります。
　いずれの委員会も，その委員の過半数を社外取締役とし，委員長を社外取締役とします。
　初年度となる本年度は，社外取締役２名及び代表取締役会長が委員を務めます。
　指名委員会は，取締役会で対象者として定めた者に関し，面談等も含めたその指名（新任・再任・解任）にかかる事項について審議し，取締役会に答申するほか，指名の基本方針，取締役会の実効性評価の方針・基準，経営陣候補の育成方針・サクセッションプラン等についても継続的に審議の対象とする予定です。
　なお，本年度は，第19回定時株主総会の後における代表取締役の選定及び執行役員の選任の原案に関する答申を行う予定です。
　また，当社は，業務執行取締役の報酬を諮問の対象とする報酬コミッティーを2014年より設置しておりますが，今般，これを報酬委員会に改称し，業務執行取締役に加え，執行役員等も諮問の対象とします。
　(5) 監査役監査の強化
　　　当社は，独立社外監査役を１名増員し，当該監査役を常勤監査役とする予定です（注）。
　　　また，業務執行から独立した監査役直下の部門として監査役室を設置し，常時専任の従業員等を配置します。監査役室は，通常の補助業務に加え，監査役からの求めに応じて以下のような取り組みを実施し，より実効性の高い監査活動に貢献してまいります。
　　　① 監査役と後述のコンプライアンス・リスク管理本部等との連携体制の整備
　　　② 役職員から監査役への直接の報告窓口の整備
　　　③ 定期的な社外取締役とのミーティング等，社外取締役との連携体制の整備
　(注) 本件は，第19回定時株主総会を経て，正式に決定いたします。候補者の詳細及びその独立性については，本日開示の「役員人事に関するお知らせ」をご参照ください。

３．コンプライアンス・管理体制の強化
　当社は，当社グループのコンプライアンス及びリスク管理を統括する「コンプライアンス・リスク管理本部」を新たに設置し，内部統制システムの強化を図ります。
　当該本部は，当社グループのリスクマネジメントをサポートするとともに，代表取締役及び取締役会にリスクアジェンダを報告することで，経営にコンプライアンス及びリスク管理の視点をより一層定着させることをミッションとします。また，当該本部の長は，代表取締役及び執行役員の業務執行判断におけるリスク情報の認識・解釈に疑義があるときは，その判断で当社の経営会議，取締役会または必要に応じて連結子会社における取締役会に対して直接疑義を表明することができるものとするなど，より実効的なリスクマネジメントを推進してまいります。
　コンプライアンス・リスク管理本部の主な業務は，以下のとおりです。

① 当社グループにおけるリスクマネジメント・フロー（リスクの把握，管理，モニタリングに係る一連のフロー）を統括し，各部門におけるリスクマネジメントをサポートする
② 当社グループのリスク情報を網羅的に把握し，リスク分析・評価及びその対策をまとめ，継続して一元的に管理し，モニタリングする。当該管理及びモニタリングについては，代表取締役，取締役会及び監査役に定期的に報告する
③ 内部通報制度の運用に加えて，カスタマー・サービス部門，広報部門等と連携し，リスクにつながる一次情報を把握する
④ 不測の事態が発生した場合の対応を統括する
⑤ 企業倫理及び法令遵守に関する社内研修の実施等により，当社グループの役職員のコンプライアンス意識の向上を図る

コード	社　名	ＣＧ形態
2502	アサヒグループホールディングス	監査役会設置会社

招集通知の記載

(4) 取締役会の実効性評価
　取締役会は，中長期的な企業価値の向上に資するため，毎年取締役会の実効性の分析・評価を行い，その結果の概要を開示しています。
　なお，取締役会実効性評価の結果の概要は，以下の当社ウェブサイトに掲載しています。
　http://www.asahigroup-holdings.com/company/governance/policy.html
（※CG報告書記載内容と同一のため，引用略）

CG報告書の記載

（補充原則4-11③）
　当社取締役会は，「コーポレートガバナンス・ガイドライン」に基づき，2017年度における取締役会の実効性を分析・評価いたしましたので，その結果の概要を以下の通り開示いたします。
Ⅰ．分析・評価結果の概要
　自己評価票による各取締役及び監査役による取締役会の実効性評価においては，多くの質問項目につき，問題なくできているとの回答が高い割合を占めました。
　一方，取締役及び監査役からは，ほぼすべての質問項目に対して，より一層の実効性の向上に向けた提言がなされました。また，「サクセッション」，「リスクマネジメント」や「ESG」など，いくつかの点で，取締役及び監査役に共通する課題意識がある状況が見られました。
　また，昨年の評価において課題とされた「取締役会の議論をより充実させるための工夫」については，改善に向けた施策の実施により，概ね高い評価となりました。「当社事業の急速なグローバル化に対応するガバナンスの推進」については，リスクマネジメントに関して更なる取組みが求められるものの，取締役会でのガバナンスに関する議論の充実は高い評価となりました。「企業の社会的価値向上・ESGへの取り組みの推進」については，取締役会や全役員参加の役員ミーティングにて議論を行い，全ての役員から当社の社会的価値の向上，サステナビリティの向上に有益な，非常に多くの意見が表明され，議論が深まったことにより，より一層の議論が必要との認識が多く見られました。
　当社取締役会は，上記を踏まえ議論した結果，2017年度の取締役会の実効性は，昨年と同じく「おおむね有効であった」と結論付けました。
Ⅱ．今後の取組み
　上記の評価の結果に基づき取締役会で議論した結果，当社取締役会は，各取締役及び監査役からの提言を受けて，以下の3点を課題として認識し，取締役会の実効性の向上を図ってまいります。
　ⅰ）持続的な取締役会の実効性向上について
　　　中長期視点でのガバナンス体制の維持向上に向けて，サクセッション・プランの取締役会での議論，適切なリスクテイクを支えるグローバルリスクマネジメントや内部統制システムの高度化を，より一層推進すること。
　ⅱ）企業の社会的価値・ESGに関する議論の推進について
　　　「社会的価値を向上するためのESGに関しては，当社の価値創造プロセスでの位置付けを明確にするための議論をより一層推進し，具体的な取り組みに繋げること。」
　ⅲ）グループに共通する企業風土の醸成について
　　　グローバル化の進展に伴い，特に，海外のグループ会社での企業風土醸成の取り組み強化，ESGの取り組みとの関連性の強化などにつき継続的な討議を行ない，グループ全体を通した企業風土の醸成をより一層推進すること。
Ⅲ．分析・評価方法

当社の取締役及び監査役は，"企業価値向上経営"の更なる深化に向けた「攻めのガバナンス」の実現に向けて，2017年度における取締役会の実効性を分析・評価するため，2018年1月に，取締役会事務局が作成し取締役会が承認した自己評価調査票により，各自評価を行いました。
　当社取締役会は，各取締役及び監査役の自己評価調査票による評価結果の取り纏めに基づき，また，第三者である外部アドバイザーの意見を参考として，2018年3月の取締役会において議論を行い，評価の内容を決定いたしました。
Ⅳ．評価項目
　自己評価調査票の大項目は以下のとおりです。
1．取締役会の役割と責務
2．取締役会の議論と取り組み
3．適切なリスクテイクの支援
4．経営陣への委任
5．取締役会の構成
6．経営陣幹部と取締役の選任
7．経営陣の報酬
8．独立社外取締役
9．リスクマネジメント
10．サクセッション・プラン
11．取締役会の情報入手と支援体制
12．取締役への情報提供
13．株主との対話
14．取締役会の実効性
＝＝
（参考）コーポレートガバナンス・ガイドライン
3．⑿　取締役会・監査役会の実効性の評価（4-11，4-11③）
　取締役会は，毎年定期的に，『中期経営方針』の進捗の状況及び『中期経営方針』に基づく年次経営計画の実施の状況を評価，分析，検証し，当年あるいは翌年の経営計画の改善を検討，実施するなどにより，その機能の向上を図り，もって当社の持続的な成長と中長期的な企業価値の向上を図る。
　当社は，当社の中長期的な企業価値の向上に資するため，取締役会の実効性の分析・評価を行う。
　毎年，前年度の評価結果を受けてその評価項目・分析方法を定め，各取締役の自己評価も併せ，翌年第一四半期に当年についての評価を実施し，その結果の概要を開示する。
　監査役会は，毎年定期的に，重点監査項目などの監査の実効性につき，監査プロセス，監査結果などを評価，分析，検証し，当年あるいは翌年の監査計画の改善を検討，実施するなどにより，その機能の向上を図り，もって当社の持続的な成長と中長期的な企業価値の向上に貢献していく。毎年第1四半期に前年度の評価を実施し，その結果の概要を開示する。

コード	社　　　　名	ＣＧ形態
2503	キリンホールディングス	監査役会設置会社

招集通知の記載
―

ＣＧ報告書の記載

【補充原則4-11-3　取締役会全体の実効性分析・評価】
　当社は，「コーポレートガバナンス・ポリシー」に基づき，2017年度の取締役会の実効性評価を行いましたので，その評価結果の概要を開示いたします。
⑴　2016年度の実効性評価結果を受けた課題の取り組み
　「グループ経営視点での議論の拡充」：個別事業毎のモニタリングからグループの戦略課題毎のモニタリングに変更することで，グループ全体を俯瞰した議論がなされると共に，提携戦略・財務戦略などについても経営環境の変化を踏まえ，タイムリーに意見交換することにより，グループ経営視点での重要案件の議論を充実させることができました。
　「経営情報共有の拡充」：主要会社の月次業績進捗をタイムリーにレポートするなど，グループの経営情報共有を拡充しました。これにより取締役会における四半期単位でのモニタリングを円滑に行うことができました。
⑵　2017年度の実効性評価結果
　2017年は，第三者であるアドバイザーの調査に基づく「評価の視点」を盛り込んだ質問票を作成し，取締役および監査役の全員に対しアンケートを実施しました。

<評価の視点>　①戦略の策定とその実行およびモニタリングの監督，②リスク管理と危機管理の監督，③健全な企業倫理の周知徹底とその監督，④事業買収・撤退等の意思決定の監督，⑤役員報酬および後継者育成計画等の監督，⑥ステークホルダーに対する開示全般の監督，⑦取締役会の構成および運営

　取締役会において，現状の改善取組状況とアンケート調査結果の共有を行いました。その結果，取締役会全体として適切に機能しており，概ね実効性が確保されていると判断しました。

　今後も中長期的な企業価値向上と持続的な成長を図るべく，環境・社会・ガバナンス（ESG）などの「非財務情報の視点での議論」や，リスクのグローバル化・複雑化に合わせた「全社的リスクマネジメント（ERM）に関する議論」を一層充実させることにより，取締役会の実効性の維持，向上に努めていきます。

コード	社　　　　名	ＣＧ形態
2768	双日	監査役会設置会社

招集通知の記載
CG報告書と同一のため略

CG報告書の記載

【補充原則4-11-3】
（取締役会の実効性評価）
　当社は，取締役会の機能の向上を図るため，毎年，取締役会全体の実効性について分析・評価を行っております。
＜分析・評価方法＞
　全取締役及び全監査役に対して書面による自己評価アンケートを実施し，アンケート回答内容について外部コンサルタントを起用して第三者評価を得た上で，取締役会においてその内容について議論いたしました。
＜自己評価アンケートの大項目＞
　取締役会の役割・責務，取締役会の構成，取締役会の運営，取締役会の意思決定プロセス，取締役会による監督，取締役会メンバーに対するサポート体制，取締役会の諮問機関である指名委員会・報酬委員会，社外取締役に関する事項。
＜2017年度の評価結果の概要＞
　アンケート回答を集計した結果，全体平均及び上記の大項目別のいずれも基準点以上の評点であり，第三者評価においても，下記のとおり，当社の取締役会は適切に機能し，実効性が確保されていることを確認いたしました。
【第三者評価結果の概要】
・2017年6月の定時株主総会で社長，会長が交代して新体制となったが，新体制においても活発な議論が行われていることが窺えた。
・今回の実効性評価において，「取締役会の構成」に関しては社外取締役に企業経営経験者を望む意見が多く，2018年6月開催予定の定時株主総会での社外取締役候補者の一人である大塚氏の選任はこうした意見を適切に反映した結果と思われる。
・社外役員からの質疑に対する説明の満足度，取締役会外での本部長報告の実施，投融資審議会へのオブザーバーとしての参加，また社内役員からの「社外役員と業務執行部門のコミュニケーションを増やすべき」との指摘などから，社外役員からの要望に業務執行部門が対応しようという姿勢が強く見られ，取締役会の実効性向上に対する意識の高さが窺えた。
　今回の評価結果を踏まえ，今後も継続的に取締役会の実効性向上に取り組んでまいります。

コード	社　　　　名	ＣＧ形態
2801	キッコーマン	監査役会設置会社

招集通知の記載
－

CG報告書の記載

【補充原則4-11-3】（取締役会の実効性についての分析・評価）
　当社は，取締役会を原則毎月開催し，重要案件を漏れなく適時・適切に審議・報告しております。社外取締役・社外監査役に対しては，原則として事前に，取締役会事務局から議案の内容及び議案の背景となる当社の事業状況に対する個別の説明を実施しております。このような事前の説明により，社外取締役・社外監査役の理解が促され，取締役会で活発な議論や十分な検討につながっております。

コード	社　　　名	ＣＧ形態
2802	味の素	監査役会設置会社

招集通知の記載

CG報告書と同一のため略

CG報告書の記載

【補充原則4-11-3】（取締役会の実効性自己評価）
(1) 実施方法
　2018年３月から５月にかけて，全取締役・監査役を対象に無記名アンケートを実施し，弁護士による回答結果の分析を踏まえ，取締役会で議論し，取締役会の実効性を評価しました。
(2) 取締役会の実効性評価の結果
　2017年度についての取締役会の実効性に関する自己評価アンケートでは，取締役会の実効性について概ね高い評価であり，2016年度の結果に比べても，より高評価となっています。2016年度のアンケート結果では，過去に取締役会が決議した事項に関するフォロー，フィードバックや資料配布時期の早期化等，について課題が指摘されたことを踏まえ，この１年間，当社が取締役会の実効性を高めるための改革を更に進めてきた成果であると考えます。とりわけ，以下の５点について2016年度より改善が見られました。
１）議題の選定に基準が設けられ，適切に上程されるようになった
２）過去に取締役会が決議した事項に関する定期的な報告がなされるようになった
３）資料の配布時期が早まった
４）資料の内容が整理・充実した
５）取締役の員数が適切になった
　一方で，以下のような改善すべきポイントが残っていると認識しました。
１）諮問機関の検討プロセスの取締役会への十分な情報提供
２）重要事項の審議の充実
３）社内取締役の発言数の増加
４）今後の役員構成方針の検討
(3) 今後の課題への対応
　2018年度においては，2017年度の取り組みを継続して推進するとともに，今回の実効性評価を踏まえ，取締役会で議論を行った結果，以下の取り組みを一層推進していくことにしました。
１）諮問委員会における審議過程についての取締役会におけるより丁寧な報告の実施
２）重要事項に関する審議時間を確保する施策の実施および時間外の意見交換の機会の拡充
３）議論の更なる活発化のため，社内取締役の発言の確保に向けた取り組みの継続的検討の実施
４）役員等指名諮問委員会において，社内外役員の要件確立および基準設定の実施
　また，当社取締役会の実効性評価概要については，以下URLにおいて開示しています。
https://www.ajinomoto.com/jp/ir/strategy/corp_gov/main/00/teaserItems1/0/linkList/01/link/2017_evaluation_J.pdf
==
（参考）当社取締役会の実効性評価概要について
　当社は食品，アミノ酸等の広い範囲の事業をグローバルに展開しており，「確かなグローバル・スペシャリティ・カンパニー」にふさわしく，適切かつ機動的な意思決定と執行の監督を行うことのできる取締役会を目指しています。その一環として，2015年度から取締役・監査役による自己評価アンケートと外部弁護士による分析ならびに取締役会における結果検証を行っています。2017年度についても，取締役会の実効性に関する分析・評価を実施いたしましたので，その結果の概要をお知らせいたします。
１．評価プロセス
(1) 対象者：取締役・監査役
(2) 回答方式：無記名方式
(3) 評価項目：
１）取締役会の運営について
　(a) 年間開催スケジュール，出席機会の確保
　(b) 開催頻度，審議の適切さ
　(c) 資料の事前配布
　(d) 資料の内容・分量
　(e) 資料以外の情報入手
２）取締役会における審議について

(a)　決議事項の基準
　　(b)　報告事項の内容・頻度
　　(c)　審議時間の確保
　　(d)　審議の雰囲気
3) 取締役会の構成について
　　(a)　取締役会メンバーのバランス，多様性，規模
4) 取締役会による経営の意思決定・監督について
　　(a)　企業戦略を示す課題の審議
　　(b)　内部統制・リスク管理体制の整備・運用
　　(c)　諮問委員会の機能
　　(d)　利益相反取引の管理
　　(e)　情報開示の監督
5) 取締役会改革に向けた取り組みについて
　　(a)　企業戦略の議論の充実化に向けた取り組み
　　(b)　議論の効率化に向けた取り組み
　　(c)　社内取締役の発言機会の確保に向けた取り組み
　　(d)　社外取締役の情報収集機会の確保に向けた取り組み
　　(e)　諮問委員会の検討プロセスの透明化に向けた取り組み
2．取締役会の実効性評価に関する評価の結果（概要）
　アンケートの結果によると，取締役会の実効性については概ね高い評価であり，2016年度の結果に比べても，より高評価となっています。これは，この1年間，当社が取締役会の実効性を高めるための改革を進めてきた成果であると考えます。とりわけ，下記の5点について改善が見られました。
(1) 議題の選定に基準が設けられ，適切に上程されるようになった
(2) 過去に取締役会が決議した事項に関する定期的な報告がなされるようになった
(3) 資料の配布時期が早まった
(4) 資料の内容が整理・充実した
(5) 取締役の員数が適切になった
　一方，以下のような改善すべきポイントが残っていると認識しております。
(1) 諮問機関での審議についての情報の取締役会への十分な提供
(2) 重要事項の審議の充実
(3) 社内取締役の発言数の増加
(4) 今後の役員構成方針の検討
3．前回アンケート結果を踏まえた取り組み
　2016年度のアンケートにおいては，社内外の取締役・監査役から概ね高い評価を受けたものの，社内取締役の多さ，社内取締役の発言の少なさ，議論の必要のない議題や必要性の低い報告の多さ，過去に取締役会が決議した事項に関するフォロー，フィードバックの不十分さ，資料の配布時期の遅さ，資料の内容における更なる工夫の必要および諮問機関での審議についての取締役会への情報提供の不十分さ，について課題が指摘されました。そこで，2017年度に，以下のとおり取締役会改革を進めました。
(1) 取締役の員数の削減
　社内取締役の数が削減され，社内取締役と社外取締役の構成比率が適切となり，業務執行に対する監督機関である取締役会と執行部門との役割分担が明確になるとともに，効率の良い審議が行われるようになりました。
(2) 取締役会規程の改定
　適切な基準に基づいて決議事項・報告事項が選定されるようになりました。
(3) 案件に関する定期的な報告
　プロジェクトや決議済み事項についての定期的な報告が実施されるようになり，取締役会の監督機能が強まりました。
(4) 資料の配布時期の早期化
　電子化等の工夫により，資料を適時に配布できるようになりました。
(5) 資料内容の整理・充実
　取締役会の審議の充実化のため，資料内容を整理し，かつ充実させました。
　今回の実効性評価において以上の取り組みの効果について検証いたしましたところ，取締役会における審議の充実や監督機能強化に貢献したことを確認いたしました。ただし，さらに改善の余地があることも確認いたしました。
4．今後の課題への対応
　2018年度においては，2017年度の取り組みを継続して推進するとともに，今回の実効性評価を踏まえ，取締役会で議論を行った結果，以下の取り組みを一層推進していくことにいたしました。
(1) 諮問委員会における審議過程についての取締役会におけるより丁寧な報告の実施

(2) 重要事項に関する審議時間を確保する施策の実施及び時間外の意見交換の機会の拡充
(3) 議論の更なる活発化のため、社内取締役の発言の確保に向けた取り組みの継続的検討の実施
(4) 役員等指名諮問委員会において、社内外役員の要件確立及び基準設定の実施

　当社は、これらの施策を通じて、取締役会の実効性を向上させ、コーポレートガバナンスの一層の強化に努めてまいります。

コード	社　　　名	ＣＧ形態
2871	ニチレイ	監査役会設置会社

招集通知の記載
―

ＣＧ報告書の記載

（補充原則4-11-3　取締役会評価結果の概要）
　当社の取締役会は、その実効性を担保するために、必要に応じて外部専門家の支援を受けながら、取締役会の運営状況等に関する分析・評価を行い、その結果の概要を開示することにしております。2017年度の結果の概要は以下のとおりです。
(1) 評価の実施方法
対象者：取締役、監査役（計15名）
時　期：2018年1月下旬から2月下旬
手　法：外部専門家に委託して実施する第三者関与の自己評価方式
　　　　具体的には、従来から実施しているアンケートに加え、個別インタビューを併用しました。
　(a)　アンケート
　　　5段階評価と自由記述式回答　12区分（69項目）
　　［区分］
　　　① 取締役会の役割・機能
　　　② 取締役会の規模・構成
　　　③ 取締役会の運営状況
　　　④ 指名諮問委員会の構成と役割
　　　⑤ 指名諮問委員会の運営状況
　　　⑥ 報酬諮問委員会の構成と役割
　　　⑦ 報酬諮問委員会の運営状況
　　　⑧ 社外取締役に対する支援体制
　　　⑨ 監査役の役割・監査役に対する期待
　　　⑩ 投資家・株主との関係
　　　⑪ 当社のガバナンス体制・取締役会の実効性全般
　　　⑫ 自己評価
　(b)　個別インタビュー
　　　　(a)の結果に基づき、それぞれの対象者のアンケート回答内容の確認や深掘り、又はそれ以外の事項について、外部専門家による各30～45分程度の個別インタビューを行いました。
(2) 評価結果の概要
　上記のアンケート及び個別インタビューを踏まえた外部専門家の所見は以下のとおりです。
　「取締役会は、その役員構成において一定の多様性が確保され、実際の審議の場面において発言しやすい雰囲気が形成されており、議長による円滑な議事進行の下で議論がなされているとの意見が大半であり、全体として取締役会の実効性は相当程度確保されているとの肯定的な意見が多くみられた。また、過去2年にわたり実施された実効性評価において指摘された課題を踏まえた一定の改善が見られるとの意見や、取締役会の実効性は現在において他社と比較しても遜色がないとの意見も多くみられた。
　その上で、各役員からは、取締役会の実効性をより向上させるという観点から改善の余地があると認識している事項について複数の指摘があり、これらの指摘について、今後、取締役会における自己評価において検討することが考えられる。」
　当社取締役会は外部専門家からの評価を真摯に受け止め、指摘又は提案を受けた事項についての議論を行い、以下のとおり今後の取締役会の運営に反映することにしました。
　(a)　取締役会における議論の更なる活性化のための対応
　　　① 社外役員に対する付議事項等に係る事前説明の実施
　　　　　中立性・独立性を尊重し定例とはしないものの、社外役員の要請に応じて行うことにしました。

② 取締役会資料の構成・記載の工夫
　　付議事項等の基本書式を活かしつつ，要点が分かりやすいように工夫をしたうえで作成することにしました。
　③ 経営会議への社外役員のオブザーバー参加
　　弊社の経営会議の目的，位置づけを再確認し，社外役員の要請に応じて参加いただくことにしました。
（b） サクセッションプランに関する議論
　　次世代経営層の発掘・育成などの観点から，議論の環境を整備していくことにしました。
（c） 取締役会で取り上げたい議題（要旨）
　　各取締役の関心が高く，今後，取締役会で取り上げていく議題として，以下項目があることを確認しました。
　① 中長期経営ビジョン
　② グローバル人財の育成
　③ M＆A，海外投資案件
　④ 新規事業への取組み
　⑤ 品質保証，知的財産関連
　⑥ 取締役会の付議・報告事項の見直し
　当社の取締役会は，アンケート及び個別インタビューを通して得られた外部専門家の意見に鑑み，当社取締役会は一定の実効性が担保され，また過去に認識した課題についても順次改善が図られていることを確認しました。今後も定期的・継続的に取締役会評価を実施して，実効性を高めてまいります。

コード	社　　　　名	ＣＧ形態
2914	日本たばこ産業	監査役会設置会社

招集通知の記載

―

ＣＧ報告書の記載

【補充原則4-11③】
　当社では，取締役会の実効性について，取締役及び監査役（社外役員を含む）が自己評価を実施するとともに，取締役会事務局が評価結果の補完を目的とした取締役及び監査役（社外役員を含む）に対する個別ヒアリングを実施したうえで，結果を取り纏めております。
　取締役会は，かかる結果を受けて，2017年12月期の取締役会が機能し，その実効性が担保されている旨を確認しております。
　なお，2018年12月期以降も，実効性評価に係る運用も含め，更なる実効性向上に資する必要な改善を実施してまいります。

コード	社　　　　名	ＣＧ形態
3086	Ｊ．フロント　リテイリング	指名委員会等設置会社

招集通知の記載

取締役会の実効性評価について
　当社は，2017年8月に第3回目の取締役会有効性評価を行いました。評価手法は，第三者機関が「個別インタビュー」と「取締役会の直接観察」した結果を集計・分析し，10月の取締役会で報告し，課題について審議を行いました。評価項目は，グループ全体への取締役会の貢献度，取締役会の構成，取締役会における論議内容などの項目に加え，本年は指名委員会等設置会社への移行初年度ということで，移行後の企業統治態勢の進行度，各委員会の機能の有効性などの項目についても評価を行いました。
　取締役会はガバナンスの要であるとの考えのもと日々課題解決に取り組んだ結果，「取締役会のグループ全体への貢献度」「適切な議案選定と本質的な論議の実行」「各取締役の議論への貢献」などは大きく改善された結果となりました。また，「機関設計変更を通じた企業統治態勢の高度化」や「各委員会の取締役会への貢献度」も高評価を得られました。
　一方，取締役会の一層の実効性の向上への期待から，執行の企画・提案能力の向上を求める意見もあり，株主視点での企画・提案精度向上に向け，審議資料を見直すことに取り組みました。また，グループ会社の執行の強化が必要であるとする審議を受け，主要3事業会社の主管者を当社執行役と兼務するなど強化をはかっております。
　本年度も，取締役会有効性評価を基点に課題の共有を行い，取締役会の実効性の確保に努めてまいります。

CG報告書の記載

【補充原則4-11-3】 取締役会評価
　当社は,指名委員会等設置会社への移行を踏まえ,2016年に引き続き,2017年7月～9月に第三者機関による3回目の取締役会評価を実施しました。
　評価項目は,取締役会の役割・責務に照らし,取締役会の構成・運営状況・審議事項・審議資料・議案説明のレベル・社外取締役への支援体制・3委員会（指名・監査・報酬）活動の実効性などの項目についてそれぞれ分析・評価を行いました。
　評価手法は,第三者機関が「個別インタビュー」及び「取締役会傍聴参加による直接観察」（注）した結果を集計・分析した報告書を作成し,その報告書を基に取締役会で審議する手法で行いました。
（注）「個別インタビュー」
　　　取締役（社内・社外とも）の全員に対して第三者機関が個別インタビューを実施し,取締役会に関する各種質問に対する考え方・問題意識などをヒアリングしました。
　　「取締役会傍聴参加による直接観察」
　　　第三者機関が取締役会に陪席し,取締役会の実際の議論の様子を直接観察しました。
　2017年7月～9月にかけて実施した取締役会評価では,「取締役会のグループ全体への貢献度」「適切な議案選定と本質的な論議の実行」「各取締役の議論への貢献」などの設問に対しては前回と比べて大きく改善された結果となりました。また,「機関設計変更を通じた企業統治体制の高度化」や,「各委員会の取締役会への貢献度」も高評価を得ることができました。
　一方,取締役会の一層の実効性の向上への期待から,執行の企画・提案能力の向上を求める意見もあり,株主視点での企画・提案精度向上に向け,審議資料を見直すことに取り組みました。また,執行強化に向けて,事業ポートフォリオの変革を成し遂げ,企業価値の向上を実現するため,「事業開発統括部」を,最も重要な経営資源である人財の成長がグループ組織全体の成長につながるよう,採用・配置・育成・評価に関する人財政策立案と推進を一層強化するための,「人財戦略統括部」をそれぞれ新設しました。今後も取締役会有効性評価を基点に課題の共有を行い,取締役会全体の実効性の確保に努めていきます。

コード	社　　　　名	ＣＧ形態
3289	東急不動産ホールディングス	監査役会設置会社

招集通知の記載
―

CG報告書の記載

【補充原則4-11-3】
　毎年取締役会の実効性評価を実施し,各取締役・監査役から挙がった実効性についての評価や意見を取締役会で報告,共有しております。一層の実効性向上を図るために見直すべき課題については,毎年の実効性評価において改善状況を継続的に検証しております。取り組みの一例として,各役員に対する情報提供の方法やタイミングなど,不十分との評価・意見があった点について見直しを進めた結果,次年度の評価においては実効性が向上したとの評価を得るなどの成果に繋がっており,引き続き評価を踏まえた取締役会の実効性向上を図ってまいります。

コード	社　　　　名	ＣＧ形態
3382	セブン＆アイ・ホールディングス	監査役会設置会社

招集通知の記載
―

CG報告書の記載

5．取締役会の実効性評価【◎補充原則4-11③】
(1) 取締役会実効性評価についての基本的な考え方
　当社は,取締役会実効性評価（以下,「取締役会評価」といいます）について,「当社が目指す,企業価値の実現およびコーポレートガバナンスの向上に,有効に取締役会が機能しているか」取締役会メンバーによる客観的な分析および徹底的な協議により確認し,さらなる改善に向けた具体的な行為に結び付けていく,重要なPDCAサイクル上のファクターとして位置づけています。
(2) 2017年度取締役会評価プロセス方針
○概要
＜前回＞

2016年度の取締役会評価は，当社経営が新体制に移行後間もないこともあり，年間を対象とした一般的な評価プロセスは必ずしも馴染まないと考え，取締役会における「協議」のみによる自己評価方法で行いました。
これに対し，今回（2017年度）は，
・新体制発足後，1年以上経過し，取締役会として年次サイクルにより審議すべき項目・事項について，審議を一巡できたこと，
・通常の取締役会審議のなかでも，出席者から，取締役会の運営方法についての大小様々な提案が発言されるようになってきており，全体として整理する必要もあること
を踏まえ，いかなる方式によるべきか取締役会で協議をして決めることにしました。
その結果，
＜今回＞
　2017年度の取締役会評価は，外部コンサルタントのアドバイスを参考にしつつも，事前アンケート，個別インタビュー，協議を組み合わせることにより，全取締役・監査役から，一人ひとりの意見・改善提案を取締役会事務局が十分時間をかけて伺い，ポイントを整理し，取締役会メンバーで，今後の取締役会のあり方について十分時間をかけて集中的に協議をする形式での「自己評価」方法によることにいたしました。
○評価対象範囲
　評価対象は，取締役会自体はもとより，諮問機関である指名・報酬委員会および社外役員会議（2018年4月5日付で経営意見交換会に名称変更）といった関連する会議体も含めました。
○評価ポイント
　コーポレートガバナンス・コードの取締役会等の関連条項を，評価の視点・ポイントとして活用いたしました。
【アンケート・インタビュー項目】
項目　質問例
　A．取締役会構成・社内と社外の取締役の数は適切か
　B．事前準備・取締役会資料の分量は適切で，内容は理解しやすく適切であるか
　C．討議内容・議案の選定は適切であり，本質的な議論ができているか
　D．委員会等・指名・報酬委員会の構成，運営，答申は適切になされているか
　E．執行体制・執行の「スピード感」は取締役会の期待水準を満たしているか
　F．取締役会を支える体制・取締役・監査役は必要に応じて外部の専門家の助言を得る機会が確保されているか
　F．その他・自由記載
（3）評価スケジュールおよび評価プロセス
　　取締役会評価のスケジュールおよび取締役会評価プロセスの概要は以下のとおりです。
【評価スケジュールおよび評価プロセスの概要】
① 評価手続方針確認
【会議実施日】
・2017年8月3日
・2017年10月6日
・2017年10月12日
　本年度取締役会評価プロセスについて，当社にとって最適な評価方法は何か，具体的なアンケート，インタビューの形式を含め，取締役会等の協議により決定
② 事前アンケート
・2017年10月中旬
　当社取締役会の実効性に関するアンケート用紙を，当社取締役（13名）および監査役（5名）全員（計18名）に配布し，個別インタビューの前に回答を回収
③ 個別インタビュー
・2017年10月中旬～11月中旬
　上記事前アンケート結果を基に，各取締役および監査役個別に1時間程度インタビューを実施
④ 評価集計，論点整理
・2017年11月中旬～12月中旬
　上記事前アンケートおよび個別インタビュー結果について，取締役会事務局において，集計・分析し，論点整理等を実施
⑤ 集計結果を取締役・監査役全員で協議
【会議実施日】
・2017年12月22日
・2018年1月5日
・2018年3月2日
　上記論点整理を基に，実務運用により直ちに改善できるものは改善を図る一方で，ガバナンス上重要だと思われるポイントについては，当社取締役会としていかに対応すべきか，今後の改善を図るべきか，3回の会議の中で，協議を実施

⑥ 取締役会にて評価総括を決議
【会議実施日】
・2018年3月8日
取締役会で評価総括を決議
(4) 取締役会評価の結果について
　上記取締役会評価を実施した結果の概要については以下のとおりです。
【2017年度取締役会評価結果概要】
① 取締役会は，定量面で大幅に進展
　（役員発言数，議論時間，情報の共有量　等）
② 取締役会は，定性面でも大いに前進
　（議論内容，議事進行，自由な議論の雰囲気，透明性　等）
③ 取締役会は，対話を重視し，「開かれた取締役会」を目標として取り組んでいる
④ 取締役会の更なる実効性向上に向けて，重点テーマを設定して実施する
【2018年度重点テーマ（例）】
重点テーマ
グループガバナンスの整備
　持株会社として果たすべき主要な役割について確認を行うとともに，各主要事業会社の経営状況の確認・強化については，年間審議スケジュール上に予め報告事項として具体的に設定する
　後継者計画等
　年間複数回，取締役会で協議，運用状況を確認する
　海外子会社のガバナンス
　海外子会社のガバナンスについては取締役会等での報告を増やし，モニタリングする
　複雑なM&Aその他事案の審議
　取締役会において，内容が固まる前の事前報告・協議を引き続き実施し，事案の進行に合わせたタイムリーな理解促進を図る
指名・報酬委員会関連
　取締役会の任意諮問委員会としての位置づけを維持しつつ，次の点等を継続して検討する
・指名委員会と報酬委員会の分離
・指名・報酬基準をより明確化
取締役会の構成
　次の点について継続して検討する
・社外取締役3分の1以上
・女性取締役の選任
事前の資料配布方法
　事前資料閲覧のシステム化等工夫する
(5) 重点テーマについて
　当社は小売業として，対応すべき内容はまず迅速に対応を開始し，解決に向け工夫・調整していくべきことを仕事の基本としており，この点は取締役会運営も同様と考えています。
　今回，重点テーマとなった項目のうち，実務上の調整で可能なものについては既に対応実施済みであり，また，別途協議が必要な項目については，具体的な年間スケジュールに入れ込んで対応に着手しています。
　今回の重点テーマの進捗を含めて，次回以降の取締役会評価にて，確認・評価を実施していきます。
　今回の取締役会実効性評価の結果を踏まえ，持続的な成長と中長期的な企業価値向上を図るべく，更なる取締役会の実効性向上に取り組んでいきます。

コード	社　　名	ＣＧ形態
3401	帝人	監査役会設置会社
招集通知の記載		
―		
CG報告書の記載		

補充原則4-11-3　【取締役会の実効性の分析・評価】
　当社では，取締役会の実効性確保及び機能向上を目的に，「取締役会の実効性に関する自己評価」を実施しました。評価にあたっては，取締役・監査役を対象として，取締役会の構成及び運営，戦略の実行，ステークホルダーとの対話等についてのアンケート調査（記名式）を実施し，その調査結果に基づき，現状のコーポレート・ガバナンス体制及び取締役会の実効性を向上させるための施策を取締役会で議論しました。

その結果,当社の取締役会では活発な議論が行われており,また重要な経営戦略や事業戦略の審議が十分に行われるなど,現状のガバナンス体制及び運用に問題はなく,取締役会が適切に機能していることを確認しました。
一方で,より高い実効性確保に向けて,ステークホルダーとの対話(対話機会の充実や対話内容の分析及び評価等)について,改善の余地があることも明らかになりました。
今後は,これらの課題について改善を進め,取締役会の実効性の向上に継続的に取り組んでまいります。

コード	社　　　名	ＣＧ形態
3402	東レ	監査役会設置会社

招集通知の記載
－

ＣＧ報告書の記載

【補充原則4-11-3(取締役会の実効性の分析・評価)】
１．分析・評価のプロセス
　当社取締役会は2018年3月下旬から4月中旬にかけて,全取締役・監査役計29名を対象に,「2017年度取締役会実効性評価アンケート」を実施しました。アンケートの項目は次のとおりで,29名全員から記名式で回答を得ました。
　(1)　経営理念・経営方針
　(2)　取締役会の規模・構成
　(3)　監督と執行の分離
　(4)　取締役会に先立つ情報提供
　(5)　取締役会の決議事項の数
　(6)　取締役会の議事進行
　(7)　取締役会における意見等に対する経営の対応
　(8)　取締役会の権限
　(9)　利害対立への適切な対応
　⑽　ステークホルダーとのコミュニケーション
　⑾　取締役同士のコミュニケーション
　⑿　知識習得の機会
　⒀　コンプライアンス推進
　⒁　総合評価
アンケートに加えて,社外取締役・社外監査役計4名に対して,取締役会事務局が個別にインタビューを行い,アンケートへの回答内容を踏まえて意見を聴取しました。
これらの結果について,2018年6月21日に開催されたガバナンス委員会で分析・評価を行った上,その結果を2018年6月22日の取締役会で審議しました。次項に示す結果の概要は,当該取締役会において決議を行った内容です。
２．分析・評価の結果の概要
(1)　2017年度取締役会は,経営理念・経営方針に対する深い理解・共感にもとづき監督と意思決定を行い,結果として,企業戦略等の大きな方向性を示す役割・責務を概ね適切に果たしたものと判断する。
(2)　2017年度取締役会は,当社グループの経営を取り巻くリスクを多面的に評価するに足る規模・構成を確保し,全15回の取締役会を開催して監督と意思決定を適時・適切に行った。加えて,意思決定の委任の範囲の見直しを進めるなど,経営陣幹部による適切なリスクテイクを支える環境整備を行う役割・責務を概ね適切に果たしたものと判断する。
(3)　2017年度の取締役会は,全15回における取締役出席率が100％であった。社外取締役はそれぞれの専門的見地などから発言を行い,それらを含む取締役会における意見等については,経営が適切な措置を取っている。
　　また,利益相反が生じうる取引などについては,社内手続きが適切に運用された。以上のことから,取締役会は,独立した客観的な立場から,経営陣・取締役に対する実効性の高い監督を行う役割・責務を概ね適切に果たしたものと判断する。
(4)　以上を踏まえ,2017年度の取締役会は,概ね実効的にその役割・責務を果たしたものと判断する。
　　但し,「取締役会の議論の深化」については,2018年度以降,具体的な改善策を講じることで,実効性の一層の向上を図る必要がある。
(5)　実効性評価の過程で取締役・監査役から得られた意見等については,それらを踏まえ,必要に応じてガバナンス委員会において取締役会の　実効性の更なる向上へ向けた議論を深めていく。

コード	社　　　名	ＣＧ形態
3405	クラレ	監査役会設置会社

招集通知の記載

―

ＣＧ報告書の記載

【補充原則4-11-3：取締役会の実効性についての分析・評価】
1．分析・評価方法
　2017年12月に全ての取締役・監査役に対して、「取締役会実効性評価に関する質問票」（記名式）を配布し、2018年1月に全員から回答及び意見等を回収しました。回答内容を取締役会事務局にて集約し、これをもとに分析・評価をいたしました。
＜質問事項＞（全20問）
取締役会の構成について
取締役会の議題について
取締役会の運営について
取締役会外の体制
2．分析・評価結果の概要
　上記による評価の結果、取締役の規模、構成及び多様性等の取締役会の構成、議題選定、付議・報告の範囲等の取締役会の議題、取締役会開催スケジュールの設定時期、開催頻度、審議時間等の取締役会の運営、取締役に対する追加情報提供、トレーニング機会の提供等の取締役会外の体制のいずれの点においても、当社の取締役会は概ね適切に機能しており、取締役会の実効性は確保されていることを確認しました。また、昨年の評価の際に実効性向上に向けた提言がなされた「資料の送付時期」および「資料の内容・分量」については、資料事前配付の徹底、提案内容概要書面の作成等により改善が確認されました。
　今回の評価結果を踏まえ、取締役会での更なる議論の活性化・充実に向け、今後、必要な対応策の検討と実行を進めてまいります。

コード	社　　　名	ＣＧ形態
3407	旭化成	監査役会設置会社

招集通知の記載

CG報告書と同一のため略

ＣＧ報告書の記載

［補充原則4-11-3］（取締役会の実効性の分析・評価とその結果概要の開示）【更新】
　当社取締役会では、その実効性を毎年度終了後、定期的に評価しており、これを開示します。
1．今年度の取り組みについて
　2017年度の取締役会では、前年度の評価結果を踏まえて、主に以下の取り組みを実行しました。
（1）社外役員に対する情報提供の充実
　　社外役員に対する情報提供機会の拡充として、当社製造・研究拠点視察の実施を継続しています。また、多岐にわたる当社の各事業部門の責任者から社外役員に対して事業概要を紹介する機会を定期的に設けるとともに、当社の理解の一助となる社内外のイベントも案内しています。今後も、社外役員への情報提供のさらなる拡充を推進していきます。
（2）IR活動や投資家の声についての情報共有の取り組み
　　従来からの取締役会へのIR活動の概要報告に加え、新たに投資家からの声を取締役会で担当役員が定期的に報告し、共有する取り組みを始めました。今後も投資家からの視点をタイムリーに取り込んで、取締役会での議論を推進していきます。
2．今後に向けての取り組みについて
　2017年度は①の取り組みを中心に、取締役会の機能を充実させるよう努めてきました。今後も2017年度の取締役会の実効性評価の議論を踏まえ、これらの取り組みを継続・拡充していく考えです。2018年度は2019年度から始まる次期中期経営計画に向け、中長期の経営戦略を見据えた議論について充分な時間を設定し、社外役員を含む取締役会メンバーで議論を進めていきます。

コード	社　　　　名	ＣＧ形態
3861	王子ホールディングス	監査役会設置会社

招集通知の記載

—

CG報告書の記載

【補充原則4-11-3】（取締役会の実効性についての分析・評価）
　当社取締役会は，取締役会の実効性の分析・評価を毎年実施し，取締役会全体の実効性確保のために必要な措置を講ずるとともに，その結果の概要を開示することを「コーポレートガバナンスに関する基本方針」で定めております。

　2017年度の取締役会の実効性を評価するため，2018年４月から５月にかけて，取締役・監査役全員を対象とし，取締役会の役割・構成・運営に関するアンケートを実施しました。評価結果については，社外取締役が参加する報酬委員会で分析を実施後，その分析結果にもとづき，取締役会において審議を実施しました。

　その結果，社外役員への説明会等によって取締役会の審議に必要な情報提供が引き続き適切になされていることや，社外役員からは経営から独立した立場で的確な意見が出されていること，重要な業務の執行がグループ全体の戦略的な方向付けに一致しているかの検証が着実に行われていること等を確認しました。一方で，取締役会の実効性確保のための議論の充実・活性化については，なお改善の余地があること等の課題も確認し，対応策の実施を決定しました。

　今回の評価を踏まえ，今後も必要な施策を適時検討・実施し，継続的に取締役会の機能向上に取り組んでまいります。

コード	社　　　　名	ＣＧ形態
4005	住友化学	監査役会設置会社

招集通知の記載

—

CG報告書の記載

＜補充原則4-11-3＞
　当社取締役会は，取締役会の実効性に関し，各取締役・監査役によるアンケート結果，及び監査役会から出された意見を参考にしつつ，社外取締役，社外監査役，会長，社長を出席メンバーとする社外役員懇談会，社内取締役等を出席メンバーとする経営会議等において，意見交換を実施することで評価分析を行った。取締役会では，これらの意見を基にして，取締役会の実効性評価に関する総括を実施した。

　その結果，取締役会は丁寧な議事運営により質問・意見等を出しやすい雰囲気があり議論も活発に行われていること，取締役会の構成（規模，メンバー構成等），運営状況（開催頻度，時間，説明資料の内容や質，事前説明等），取締役会における審議や報告の実施状況（取締役会付議基準の設定レベル，自由闊達かつ建設的な審議となっているか等），ならびに，業務執行に対する監督の状況（独立した客観的立場からの監督，適切なリスクテイクがなされているか等）の各方面において，毎年の着実な改善により更に進化してきていること，その結果が業績や，第６回（2017年度）企業価値向上表彰（優秀賞）・第１回ジャパンSDGsアワード（外務大臣賞）の受賞などに表れて来ていること，また今後は更に諸取り組みを深化させ，革新的な技術による新たな価値創造を通じた持続的な成長の実現を図るべきことを確認した。

(1) 前回（2017年度）の取締役会の実効性評価結果を受けた取り組み
　　前回（2017年度）の実効性評価において要改善事項として指摘された諸点のうち，①新規の重要起業案件における客観的なリスク分析の実施と過去の起業案件についての定期的な進捗確認，②それらについての取締役・監査役との確実な共有については，より丁寧な説明がなされるようになり，取締役会においては充実した議論がなされているが，さらに後述(2)②のような取り組みを行っていくこと，また③投資家・アナリストとの対話のフィードバックの更なる充実についても，着実な取り組みがなされているが，今後これら取組みをベースに一層の深化を図っていくことを確認した。

(2) 今回の取締役会の実効性評価結果を受けての改善施策
　　① グループ会社に対する監督の一層の強化
　　　　当社のガバナンスが全体的に大きく向上する中で，さらに改善の余地がある分野として，グループ会社に対する監督の更なる強化が議論された。取締役会においては，国内外のグループ会社別に，業績面での現状と課題に加え，内部統制・RC・コンプライアンス等の定性的な評価を加えた多面的な報告を行うことで，各社の「守り」と「攻め」の両面からより効果的にガバナンスを働かせていく。

② 長期的戦略についての議論の充実
　事業部門ごとのローテーション報告の充実により，各部門における現状や課題についての議論が深まっているが，さらに次期中期計画策定にあたっては，長期的な会社全体の方向付けについての一層深い議論を行っていくこととする。
③ 社内議論の一層の活発化と社外役員との共有
　従前から経営会議等を通じて社内取締役間で活発な議論がなされているが，かかる経営会議等での議論について，背景や経緯などを取締役会において報告することによって，社内外の情報の非対称性を解消するとともに，取締役会による審議・監督をより充実させていく。

コード	社　　名	ＣＧ形態
4021	日産化学	監査役会設置会社

招集通知の記載

(4) 当社および当社の子会社の取締役の職務の執行が効率的に行われることを確保するための体制
〈中略〉
（運用状況）
〈中略〉
・取締役会は，その役割・責務を果たしているかについて，第三者評価を採り入れた分析・評価（いわゆる「取締役会実効性評価」）を行い，取締役会としての実効性の確保に努めている。

ＣＧ報告書の記載

【補充原則4-11-3　取締役会全体の実効性についての分析・評価】
(1) 分析・評価の視点および方法
　当社は，当社取締役会の主要な役割・責務を，1）持続的な成長と中長期的な企業価値の向上に向けた戦略の構築およびその実行の推進，2）内部統制システム等の整備を通じた経営陣によるリスクテイクの適切なサポート，3）経営の迅速な意思決定・監督機能と執行機能の明確化による双方の機能の強化，4）社外役員を選任して外部の視点から経営の監視監督を行うこと等により経営の透明性，健全性，客観性を一層高めること，と捉えて，その役割・責務を果たしているかについて毎年分析・評価（以下，「実効性評価」といいます）を実施します。
　当社は，実効性評価の実施者の中立性，客観性を確保するために，数年毎に，当社と利害関係のない外部機関を活用した第三者評価を実施することとしております。2017年度における実効性評価は，外部機関の協力を得て，取締役および監査役への質問票を作成し，その回答結果の分析を行ったうえで，全ての取締役，監査役に個別インタビューを実施しました。
(2) 2017年度の実効性評価の結果の概要
　外部機関による質問票および個別インタビューの結果報告を踏まえて，2018年3月に意見交換会（独立役員全員（社外取締役2名と社外監査役1名），社長，副社長，取締役経営企画部長および外部機関）で分析・評価が行われ，その分析・評価結果は同年5月の取締役会で審議され確認されました。その結果の概要は以下の通りです。
　2017年度の実効性評価の結果として，当社の取締役会は，その構成，運営，審議内容等は概ね適切であること，2016年度の実効性評価結果に基づく改善策も実施されていることから，実効性は確保されていると評価しました。ただし，下記(3)の各点について課題として認識し，2018年度以降の実効性評価の際に，その達成度を確認し，必要に応じて改善策を講じることとします。
(3) 今後の改善点
・経営計画について，策定方針を社外取締役に説明し，意見を求めるとともに，策定に関する集中討議に社外取締役も参加し，取締役全員による中長期の戦略的な方向付けを行えるようにする。
・経営戦略，経営計画の実行過程において，従来社内役員のみで行っていた年度および半期の予算に関する議論に，社外取締役，監査役も参加し，重要な業務執行の決定をより適切に実行できるようにする。
・取締役会の審議に必要な資料について，リスクに対する備えやマイナス面の記載をさらに充実させる。
・経営会議における議論の内容について，社外取締役，監査役への情報提供に力を入れる。加えて，取締役会において，説明者が経営会議における議論を含めた説明を行うことで，取締役会の議論の効率化ならびに活発化を図る。
・取締役会の構成について，企業経営の豊かな経験を有する社外の人材，女性の登用等，バランスと多様性を考慮し，社外取締役の割合，人数を，3分の1，3人とすることを検討する。
・後継者計画（サクセッション・プラン）について，任意の指名委員会を設け，最高経営責任者（CEO）の後継者だけでなく，取締役ならびに執行役員の候補者を含め，中長期的な経営陣幹部育成の計画を説明，議論する場を設けることを検討する。

コード	社　　　　　名	ＣＧ形態
4042	東ソー	監査役会設置会社

招集通知の記載
―

CG報告書の記載

【補充原則4-11(3)：取締役会全体の実効性についての分析・評価の実施及びその結果概要の開示】
　当社は，取締役会において毎年取締役会全体の実効性について，分析・評価のうえ，その結果の概要を開示することとしており，2017年度の分析・評価も実施しております。
　具体的には，取締役，監査役全員に対しアンケート及び自由意見を求めることで実施しております。その結果，現状，当社の取締役会は，取締役会全体としての役割・責務を概ね実効的に果たしているとの評価に至りました。
　なお，2016年度に課題として認識した「中期経営計画などの経営戦略や事業戦略に関する議論の充実」を図るべく，2017年度の取り組みとして中期経営計画や事業戦略に特化した議論を継続的に行えるよう，取締役会の中で新たに時間を設け，これらの議論が一定の成果を上げていることを確認いたしました。
　一方で，これらの実施方法に関し，改善が必要との意見も寄せられており，引き続き議論の一層の充実を図るべく取り組んでまいります。今後も当社の取締役会が企業価値の向上に資するように努めてまいります。

コード	社　　　　　名	ＣＧ形態
4061	デンカ	監査役会設置会社

招集通知の記載

■取締役会の実効性評価
　当社は全取締役・監査役による，取締役会の実効性に関する分析・評価を毎年おこない，その結果をコーポレートガバナンス報告書にて開示することとしております。
　昨年度は，取締役会の実効性につきまして，取締役会の規模，構成，運営，その他20項目以上にわたる質問事項からなる「自己評価質問票」に，全取締役および全監査役が回答し，その回答結果をもとに取締役会において協議する方法にて，取締役会の実効性に関する分析・評価をおこないました。
　その結果としましては，取締役会の規模や構成（知識・経験・能力のバランスおよび多様性），その開催頻度や時間が適切であることや，社外役員の当社への理解を深めるための様々な取組みが，社外役員の取締役会での積極的な発言につながり，付議事項の審議等，取締役会を活発化させていることなどを確認いたしました。
　一方，デンカグループ全体の事業戦略について，取締役会として，中長期的な視点にたって，適切な管理・監督ができるよう，情報の提供と事前説明を含めた十分な審議時間の確保をおこなうことで，さらなる取締役会の機能の向上が図れるとの建設的な意見が出されました。
　これらをふまえ，今後は取締役会として，より高いレベルの議論をおこない，経営の安定と健全化を目指し，継続した成長と企業価値の向上に努めてまいります。

CG報告書の記載

【補充原則4-11-3　取締役会における実効性の分析・評価】
(1) 評価の方法
　当社では，昨年に引き続き，取締役会の実効性につきまして，取締役会の規模，構成，運営，その他20項目以上にわたる質問事項からなる「自己評価質問票」に，各取締役および各監査役が回答し，その回答結果をもとに取締役会において協議する方法にて，取締役会の実効性に関する分析・評価を行いました。
(2) 評価結果の概要と今後の取組み
　取締役会の規模や構成（知識・経験・能力のバランスおよび多様性），その開催頻度や時間が適切であることや，付議事項の事前説明等，社外役員の当社への理解を深めるための様々な取組みが，社外役員の取締役会での積極的な発言につながり，取締役会を活発化させていることなどを確認いたしました。
　また，昨年の評価における，デンカグループ全体の事業戦略について，取締役会として，適切な管理・監督ができるよう，情報の提供や事前説明を含めた十分な審議時間の確保を行うことで，さらなる取締役会の機能の向上が図れるとの意見をふまえ，新経営計画「DenkaValue-Up」については，全社外取締役，全社外監査役，会長，社長を委員とし，透明性と客観性のある経営判断につなげる任意の委員会「経営諮問委員会」や事前説明等をとおして，社外役員の多様な意見や助言を受け，建設的かつ充分な議論を行ったことを確認しました。
　一方で，デンカグループ全体の事業戦略や個別の事業戦略について，さらに議論を深めるため，取締役会における時間配分の見直しや，社外役員と社内役員が中・長期および短期の事業戦略を共有することが重要との意見が出されました。

これらの建設的な意見をふまえ，取締役会として，中・長期的な企業価値の向上を目指し，取締役会の実効性の向上に努めてまいります。

コード	社　　　　名	ＣＧ形態
4063	信越化学工業	監査役会設置会社

招集通知の記載
―

ＣＧ報告書の記載

【補充原則4-11-3：取締役会・監査役会の実効性確保のための前提条件】
　業務執行に係る当社の主な審議・決定機関としては，法定の取締役会のほか，常務委員会があります。これらの会議には，社外役員を含めた全ての取締役及監査役が出席できることとなっております。2017年度は合計14回の取締役会が開催され，法令，定款及び当社取締役会規程に定められた事項が遺漏なく付議されました。
　当社取締役会といたしましては，各取締役からの意見聴取などを踏まえ，重要案件に係る決定及び報告が，適切かつ迅速に行われていると評価をしております。

コード	社　　　　名	ＣＧ形態
4151	協和発酵キリン	監査役会設置会社

招集通知の記載
―

ＣＧ報告書の記載

【原則4-11-3　取締役会全体の実効性評価】
　「協和発酵キリン株式会社　コーポレートガバナンス・ポリシー」に定める当社の取締役会の役割や責任等のあるべき姿と2016～2017年における取締役会の状況との違いを認識し，取締役会の実効性をより高めるために今後検討すべき事項を把握することを目的とし，昨年に引き続き第三者である外部アドバイザーの意見を受け，アンケートを作成・実施いたしました。アンケートの対象は，取締役，監査役全員及び一部執行役員とし，2017年8月～9月にかけて実施いたしました。
［アンケート大項目］
　1）環境変化の洞察，2）優先順位の決定とゴール設定，3）情報取得とリスクマネジメント　4）取締役のスキル，5）取締役会/取締役の役割設定，6）企業の組織体制　7）取締役会の議案内容と審議時間，8）取締役が入手すべき情報，9）取締役会のメンバーの多様性，10）取締役会のパフォーマンス分析
　実施したアンケートの分析結果をもとに2017年11月に取締役を中心とした検討会を開催し，意見交換を行いました。その結果，当社の取締役会の実効性は確保できていると評価しました。また，昨年度検討した更なる改善点は，今回のアンケートでいずれも改善が認められておりました。引き続き，毎回の取締役会で課題を明確にし，その内容のフォローアップを継続することにより，取締役会の実効性の維持，向上に努めてまいります。

コード	社　　　　名	ＣＧ形態
4183	三井化学	監査役会設置会社

招集通知の記載
ＣＧ報告書と同一のため省略

ＣＧ報告書の記載

（補充原則4-11(3)：取締役会全体の実効性についての分析・自己評価）
　当社は，ガイドライン第4章　第1節「3.取締役会の体制及び運営」の(4)に定めるとおり，毎年，各取締役の自己評価等の方法により，取締役会全体の実効性について分析・評価を行うこととしております。
　2016年度の評価結果に基づく対応として，2017年度においては，①討議事項の拡充，②説明内容の改善，③機動性確保等を実施しました。
　これらの施策を踏まえて，2018年2月上旬に全取締役，監査役に対してアンケート調査を実施し，その結果を基にして3月上旬に行われた社外役員のみの会合における議論の内容とともに，3月末の取締役会に報告し，今後の課題や方策につき議論を行いました。なお，今回の実効性評価では，第三者を起用し，調査項目の検討，集計等を行いました。

その結果，2017年度に実施した施策は，取締役会の監督機能を高めるという趣旨に沿っており，当社の取締役会は全体的に良い方向に向かっていることを確認いたしました。一方，今後の課題として，討議事項及び報告事項の更なる拡充や，取締役会での議論の充実化のための運営見直し等が必要であることを確認・共有いたしました。
　当社は，毎年の実効性評価を踏まえ，当社取締役会の監督機能を高めるべく必要な施策を適宜検討・実行してまいります。

コード	社　　　　名	ＣＧ形態
4188	三菱ケミカルホールディングス	指名委員会等設置会社

招集通知の記載
―

ＣＧ報告書の記載

〈補充原則4-11-3　取締役会の実効性についての分析・評価〉
・取締役会の実効性評価の実施
　当社は，「三菱ケミカルホールディングス・コーポレートガバナンス基本方針」において，取締役会は毎年その実効性を評価し，結果の概要を開示すると定めております。
・分析・評価の手法
　2017年度は，評価の客観性や透明性を確保すること，および当社のコーポレートガバナンス全般を網羅的に検証することを目的として，アンケートの実施・結果分析を第三者の外部コンサルタントに委託し，取締役会議長を含む全取締役を対象に，5段階評価・無記名式のアンケートを実施しました。なお，全ての質問にコメント欄を設けることで，定量的評価と定性的評価の両側面から現状の把握と課題の抽出を図る形式としました。アンケート結果に基づき，取締役会において課題・対応策について議論し，これらを踏まえ，取締役会議長が，当社取締役会・各委員会の実効性を評価し，その結果を取締役会で報告しました。
・評価結果の概要
　当社の取締役会，および指名・報酬・監査の各委員会は適切に運営されており，経営監督機能を中心にその実効性は概ね確保されていると評価しました。一方，以下の課題事項については，さらなる改善に向けた取り組みを進めていきます。
　(1)　取締役会資料および説明方法
　(2)　自然災害やサイバーセキュリティー等の危機対応に関する監督
　当社は，今回の取締役会，各委員会の実効性評価結果および各取締役から提示された様々な意見を踏まえ，引き続き取締役会等の実効性向上に取り組んでまいります。
　なお，詳細につきましては，本報告書末の「2017年度当社取締役会の実効性評価結果の概要について」をご参照ください。
2017年度　当社取締役会の実効性評価結果の概要について
１．取締役会の実効性評価の実施
　当社は，「三菱ケミカルホールディングス・コーポレートガバナンス基本方針」において，取締役会は毎年その実効性を評価し，結果の概要を開示すると定めております。2017年度の当社取締役会の実効性評価の手法および結果の概要は，以下のとおりです。
２．分析・評価の手法
　2017年度は，評価の客観性や透明性を確保すること，およびコーポレートガバナンス・コード（改訂案を含む）に則り，当社のコーポレートガバナンス全般を網羅的に検証することを目的として，アンケートの実施・結果分析を第三者の外部コンサルタントに委託しました。また，指名委員会等設置会社に移行後3年経過したことを踏まえ，取締役会だけでなく，指名・報酬・監査の各委員会の実効性についても評価を行いました。具体的なプロセスは，以下のとおりです。
ⅰ）取締役会議長を含む全取締役を対象に，以下を主要項目とする全22問の5段階評価・無記名式のアンケートを実施。5段階評価に加え，全ての質問にコメント欄を設けることで，定量的評価と定性的評価の両側面から現状の把握と課題の抽出を図る形式（2018年3月～4月）
　・取締役会の構成
　・取締役会での議論
　・審議を活性化させるためのトレーニング
　・取締役個人の役割・評価
　・各委員会の構成・実効性
　・株主との建設的な対話
ⅱ）当社取締役会が，外部コンサルタントよりアンケート結果について報告を受け，その結果に基づき課題・対応策について議論（2018年5月）

ⅲ）以上を踏まえ，取締役会議長が，当社取締役会・各委員会の実効性を評価し，その結果を取締役会で報告（2018年6月）

3．評価結果の概要
(1) 総括
当社の取締役会，および指名・報酬・監査の各委員会は適切に運営されており，経営監督機能を中心にその実効性は概ね確保されていると評価しました。なお，アンケートの結果は，大多数の質問項目につき社外取締役，社内取締役の双方において，「評価できる」旨の回答が高い割合を占めました。

特に，昨年の評価結果を受け，以下4．に記載の施策を講じたこと等により社外取締役に対する情報提供が充実し，取締役会において建設的な議論がなされていること，内部統制やリスク管理体制について適切に監督できていること，また，社外取締役を中心に取締役会における審議を活性化させるためのトレーニングの機会が適切に提供されていること，等を確認しました。

各委員会についても，各委員会の運営，および取締役会へのフィードバックともに適切になされ，特に，監査委員会が，執行役の業務執行を十分に監督できていることを確認しました。

(2) 一方，アンケートの結果および取締役会における議論を通じて認識した，以下の課題事項については，さらなる改善に向けた取り組みを進めていきます。
ⅰ）取締役会資料および説明方法
純粋持株会社である当社取締役会の役割（経営の基本方針の策定および経営全般の監督）を踏まえ，①取締役会資料：執行の意思決定に至る過程で議論となった点や指摘されたリスク等も内容とし，執行とは異なる視点からのチェック機能を強化する，②社外取締役に対する事前説明：
大規模投融資案件等を決議する際は事前に過不足なき情報を提供し，執行の意思決定に対しより適切な支援ができる環境を整える，③議案説明の方法：多様な視点から本質的な議論ができるよう論点を明確にする。
ⅱ）自然災害やサイバーセキュリティー等の危機対応に関する監督
自然災害やサイバーセキュリティー等を含むリスクへの執行の対応状況について，取締役会が直接監督できるよう，社長を委員長として年1回開催される「三菱ケミカルホールディングス・リスク管理委員会」の審議結果や報告内容を取締役会の報告事項とする。

4．前回の評価結果を受けた取り組み
2016年度の実効性評価において，ⅰ）社外取締役に対する情報提供の充実，ⅱ）取締役会の効率的な運営，が課題であることが確認されたことを受け，以下の点に取り組みました。

ⅰ）については，執行役会議で審議・報告された重要案件を取締役会で報告対象とし，また社内データベースを活用した情報提供の内容を拡充しました。また，執行役との定期の情報交換会を利用し，4つの事業ドメインの事業戦略管理を所管する部署から各事業戦略についての説明を実施しました。加えて，国内外のグループ会社や事業所等の視察を通じて情報提供の充実に努めました。

ⅱ）については，取締役会が業務執行状況をより効率的に管理・監督できるよう，執行役による業務執行報告の説明フォーマットを統一し，また，新たな事業モニタリング方法により中期経営計画の進捗管理を実施しました。

当社は，今回の取締役会，各委員会の実効性評価結果および各取締役から提示された様々な意見を踏まえ，引き続き取締役会等の実効性向上に取り組んでまいります。

コード	社　　　　名	Ｃ　Ｇ　形　態
4208	宇部興産	監査役会設置会社

招集通知の記載
―

CG報告書の記載

【原則4-11】及び【補充原則4-11-3】
当社は，取締役会の実効性の評価について，定期的に，社外取締役，社外監査役及び非業務執行社内取締役で構成する取締役会実効性評価会議を開催し，取締役・監査役による取締役会に対する自己評価（アンケートの実施等）を踏まえて議論を行っております。取締役会は，その議論の報告を受けて，取締役会の実効性の評価を行っております。その結果，今年度については，当社取締役会の構成，運営は適正であり積極的な議論・審議が行われているとの評価が得られ，取締役会の実効性は確保されていると判断しました。

今後，一層の実効性向上を図るため，①中長期経営計画の遂行状況監督の機能を強化するため，計画策定過程において取締役会と執行部門の間で適宜情報共有を行うこと，②体系的リスク管理体制構築とその体制の継続的な強化を図ること，③グループ経営委員会との連携を更に深め取締役会の議論の充実を図ること，を課題と考え，今後改善に努めてまいります。

コード	社　　　名	ＣＧ形態
4272	日本化薬	監査役会設置会社

招集通知の記載

—

CG報告書の記載

【補充原則4-11-3　取締役会全体の実効性の分析・評価】
　当社は，全取締役および全監査役を対象に，取締役会の実効性アンケートを実施し，アンケートの集計結果をもとに，取締役会で分析・評価いたしました。
　全体としては，取締役会はその役割や責務を実効的に果たしていると確認されました。
　一方，取締役会の構成や運営の一部において，取締役会として取り組むべき課題も認識されました。
　今後も当社取締役会の実効性をさらに高めていくための継続的な取り組みを行ってまいります。

コード	社　　　名	ＣＧ形態
4452	花王	監査役会設置会社

招集通知の記載

—

CG報告書の記載

11　取締役会全体の実効性についての分析・評価及びその結果の概要（原則4-11-3）
　少なくとも毎年1回，取締役会において評価を実施し，実効性を高めるための改善につなげています。取締役会の役割・責務は取締役会全体で共有する必要があるという考えの下，取締役会に参加している監査役を含めたメンバー全員が自ら意見を述べ，自由闊達な議論を行うことによって評価を実施することが有効であると考えております。したがって，現時点では社外の第三者コンサルタントの起用はせず，取締役会参加メンバー自身による自己評価により実効性の評価を行っております。
＜現状の取組内容＞
　2017年度の評価では，2018年1月度取締役会における自己評価の意見交換に先立ち，取締役全7名及び監査役全5名に対し以下の観点のアンケートを実施し，結果を事前にフィードバックした上で取締役会において評価・意見交換を行いました。
1．昨年度の取締役会実効性評価で指摘された課題への取り組み
　（ⅰ）　人財開発
　（ⅱ）　集中力とスピード
　（ⅲ）　子会社・孫会社への内部統制・コンプライアンスの浸透
2．コーポレートガバナンス・コードにおいて特に取締役会に期待されている視点
　（ⅰ）　企業戦略等の大きな方向性の議論（基本原則4）
　（ⅱ）　経営陣幹部による適切なリスクテイクを支える環境整備（同上）
　（ⅲ）　独立した客観的な立場から，経営陣・取締役に対する実効性の高い監督（同上）
　（ⅳ）　コンプライアンスや財務報告に係る内部統制やリスク管理体制を適切に整備し，その運用が有効に行われているかの監督（同上）
　（ⅴ）　株主・投資家との建設的な対話（基本原則3，5）
3．取締役会の運営全般
4．取締役会における今後の課題
　以下，その概要です。
1．昨年度の取締役会実効性評価で指摘された下記（ⅰ）－（ⅲ）の課題への取り組みに対する評価
　（ⅰ）　人財戦略
　　事業のグローバル化推進は従前から課題となっているが，その前提となるグローバル人財の活用に加え，近時の消費者の購買モデル，流通モデルの大変革への対応などのため，多様な人財を確保することが喫緊の課題であり，さらにスピード感を持って進めることが必須である。
　（ⅱ）　集中力とスピード
　　花王グループの強みは，花王ウェイの共有による全社一丸となったスピード感ある組織運営だと評価しているが，人財の多様化を推進する過程において，この強みと多様性との調和を如何に図るかが課題である。
　（ⅲ）　子会社・孫会社への内部統制・コンプライアンスの浸透

海外を含め経営から目の届きにくい子会社・孫会社ほど，また新しく花王グループ入りした会社・従業員ほど内部統制整備が行き届かず，コンプライアンス意識の浸透が難しいという認識の下，特にこれらの会社における体制の一層の整備とその監督の強化が必要と考えている。
2．コーポレートガバナンス・コードにおいて特に取締役会に期待されている下記(i)–(v)の視点での取り組みに対する評価
　(i) 企業戦略等の大きな方向性の議論
　　　取締役会では，花王はどのような会社でありたいかのビジョンを示した花王ウェイが社外役員も含め明確に共有された上で，中期経営計画「K20」を達成するための大きな方向性とそれを支える具体的な数値目標，ガバナンス体制などについての議論がなされている。K20を念頭に組み立てた取締役会の年間の審議テーマ案が策定されており，さらに，毎月の取締役会の冒頭で，社長執行役員をはじめとする執行側から，足元及び中長期の関心事が報告されている。K20の初年度である2017年度は公表予想を達成したが，K20を達成するためのポートフォリオ・マネジメントなどの議論も行った。そうした直近の議論に加えて，例えば近時のAIやIoTといったIT技術・環境の急激な進化が当社事業に与える変化を予測するなど，事業を取り巻く環境の変化やその兆候を先取りし，さらに自ら先導するには，「今，何をすべきか」といった大きな方向性の議論がなされている。こうした議論をさらに充実させていくことが重要だと認識している。
　(ii) 経営陣幹部による適切なリスクテイクを支える環境整備
　　　内部統制，コンプライアンス，リスク・危機管理など，適切なリスクテイクが行える体制が構築されており，有効な運用ができている。また，社外の取締役及び監査役は，執行サイドのリスクの計測とそれに対する備えを確認した上で投資実行への賛否・留意点を表明しており，これは，執行サイドがリスクを取りながら自信を持って計画を前に進めることに貢献している。また，社外役員が，執行サイドから提案された議題以外の審議を求めることもあり，執行サイドの新たなリスク課題等への気付きにも繋がっている。
　(iii) 独立した客観的な立場からの経営陣・取締役に対する実効性の高い監督
　　　非執行の独立社外取締役が務める取締役会議長の下，取締役及び監査役がそれぞれの見識に基づいて社内・社外の枠を超えて活発な議論を行い，これを社内取締役が意識して執行に取り込む努力をしている。豊富な経営経験をもつ独立社外取締役，詳細かつ具体的な社内情報を常に確保している常勤監査役及び多様な経験と専門性をもつ独立社外監査役の連携により，適時・的確な情報を前提として客観的な意見に基づいた実効性の高い監督が行われている。
　(iv) コンプライアンスや財務報告に係る内部統制やリスク管理体制を適切に整備し，その運用が有効に行われているかの監督コンプライアンス，内部統制やリスク・危機管理に関する適切な体制が構築・整備されていると評価している。それらの体制が有効に運用されているかという確認も含めて，取締役会は常なる見直しを行い，最善を保てるよう留意する。
　(v) 株主・投資家との建設的な対話
　　　社長執行役員をはじめとする経営陣が積極的にIR活動を実施している。そこでは自らの言葉で説明や対話がなされ，その内容は取締役会にもフィードバックされ，投資家との双方向のエンゲージメントができている。株主総会，株主向け工場・花王ミュージアム見学会，株主向け事業説明会においても株主と役員との質疑応答により建設的なエンゲージメントが実施されている。これらすべての場面において相手方の理解に努めた上での対話ができている。会社が発行している種々の印刷物の中においても，株主に向けた社長執行役員や社外役員のメッセージが自らの言葉で発信されている。
3．取締役会の運営全般（議事進行，議題，報告，資料，審議等）
　　取締役会における充実した議論に資するため，取締役会の開催前に資料を配布し，議題の提案の背景，目的，その内容等について理解の促進が図られている。また必要に応じて取締役会事務局より十分な説明が行われている。発表は予定時間の半分以下に抑え，質疑や議論の時間を十分に確保するよう議事進行がなされている。これらについては改善が認められるが，取締役会の有用な議論を引き出すべく報告・説明のやり方についてさらなる工夫を求めている。
4．取締役会における今後の課題
　　人財戦略については，グローバルな事業拡大への対応に加え，事業環境の急激な変化に対応できるよう，10年先を見越した人財発掘・育成の議論をさらにスピードを持って深めていくことが必要であるという認識を共有している。経営については，変化に対応するだけでなく，変化を予想して先取りし，さらには変化を先導することが重要であり，非財務活動（ESG活動）を含めた事業戦略をさらに議論し，実行に移していかなければならない。法令遵守を実現するための内部統制については，統制体制の整備のみならず，体制が有効に機能する適時・適切な運用を常に見直していくための監督を実行しなければならない。
　　なお，監査役会においても，毎年1回監査の実効性についての評価を実施しております。
　　2017年度は，2018年2月に開催された監査役会において，「花王監査役・監査役会の実効性の自己評価」に関する着目視点リストも参照し，全ての監査役が2017年度の監査役の活動について自ら意見を述べ，それに基づき出席者間で議論し，評価を行いました。自己評価については，次年度の監査計画に組み入れることにより，取締役とも共有します。また，下記内容について，取締役会で報告を行いました。

【現況】
・監査役と代表取締役との定例の意見交換会に加えて，社外取締役との定例意見交換会を設置した。
・会計監査人との連携を深めるため，当社の会計監査人である監査法人とのグローバル会合を定期的に開催するほか，必要に応じて海外子会社を担当する会計士と個別に意見交換を実施した。
・内部監査を担当する経営監査室との連携がさらに深化し，監査の精度・効率の向上に繋がった。
・三様監査の体制が徐々に整備され，良い連携がとれるようになってきた。
【課題】
・グループ統制に資するため，国内関係会社監査役とのコミュニケーションの機会を増やすなどにより，さらなる連携の強化を図る。また，海外関係会社の情報を適切に把握するため，会計監査人及び経営監査室をはじめとする内部監査部門等との連携をさらに強化する。

コード	社　　　　　名	Ｃ　Ｇ　形　態
4502	武田薬品工業	監査等委員会設置会社

招集通知の記載

　過去二期に引き続き，当期において，取締役会の実効性評価を行いました。実効性評価は，取締役全員を対象にアンケート方式により実施しました。第三者機関を起用し，個々の意見を求めやすい方法で行いました。今回の評価結果においても，当社取締役会は実効性があるとの結果が得られるとともに，過去二期の評価において指摘された事項について改善が確認され，また，新たな重要指摘事項はありませんでした。評価結果全体については第三者による分析，提言を盛り込んだ上で，取締役全員にて議論を行いました。これにより，当社取締役会の強みに関する理解を深め，当社取締役会の更なる機能向上を図る機会としました。

CG報告書の記載

m．取締役会全体の実効性・・・補充原則4-11-3
・取締役会の実効性については，第三者機関を起用し，取締役全員を対象として，個別にアンケートおよび／またはインタビュー形式で，個々の意見を求めやすい方法により，毎年実施しています。それに基づき取締役会で分析・評価を行うことにより，さらなる実効性の向上を図っています。
・過去２度に引き続き，2017年度においても，取締役会の実効性評価を行いました。今回は，取締役全員を対象にアンケート方式により実施しました。今回の評価結果においても，当社取締役会は実効性があるとの結果が得られるとともに，過去２度の評価において指摘された事項について改善が確認され，また，新たな指摘事項はありませんでした。評価結果全体については第三者による分析，提言を盛り込んだ上で，取締役全員にて議論を行いました。これにより，当社取締役会の強みに関する理解を深め，当社取締役会の更なる機能向上を図る機会としました。

コード	社　　　　　名	Ｃ　Ｇ　形　態
4503	アステラス製薬	監査等委員会設置会社

招集通知の記載

―

CG報告書の記載

【原則4-11-3】
　以下の取締役会の実効性分析・評価は2018年3月期時点（監査役会設置会社時点）のものです。
　取締役会は主として業務執行の監督機能を果たすものとし，経営の透明性および妥当性を確保しています。また，取締役会は重要な業務執行の意思決定を行うとともに，決裁権限規程を制定して担当役員等の業務執行の責任と権限を明確にし，経営の機動性を確保しています。このような取締役会の役割を一層向上させるための課題を検討し改善する手段の一つとして，取締役会の実効性分析・評価を実施し，その結果の概要を開示いたします。
　2018年3月期における取締役会の実効性分析・評価は，取締役会議長が，取締役会の監督機能を中心に，取締役・監査役に対する質問票に基づく調査を実施し，その調査結果に基づき取締役会で分析・評価を行いました。
＜結論＞
　取締役会は独立社外役員を含め活発に透明性の高い議論がされるなど適切に機能しており，取締役会全体としての実効性は十分に確保されていると評価しました。
＜評価の理由＞
・取締役会は，過半数が社外取締役で構成され，その社外取締役が積極的に議論に参加できる風土が醸成されており，自由闊達かつ建設的な議論が行われた
・昨年度課題として認識した取締役会の機能最適化に向け，監査等委員会設置会社に移行することを決定し，監督と執行の明確な分離により，取締役会で議論するべきテーマが議論される体制を確立した

・取締役会は，社長後継者に関する透明性や納得性の高い適切なプロセスを確保するため，指名委員会における協議を監督するとともに，指名委員会の提案に基づき適切な決議をおこなった
<課題>
取締役会はより実効性を確保するため，下記課題について新体制においても継続的に改善してまいります。
・経営計画2018の実現のため，刻々と変化する社内外の環境動向を見極め，より実効的な戦略の議論を行う
・2017年度に強化した体系的なリスク評価の仕組みを活用し，網羅されたリスクの適切な対策が実行されていることを監督する

コード	社　　名	ＣＧ形態
4506	大日本住友製薬	監査役会設置会社

招集通知の記載

　取締役会全体の実効性について，取締役および監査役全員に対するアンケートを実施し，その分析結果をもとに取締役会で議論しました。この結果，課題として取締役会での議論の更なる活性化を図るために，社外役員への事前説明および取締役会での情報提供に関する提言がなされ，これらの課題に対して改善に取り組みました。

CG報告書の記載

【補充原則4-11-3】
　「コーポレートガバナンスに関する基本方針」に定める当社の取締役会の役割や責任等のあるべき姿と2017年度における取締役会の状況との違いを認識し，取締役会の実効性をより高めるために今後検討すべき事項を把握することを目的に，取締役および監査役全員に対するアンケートを2018年2月〜3月にかけて実施いたしました。アンケートの大項目は以下のとおりです。
1）取締役会の構成
2）取締役会の役割・責務
3）取締役会の運営状況
4）指名報酬委員会の機能
5）社外役員への支援体制
6）独立社外取締役の役割
7）監査役の役割・監査役に対する期待
8）ステークホルダーとの関係
9）昨年度からの改善

　実施したアンケートの分析結果をもとに2018年4月の取締役会にて意見交換を行いました。その結果，当社の取締役会の実効性は概ね確保できていることを確認するとともに，昨年度の課題に対して改善がみられたとの認識で一致しました。また，取締役会での審議をさらに活性化することを2018年度の課題として認識し，主に次のことに取り組むことになりました。
・業界特有の専門性の高い議題に関する社外役員への早期の事前説明を十分行うこと
・各議題の審議時間にメリハリをつけるなど，重要議題の審議時間を十分確保すること
・経営会議における意見等を取締役会において共有すること

コード	社　　名	ＣＧ形態
4507	塩野義製薬	監査役会設置会社

招集通知の記載

CG報告書と同一のため略

CG報告書の記載

【補充原則4-11-3　取締役会・監査役会の実効性確保のための前提条件】
　2017年度の取締役会の実効性につきまして，当社が制定した「コーポレート・ガバナンスに対する基本的な考え方」に基づく「6．取締役・取締役会⑴体制，⑶役割・責務，⑹運営」を中心に，各取締役・監査役に対してアンケートおよびヒアリングを実施し，取締役会におきまして分析・評価いたしました。その結果の概要は以下のとおりです。
1．体制について
　専門性や経験を含む様々な要素および多様性の観点から，現時点で必要な体制は確保されていると評価しておりますが，将来に向けた課題として，更なる多様性の観点から，外国籍の取締役の選任，女性の社外取締役の選任などが挙げられました。
　継続して，事業展開の状況を踏まえながら，更なる体制の強化を検討してまいります。

2．役割・責務について
　2017年度の課題であった経営幹部の育成状況に関する報告について，社外役員・社長意見交換会にて報告し，意見交換を行いました。今後の課題として，中長期的計画に関する議論，経営幹部の育成状況として選出過程や育成経過の説明・議論の充実が挙げられました。
　また，コンプライアンス・内部統制の運用状況に関する報告の更なる充実に対しては，毎年，定期的に報告することとし，昨年は9月の取締役会にて「コンプライアンス活動状況について」として報告いたしました。
　今後は，コンプライアンスに関する報告回数を年2回に増やすなどの更なる充実を図ってまいります。
　引き続き，取締役会の役割・責務の充実に向けて検討してまいります。

3．運営について
　取締役会の更なる活性化のため，昨年度の課題であった重要案件や専門性の高い案件に関する事前説明の充実を図るとともに，議論を深めるために必要な審議時間を確保いたしました。
　今後の課題として，柔軟な取締役会のスケジュール設定，効率的かつ効果的な事前説明方法，更なる製薬業界理解のため研究所・工場の視察の実施などについて意見が出されました。
　引き続き，取締役会の運営の充実に向けて検討してまいります。
　以上，当社取締役会は，適切に運営されており，実効性は確保されていると評価しております。本評価結果を踏まえ，取締役会のより高い実効性の確保に向けて，継続的に改善を進めてまいります。

コード	社　　　名	ＣＧ形態
4519	中外製薬	監査役会設置会社

招集通知の記載

取締役会の実効性評価の実施
　取締役会は，取締役会における意思決定及び監督の実効性を担保するため，事業年度ごとにその活動状況についての分析・評価を行い，その結果の概要を開示いたします。
　当社取締役会は，現任の取締役及び監査役のうち対象期間中に在任していた者を対象として2017年1月に自己評価アンケートを実施し，その結果について取締役会事務局から報告を受けたうえで議論を行いました。なお，取締役会事務局は，外部専門家の助言を参考にして，自己評価アンケートの作成及びその結果の取りまとめを行い，取締役会に報告いたしました。
　自己評価アンケートの結果，すべての項目について「できている」とする回答が多数を占めており，また，その割合も増えていることから，当社取締役会は，取締役会全体の実効性が確保されていることを確認いたしました。昨年度からの変更点である議案内容の事前送付や議長による取締役会冒頭のコメント等に対して，取締役会全体の実効性に有益であるとの肯定的な評価が見受けられました。2017年度においては取締役及び監査役への情報提供も含め，当社グループ主要工場における取締役会開催や外部有識者による講義など実施してまいりました。当社取締役会は，今後も評価結果を踏まえ，取締役会の実効性のさらなる向上に努めてまいります。

ＣＧ報告書の記載

【補充原則4-11-3　取締役会全体の実効性についての分析・評価の結果の概要】
　取締役会は，2017年度の取締役会の実効性に関する分析・評価を実施いたしました。その結果の概要は以下のとおりです。
（i）分析・評価方法
　取締役会は，現任の取締役及び監査役のうち対象期間中に在任していた者を対象として2018年1月に自己評価アンケートを実施し，その結果について取締役会事務局から報告を受けた上で議論を行いました。なお，取締役会事務局は，外部専門家の助言を参考にして，自己評価アンケートの作成及びその結果の取りまとめを行い，取締役会に報告いたしました。
（ii）評価項目
　自己評価アンケートの主な項目は，以下のとおりです。
　（1）取締役会の構成
　（2）取締役会の審議内容
　（3）取締役会の運営状況
　（4）各取締役及び監査役自身の取組み
　（5）その他
（iii）分析・評価結果の概要
　自己評価アンケートの結果，全ての項目について「できている」の回答が多数を占めており，また，その割合も増えていることから，取締役会は，取締役会全体の実効性が確保されていることを確認致しました。

昨年度の実施内容（ロシュグループとの取引，株主との対話，訴訟案件等の情報提供や事業所における取締役会・工場見学の開催）に対して，取締役会全体の実効性に有益であるとの肯定的な評価が見受けられました。他方で，一部の項目（取締役会の更なる多様性確保，複雑な議題への追加情報提供）について，改善の余地を指摘する回答もありました。
取締役会は，上記の評価結果を踏まえて議論を重ね，取締役会の実効性の更なる向上に努めてまいります。

コード	社　　　名	Ｃ Ｇ 形 態
4523	エーザイ	指名委員会等設置会社

招集通知の記載
CG報告書と同一のため省略

CG報告書の記載

【補充原則4-11-3　取締役会・監査役会の実効性確保のための前提条件】
　当社取締役会は，コーポレートガバナンスガイドラインおよび内部統制に関連した取締役会決議の自己レビューならびに社外取締役ミーティングによる取締役会の実効性評価にもとづき，毎年当社のコーポレートガバナンスの状況を評価し，コーポレートガバナンスの実効性を高めています。
　2018年4月25日，当社取締役会は，社外取締役ミーティングがとりまとめた，「取締役会評価」，「コーポレートガバナンスガイドラインの自己レビュー」および「内部統制関連規則の自己レビュー」の結果および外部機関によるこれらの評価・レビューの適正性に関する検証結果の報告について審議し，「2017年度コーポレートガバナンス評価」を決議しました。
1．取締役会評価
　(1)　取締役会評価は取締役会の担う経営の監督機能について取締役会全体としての実効性等を評価するものです。
　(2)　取締役会評価は，指名・監査・報酬委員会および社外取締役ミーティングも対象としています。
　(3)　取締役会評価は，取締役一人ひとりの自己評価をもとに検討されます。
　(4)　取締役会評価は，評価の客観性を確保する観点から，社外取締役ミーティングがその結果をとりまとめ，取締役会において決定します。
2．コーポレートガバナンスガイドラインの自己レビュー
　(1)　コーポレートガバナンスガイドラインは取締役会が定めたコーポレートガバナンスの行動指針です。
　(2)　取締役会は，取締役会等の職務執行が，本ガイドラインに沿って整備・運用されているかについて毎年レビューを行います。
3．内部統制関連規則の自己レビュー
　(1)　内部統制関連規則は，監査委員会の職務の執行のために必要な事項および執行役の職務の執行の適正を確保するために取締役会が定めた規則です。
　(2)　取締役会は，両規則に沿った体制の整備・運用がなされているかについて毎年レビューを行います。
4．外部機関を活用した「取締役会評価」の改善および保証の仕組み
　(1)　「取締役会評価の適正性の保証」を企図し，外部機関による取締役会評価の改善とその保証の仕組みを2017年度より導入しました。
　　　なお，外部機関による評価プロセスの調査，評価，改善提案，評価結果の点検等は3年に1回実施します。
　(2)　外部機関は，当社の過去の評価方法，評価の決定プロセス，各取締役の評価，最終評価等を分析の上，制度およびその運用について，指摘や助言を行います。
　(3)　外部機関の指摘，助言にもとづき，社外取締役ミーティングおよび取締役会は，制度および運用の改善をはかることとします。
　(4)　外部機関は，社外取締役ミーティングがとりまとめる取締役会評価について，評価プロセス，評価結果等を点検し，取締役会に報告書を提出します。
　(5)　取締役会は，社外取締役ミーティングがとりまとめた評価と外部機関による報告書にもとづき，当該年度のコーポレートガバナンス評価を決定します。
5．2017年度コーポレートガバナンス評価結果
　コーポレートガバナンスガイドラインおよび内部統制関連規則については，規定を逸脱した運用等は認められず，取締役および執行役等がコーポレートガバナンスの充実に向け，適切に職務を執行していることを確認しました。
　取締役会評価については，2016年度取締役会評価にもとづき，2017年度における対応状況を確認，評価し，次年度に向けた課題等を認識しました。
　なお，外部機関による点検結果は，後述の「6．取締役会評価の第三者レビュー報告書（概要）」のとおりでした。
　(1)　取締役会の役割等
　　①　Plan（計画）「2016年度取締役会評価」

- ・取締役会は，適時，適切な議案が設定され，事務局が議案について事前に各取締役に十分な時間をかけて説明し，その審議においては，各取締役の積極的な発言にもとづいて質疑がなされ，決議等が行われている。取締役会は，十分にその役割と責任を果たしていることを確認した。
- ・取締役会では，取締役の質問に対して執行役が適時，適切に回答している。取締役は，議題の上程に結びつく指摘や意見を積極的に述べており，求められた事項が速やかに報告されるなど，取締役会は執行部門より適切に報告を受けている。

② Do（実行）&Check（評価）「2017年度の対応状況の確認と評価」
- ・8月に取締役議長により取締役へ議案選定の提案がなされ，年間の議題の確認が行われた。また，データインテグリティ（データの完全性）への取り組みや，プレグジット対応など，随時，取締役からの要望に応じた議題の上程，執行部門からの報告がなされた。
  取締役会において活発な議論が行われるように，必要に応じて担当執行役が補足説明をする等の時間を設け，審議・決定等を行っており，取締役会は，期待される役割を適切に果たしていることが確認された。
  取締役会と執行役との意思疎通に関しては，取締役会終了後に別途時間を設けて担当業務の説明を受け，ディスカッションするなどの取り組みを積極的に実施した。
  また，全取締役が，2016年度に整備したサクセッションプランの検討に関するルールにもとづき，CEOの策定したサクセッションプランに関して，情報共有とディスカッションを十分に行った。

③ Action（改善）「2018年度に向けた課題」
- ・議題選定については，取締役の善管注意義務にもとづいた，時宜を得たテーマの設定や会社のリスクを予兆的に捉えて議論するなどの取り組みが今後も求められる。
- ・取締役会において中身の濃い議論が行われるように，毎年，議題の必要性等を検討し，議題数の絞り込みを実施する。
- ・サクセッションプランに関する定期的な情報共有とディスカッションを継続すること，今後は本プランのPDCA（Plan（計画）-Do（実行）-Check（評価）-Action（改善））を繰り返していくことが確認された。

(2) 取締役会の運営等
① Plan（計画）「2016年度取締役会評価」
- ・執行役からの四半期業務執行報告は，事業計画の進捗状況が概観できる報告内容を追加するなど，毎年，工夫改善がなされている。なお，的を絞った報告のあり方の検討やグラフ・図表の活用等，分かりやすさを企図した工夫を継続的に行う必要性が確認された。
- ・取締役会の議案の内容によっては，案件の具体的な説明に加え，意思決定に至った背景，検討プロセス，議論の経緯等についても予め情報共有をしておくことで，取締役会の議論が深まり，取締役会の経営の監督機能をより一層高めることができると認識する。
- ・取締役会の議案・資料等の早期配付については，社外からアクセス可能な情報共有システムの導入によって，取締役会開催の1週間前にドラフトの閲覧が可能になる等の改善がなされた。今後もシステムの利便性向上等の継続的な取り組みの必要性が確認された。

② Do（実行）&Check（評価）「2017年度の対応状況の確認と評価」
  四半期業務執行報告を3部構成（第1部：事業計画に対する進捗状況，第2部：重要課題，第3部：各執行役の定例報告）とし，第1部は，実績概況に加え，実績と進捗状況をグラフ，表で一覧性よく報告する形式に改善した。
  第2部は，当該四半期における重要な課題を2～3項目ピックアップし，取締役会における議論のポイントを明確にするとともに，詳細な情報を担当執行役が補足説明することで課題に対する取締役の理解と議論を深めることにつとめた。
  第3部は，2017年度の計画達成に向けた戦略とその進捗状況，および各執行役の業務執行における課題とその対応に関して報告フォーマットを統一するとともに，報告量の削減をはかった。
  なお，議案等の提供に関する情報共有システムは，検討を行ったが改善に至らなかった。

③ Action（改善）「2018年度に向けた課題」
- ・四半期業務執行報告は，さらに情報量を絞り込む，資料数を減らし，シンプルな報告にするなど，まだまだ改善の余地もあるため，継続的な改善への取り組みを行うことが確認された。
- ・リスクの捉え方に関する議論がグローバルに変化する中，取締役会への報告内容の質的な改善として，コンプライアンス案件などのリスクの報告に止まらず，事業活動に関連する戦略的なリスク（ネガティブリスクのみならず，ポジティブリスクを含む）に対する執行役の認識やその報告を求めていくことの必要性が確認された。
- ・情報共有システムは，引き続き利便性向上への取り組みを行うことが確認された。

(3) 社外取締役，社外取締役ミーティング
① Plan（計画）「2016年度取締役会評価」

- ・取締役会では製薬業界特有の専門性の高い内容が審議される場面がある。取締役会における議論を深化させるため，引き続き，社外取締役を対象とする研修や現場訪問の機会を設定する。社外取締役は，経営の監督に必要な情報や知識を得る努力を積み重ねること，およびそのために社外取締役への十分な支援を行う必要性が確認された。
- ・社外取締役ミーティングでは，社外取締役相互の理解を深めるとともに，コーポレートガバナンスに関する認識の共有化をはかることができた。今後もより幅広いテーマを検討し，取締役会等においてさらに効率的かつ実質的な議論が行われるよう，その役割を果たしていくことが確認された。

② Do（実行）&Check（評価）「2017年度の対応状況の確認と評価」

各ビジネスグループや各リージョンにおける事業活動への理解を深めること，リージョンにおけるリスク管理の状況を把握すること等を目的に，取締役と担当執行役とのミーティングを実施した。2017年度は，日本事業，ニューロロジービジネスグループ，コーポレートアフェアーズ，中国リージョン，アメリカスリージョンに関してこのミーティングを実施した。また，筑波研究所，川島工園，東京コミュニケーションオフィスを訪問し，社外取締役と若手社員との情報共有と議論の場を持った。

定例的な研修としては，上期，下期に各1回，役員を対象とするコンプライアンス研修を実施し，社外取締役もこれに参加した。これらの研修等に加え，2017年度は5回の社外取締役ミーティングを開催した。その内容は，海外リスクに関する取締役会への報告，四半期業務執行報告の改善，サクセッションプランの情報共有，取締役会評価における外部機関の活用，指名委員会における取締役の選任に関する情報共有等であった。以上のとおり，社外取締役ミーティングはその期待どおりの役割を果たしており，取締役会内の機関としてよく機能している。

③ Action（改善）「2018年度に向けた課題」

- ・研修会については，業界や会社に関する基本的な情報・知識を，再任取締役であっても新任社外取締役研修を聴講するなどの方法で繰り返し習得することの重要性や，業界特有の知識・情報の取得機会の定期的な設定の必要性が確認された。また，取締役会等の議案における専門用語や略号に関する事務局によるサポートの継続的な取り組みが求められた。
- ・2017年度は，社外取締役が，当社の主要なステークホルダーである患者様と接する機会を得る場がなかった。企業理念にもとづいて，継続的にこのような機会を設定することの必要性が確認された。
- ・社外取締役ミーティング設置の当初の目的であった，社外取締役間のコミュニケーションをはかり，相互に考え方等を理解する場としての活用について再度，検討すること，取り扱うテーマの幅を広げること，開催方法等について工夫することが課題として確認された。

(4) 指名・監査・報酬委員会

① Plan（計画）「2016年度取締役会評価」

- ・指名・監査・報酬委員会については，いずれの委員会も適切に運営されていることが確認された。監査委員会への執行役報告が監査委員以外の取締役とも共有されるようになり，監査委員会と取締役会の情報共有がはかられた。報酬委員会も審議内容に関する詳細な報告が取締役会になされている。今後は，指名委員会についても，検討の背景や審議プロセス等を適時に取締役会と共有する必要性が確認された。

② Do（実行）&Check（評価）「2017年度の対応状況の確認と評価」

全取締役に，指名委員会における取締役候補者選任のフロー，次年度退任予定者，新任取締役候補者の検討状況などの説明が，指名委員会より詳細に実施され，十分な情報共有がなされた。

2017年度の評価結果より，指名・監査・報酬委員会については，いずれの委員会も適切に運営されていることが確認された。

③ Action（改善）「2018年度に向けた課題」

- ・2017年度評価においてコメントとして指摘された各委員会における個別の課題について確認がなされ，当該課題については，それぞれの委員会が検討することが確認された

(5) 内部統制とリスクに関する事項等

① Plan（計画）「2016年度取締役会評価」

- ・内部統制に関しては執行部門が厳格に取り組んでおり，内部監査の外部評価実施等をはじめ，合理的なレベルで内部統制体制が整備，運用されており，監査委員会へは海外を含めたリスクが適時かつ十分に報告されている。特に，海外でのリスクについては，取締役会として常に関心を持って取り組んでいくことが確認された。

② Do（実行）&Check（評価）「2017年度の対応状況の確認と評価」

取締役会が決議した内部統制関連規則である，監査委員会の職務の執行のために必要な事項に関する規則，および執行役の職務の執行の適正を確保するために必要な体制の整備に関する規則のいずれも逸脱等の運用はなく，適切に遵守されていることが確認された。

海外リスクに関しては，取締役会にグローバルな安全性情報管理体制に関する報告がなされたことに加え，中国リージョン，アメリカスリージョンについては，担当執行役が各リージョンにおけるリスク管理とその対応に関する説明を社外取締役に行い，ディスカッションする場を設定した。

③　Action（改善）「2018年度に向けた課題」
　　　・海外リスクに関する担当執行役とのミーティングは現地の状況を知るよい機会であったが，今後も繰り返し実施すること，よりリスクに的を絞った情報交換の場として他のリージョンに関しても実施することが確認された。
　　　・取締役が積極的にリスクに関する報告を執行部門に求めることで，リスクを見える形にし，リスクを正しく把握して物事を進めていく健全なリスク管理の習慣を，取締役が率先して根付かせていく必要性が確認された。
　(6)　その他のコーポレートガバナンスに関する事項
　　①　Plan（計画）「2016年度取締役会評価」
　　　・コーポレートガバナンス評価は，評価の客観性を確保することを企図して今後とも社外取締役ミーティングでとりまとめるが，2017年度は，外部の第三者による評価の活用について検討を行う必要性が確認された。
　　②　Do（実行）&Check（評価）「2017年度の対応状況の確認と評価」
　　　取締役会評価における外部機関の活用に関し検討を行い，2017年度より，取締役会評価に対して外部機関による評価結果のレビューを実施することが決定された。なお，外部機関による取締役会評価のレビューは3年に1回実施し，継続的，定期的に取締役会評価の適正性と妥当性を確保することとした。
　　　従来，単発的に実施してきた社外取締役と機関投資家との面談について，2017年度は，社外取締役が複数の機関投資家を訪問し，当社のガバナンスに対する取り組みや，当社企業価値・株主共同の利益の確保に関する対応方針に関する社外取締役独立委員会の活動について説明を行い，意見交換をする機会を得た。
　　③　Action（改善）「2018年度に向けた課題」
　　　・コーポレートガバナンス評価の結果を，取締役会のPDCA（Plan（計画）-Do（実行）-Check（評価）-Action（改善））として開示するなど，コーポレートガバナンスに関連する開示の充実をはかることが確認された。
　　　・社外取締役と機関投資家との対話は，実施方法，対話のテーマなどを検討の上，2018年度以降も継続して実施すること，および，今後は，このような社外取締役による投資家とのエンゲージメントを，取締役会評価の項目として追加することが確認された。
6．取締役会評価の第三者レビュー報告書（概要）
　エーザイ株式会社が自社で実施している取締役会評価につき，以下の観点からレビューを行った。
　　・取締役会評価のアンケート項目の網羅性の検証
　　・評価手法における公正性・妥当性の検証
　　・社外取締役ミーティングにおける議論の公正性・妥当性の検証
　　・取締役会評価結果の開示内容の公正性・妥当性の検証
　なお，レビューを行うに際し，エーザイ株式会社から提供された過去2年分の取締役会評価に関する資料や開示文書等を分析するとともに，社外取締役ミーティングに陪席し，レビューのための必要な情報を確保している。
　＜レビュー結果＞
　　・評価手法において第三者のチェックを組み込み，より透明性を高める工夫を行っている。
　　・企業価値向上を支えるガバナンス改善に真摯に対応していることが窺え，2017年度の取締役会評価の全体に関しては，網羅性・公正性・適正性の観点から適切に実施しているものと判断できる。
　　・レビューにより改善の余地があると指摘した事項（アンケート項目の追加の検討等）についての取り組みがなされることで，より実効性の高いガバナンス改善が実現されるものと考えられる。

コード	社　　名	Ｃ Ｇ 形 態
4543	テルモ	監査等委員会設置会社

招集通知の記載

(11)　取締役会の実効性評価
　取締役会は，取締役会の実効性のさらなる向上のため，毎年，外部専門家を交えた自己評価等の方法により，取締役会の実効性に関する分析・評価を行い，その結果の概要を開示します。

CG報告書の記載

【コーポレートガバナンス・コードの各原則に基づく開示】
　当社は，「企業理念」および「5つのステートメント」に基づき，長期にわたる持続的成長および企業価値向上を達成するため，「テルモ　コーポレート・ガバナンス基本方針」を策定し，当社ウェブサイトにて公表しております。
　　http://www.terumo.co.jp/company/about/governance.html
　コーポレートガバナンス・コードにおいて開示を求められている項目のうち，以下については，「テルモ　コーポレート・ガバナンス基本方針」上で開示をしております。
■原則4-11(3)：当社方針「2.コーポレート・ガバナンス体制　(11)取締役会の実効性評価」

==
(参考）テルモコーポレート・ガバナンス基本方針
2．コーポレート・ガバナンス体制
　⑴　取締役会の実効性評価
　　　取締役会は，取締役会の実効性のさらなる向上のため，毎年，外部専門家を交えた自己評価等の方法により，取締役会の実効性に関する分析・評価を行い，その結果の概要を開示します。

コード	社　　　　名	Ｃ Ｇ 形 態
4568	第一三共	監査役会設置会社

招集通知の記載

2017年度取締役会評価について
　当社は，取締役会の機能・実効性の現状評価および機能・実効性の向上を図ることを目的として，毎年度，取締役会評価を実施しており，今般，2017年度取締役会評価を実施いたしました。
＜取締役会評価実施方法＞
　当社は，取締役会全体の実効性に係わる評価内容・項目として，コーポレートガバナンス・コード基本原則4［取締役会の役割・責務］に付随する原則・補充原則を参考に，取締役会全体の評価に取締役自らを評価する項目も含めた評価項目を定めております。
　今般，取締役会の役割，責務，運営および構成，ならびに，前年度評価からの改善状況に関して，全取締役が，評語選択および自由記述による自己評価を実施し，その分析・内容を取締役会へ報告しております。
　また，当社は，取締役会評価を取締役会および取締役自らの現状評価と課題認識のために活用し，本評価から抽出された課題に対する改善施策に取り組み，次年度にその改善状況も含めて評価することにより，継続的に，取締役会の機能・実効性の向上に努めております。
＜取締役会評価結果＞
　2017年度取締役会評価において，当社取締役会は，取締役会の役割，責務，運営および構成の面において適切に機能しており，取締役会全体の実効性が確保されているとの評価結果が出ております。また，前年度の評価において課題とされた取締役会の監督機能の更なる強化については，①重要な審議事項に関する情報共有の場を取締役会以外にも設けたことにより一層充実した審議となったこと，②適時適切なテーマを報告事項としたことなどが，監督機能の強化に結びついていることを確認しております。
　今回の評価を踏まえ，取締役会における議論の更なる充実・深化に向けて，運営面での改善施策に継続的に取り組み，当社取締役会の機能・実効性の確保・向上に努めてまいります。

ＣＧ報告書の記載

【補充原則4-11-3　取締役会全体の実効性の確保】
　当社は，取締役会の機能・実効性の現状評価および機能・実効性の向上を図ることを目的として，毎年度，取締役会評価を実施しており，今般，2017年度取締役会評価を実施いたしました。
＜取締役会評価実施方法＞
　当社は，取締役会全体の実効性に係わる評価内容・項目として，コーポレートガバナンス・コード基本原則4［取締役会の役割・責務］に付随する原則・補充原則を参考に，取締役会全体の評価に取締役自らを評価する項目も含めた評価項目を定めております。
　今般，取締役会の役割，責務，運営および構成，ならびに，前年度評価からの改善状況に関して，全取締役が，評語選択および自由記述による自己評価を実施し，その分析・内容を取締役会へ報告しております。
　また，当社は，取締役会評価を取締役会および取締役自らの現状評価と課題認識のために活用し，本評価から抽出された課題に対する改善施策に取り組み，次年度にその改善状況も含めて評価することにより，継続的に，取締役会の機能・実効性の向上に努めております。
＜取締役会評価結果＞
　2017年度取締役会評価において，当社取締役会は，取締役会の役割，責務，運営および構成の面において適切に機能しており，取締役会全体の実効性が確保されているとの評価結果が出ております。また，前年度の評価において課題とされた取締役会の監督機能の更なる強化については，①重要な審議事項に関する情報共有の場を取締役会以外にも設けたことにより一層充実した審議となったこと，②適時適切なテーマを報告事項としたことなどが，監督機能の強化に結びついていることを確認しております。
　今回の評価を踏まえ，取締役会における議論の更なる充実・深化に向けて，運営面での改善施策に継続的に取り組み，当社取締役会の機能・実効性の確保・向上に努めてまいります。

コード	社　　　　名	ＣＧ形態
4578	大塚ホールディングス	監査役会設置会社

招集通知の記載

―

ＣＧ報告書の記載

補充原則4-11-3
　取締役会全体の実効性についての分析・評価および結果の概要は以下のとおりです。
Ⅰ　評価の実施方法
　2018年1月から2月にかけて，全取締役，全監査役に対するアンケートを実施し，その内容に基づいて，顧問弁護士によるレビューを受けた上で検討・評価を実施し，2018年3月開催の取締役会において審議を行いました。
　アンケートの項目は以下のとおりです。
　1　取締役会の構成の適切性
　2　個々の取締役の業務分野，具体的な経営戦略・計画に対する理解・知識の十分性
　3　社外取締役との連携の十分性
　4　監査役会との連携の十分性
　5　取締役会の運営について
　6　ガバナンスとの関連について
　　ⅰ　経営戦略の方向性の決定における取締役会の機能の適切性
　　ⅱ　経営戦略の実行についての各事業に対するモニタリングの十分性
　　ⅲ　主要な投資家・ステークホルダーの視点の汲み取りの十分性
　　ⅳ　リスクマネジメントの適切性
　　ⅴ　各事業会社との間の連携・情報共有の十分性
　7　社外役員に対するサポート体制の十分性
　8　総括・実効性の観点から十分に機能しているか
Ⅱ　結果の概要
　1　役員の多様性の確保や事業に関する専門的知識を有する者の選任を図るべきとの意見がありました。
　　多様性については，2018年3月開催の株主総会にて女性取締役2名が選任され就任したことにより改善が図られており，専門性については，主要事業会社の代表取締役が当社の取締役を兼務していること，必要に応じて執行役員からの説明・報告を実施することにより対応が図られているとの評価が得られました。
　2　監査役会と社外取締役との会合，経営陣と社外取締役との意見交換会等が定期的に実施されており，これらの機会を通じて今後も継続的な連携を図ることを確認いたしました。
　3　取締役会の運営については，取締役会の審議の充実とガバナンスの強化の観点から，より一層の改善を図っていくことを確認いたしました。
　4　経営戦略の実行に関する各事業のモニタリングについては，現状のモニタリング体制の更なる充実を目指して検討を行うことを確認いたしました。
　これらの各評価において，当社の取締役会について，その実効性・適正性が認められたものと考えますが，今回の評価・検討を通じて明らかとなった課題については，今後，鋭意改善に努め，取締役会の実効性を高めて，当社のコーポレート・ガバナンスをより深化せしめることに努めて参ります。

コード	社　　　　名	ＣＧ形態
4689	ヤフー	監査等委員会設置会社

招集通知の記載

―

ＣＧ報告書の記載

【補充原則4-11-3：取締役会全体の実効性の分析・評価】
　当社は，年1回定期的に社外取締役および監査等委員に対してインタビューを実施し，取締役会の実効性の分析・評価を行っています。今年度，実施しました実効性評価について取締役会に諮ったところ，おおむね取締役会の実効性は確保されており，全体として評価点数は向上していることが確認できました。しかし，前年度に指摘された取締役会資料の課題については，改善は見られたが，議案内容に応じた情報粒度等に未だ課題が残っていることが確認されたことから，これらを踏まえて引き続き改善に取り組んでいきたいと考えています。

コード	社　　　　名	Ｃ　Ｇ　形　態
4704	トレンドマイクロ	監査役会設置会社

招集通知の記載
—

ＣＧ報告書の記載

（原則4-11-3　取締役会の実効性評価の結果の概要）
　当社は，2017年12月期において取締役会の実効性評価を実施し，以下のような対応を行いました。
【評価プロセス】
　以下の項目を含むアンケートを全ての取締役および監査役に配布し，回答および意見を得ました。
・取締役会の構成と運営
・経営課題と経営計画
・企業倫理とリスク管理
・業績モニタリング
・株主等との対話
　これらの回答ならびに意見を踏まえた評価結果について，第三者機関の意見も踏まえたうえで，当社取締役会は取締役会全体の実効性に関する分析および評価を行いました。
【評価結果の概要】
　当社の取締役会は，取締役会の役割・責務を果たす上でバランスの取れた構成のもと，適切に運営され，実効性を確保していることを確認いたしました。一方，取締役会の実効性をさらに向上するための課題について建設的な意見が示され，それらの課題について順次取り組んでいくことを確認しました。今後，取締役会においてより充実した議論を行うために，役員間の情報共有のあり方に関して改善に向けた取組みを図ってまいります。

コード	社　　　　名	Ｃ　Ｇ　形　態
4755	楽天	監査役会設置会社

招集通知の記載
—

ＣＧ報告書の記載

＜原則4-11-3：取締役会全体の実効性についての分析・評価＞
　当社は，取締役会の実効性をより高めるため今後検討すべき事項を把握することを目的に，取締役会全体の実効性について全ての取締役及び監査役に対して2017年12月～2018年1月にかけて取締役会の運営，取締役会の構成等に関するアンケートを実施し，その結果を2018年2月の取締役会で報告しました。その結果，当社の取締役会実効性は概ね確保しているものと確認しました。取締役会の実効性をより高めていくため，さらなる改善に努めます。

コード	社　　　　名	Ｃ　Ｇ　形　態
4902	コニカミノルタ	指名委員会等設置会社

招集通知の記載

(7)　ガバナンス全体の実効性の分析・評価
　当社では，取締役会の実効性評価を2004年から実施しています。毎年，取締役会・三委員会の構成や運営，各取締役の自己評価等を含むアンケートを実施し，取締役会全体の実効性について分析・評価を行い，課題を抽出し，継続的に改善を図っています。
　今年度は，持続的成長及び中長期的な企業価値の向上という当社コーポレートガバナンスの目的に適うガバナンスシステムの構築，システムの運用ができているかという観点を重視した実効性評価を実施しております。評価結果を踏まえ，次年度に取締役会として取り組むべき事項を明らかにし，更なる実効性の向上に努めてまいります。

ＣＧ報告書の記載

【補充原則4-11-3　取締役会の実効性評価】
　当社は，2003年に「委員会等設置会社」（現「指名委員会等設置会社」）に移行しましたが，「コーポレートガバナンスの仕組みが意図したとおりに機能しているか否か」をチェックするために，その翌年から取締役会の実効性に関する自己評価を開始しました。以降，毎年実施することで改善に活かしております。

現在では,「評価・結果の分析,次年度取締役会運営方針の策定,運営計画の策定,実行」というPDCAサイクルを回し,取締役会の実効性を継続的に高めるツールとして活用しています。

2016年度は,「第三者」の視点を入れることで客観性を高めること,並びに従来の「自己評価」では気付いていなかった課題を明らかにすることを意図し,アンケート及びインタビューの実施を外部機関に委託しました。

一方で2017年度は,持続的成長及び中長期的な企業価値向上という当社コーポレートガバナンスの目的に適うガバナンスシステムの構築,システムの運用ができているかという観点を重視した実効性評価を実施しています。

(1) 実施プロセス
　　2017年度に関する実効性評価は,以下のスケジュールで実施しました。
　　・2018年4月アンケート実施
　　・2018年5月アンケート回収,評価結果集約
　　・2018年6月取締役会議長による「取締役会運営方針(2018年度)」の説明
　　　(当社定時株主総会直後の取締役会において)
(2) 実施対象
　　全取締役
(3) 実施の目的
　　評価結果を踏まえ,次年度に取締役会として取り組むべき事項を明らかにし,更なる実効性の向上を図るため。
(4) 設問の構成
　　・ガバナンス体制,取締役会の構成等について
　　・取締役会及び三委員会の実効性,運営実態について
　　・2017年度取締役会運営方針・課題への取組み状況の振り返り
(5) 取締役会の実効性評価の結果
　　結果報告は以下のとおりです。
　(a) ガバナンス体制,取締役会の構成等について
　　　当社は持続的成長及び中長期な企業価値に資するコーポレートガバナンスの仕組みを構築して来たが,あらためて評価した結果,その目的に適した建て付けであるという意見で一致したものの,何点かの留意すべき点に関して意見が示された。これらはガバナンスシステムの運用において注意していく必要がある。
　　　・指名委員会等設置会社ではコンパクトな取締役会であり,執行役兼務の取締役は4名のみ(2018年6月総会後)である。取締役会を執行役の体系的育成の場と捉えると,執行役の登場機会を増やすなど,運営上の工夫を要する。
　　　・取締役会議長を前CEOが務めていることにより,適切かつ的確な議題設定を可能とし,緊張感とともに議論の活性化された取締役会を運営できる。一方,代表執行役社長に経営の基本方針に関する提案,業務執行の権限・責任を集中した適切な仕組みである中,前CEOからの路線変更を躊躇することが無いようハード面・ソフト面から担保されるよう留意が必要。
　　　・社外取締役の人数,顔ぶれ(候補者選定要件)は,当社の置かれた状況に鑑み,これまでは特にキャリア・スキルのダイバーシティを中心に社外取締役候補者を選定して来たことは適切である。すでにジェンダーのダイバーシティも考慮した議論を始めているが,外国人も今後の課題として一部で挙げられている。
　(b) 取締役会及び三委員会の実効性,運営実態について
　　　取締役会及び三委員会の運営につきましては,おおむね適切であるものの,今後さらなる改善を要する部分が一部見られることが認識された。
　　　・取締役会においては,中期経営計画等の戦略立案,立案された企業戦略・事業戦略に関する監督及び助言が適切に機能していることに加え,中期経営計画の推進中には引き続き年度経営計画によるPDCAの監督を徹底することが重要である。
　　　・また,事業ポートフォリオ・マネジメントの議論とともに,ヒト・モノ・カネ等の資源配分の有効性まで監督にはさらなる充実を要する。
　　　・併せて,「新規事業の事業開発・事業化プロセス」の監督により一層注力する必要がある。
　　　・執行における適切なリスクテイクを促す中,取締役会メンバーの多様性により複眼的な監督と助言がなされている。大型案件の審議プロセスでは数回の取締役会にわたり,相当の時間をかけて議論が持てた。
　　　・M&A案件のPMIレビュー,投資効果レビューは適切なタイミングで実施されているので,その中から次に活かす反省点や学びまで,議論をさらに深めることが重要である。
　　　・執行役の選任及び再任には公正かつ透明性のあるプロセスが確立されている上,指名委員会への事前報告及び取締役会への原案説明において代表執行役社長の説明責任が果たされているが,社外取締役が新任執行役候補者と接する機会が増えることが望ましい。
　　　・内部統制システムは,内部監査,リスクマネジメント及びコンプライアンス等適切に運用されているので,M&Aにより当社グループに加わった子会社を含め,適時適切な報告が継続されるよう引き続き意識づけが大切である。

・指名委員会では，取締役選任議案の決定に係る職務に加え，代表執行役社長によるCEO後継者計画の監督が定着し，着実に運用されている。
・監査委員会における取締役・執行役の職務執行の監査，内部統制システムの監査は適切である。
・報酬委員会における2017年度報酬体系の改定は適切であった。

(c) 2017年度取締役会運営方針・課題への取組み状況の振り返り
　前記(b)と一部重複するが，振り返り結果・評価結果は以下のとおりである。
・「各事業の現状認識及び中期戦略」「本社機能の中期戦略・中期方針」は，中期経営計画の取組みに関する報告議題により取締役会において適切に監督を行うことが出来た。
・「主要M&AのPMI状況」は担当執行役から取締役会へ，「執行チームの強化計画，後継者計画」は代表執行役社長から指名委員会へ報告を行い，適切に監督を行うことが出来た。
・取締役会の審議の質の向上のための取組み状況は次のとおりである。
　① 取締役会の開催通知に合わせて，資料配布予定日を各取締役に通知するとともに，計画的な事前配布に努めたが，引き続き改善の取組みを要する。
　② 担当執行役へ議題の目的・狙いを徹底すべく，監督する取締役会が聴きたいポイントを取締役会議長から執行役へ要請したが，引き続き報告資料の改善や工夫の取組みを要する。
　③ 社内取締役への研修は，事務局からの情報提供により充実が図れた。
　④ 社外取締役へ当社の基本情報の提供機会を増やしたが，引き続き内容の充実が課題として残った。

(6) 2018年度の取締役会運営方針概要
　今回の取締役会実効性評価の結果を踏まえ，取締役会議長が2018年度の運営方針を策定の上，取締役会で説明を行いました。
・執行役及びその候補人財の，取締役会を通じた育成の体系化
・執行役再任候補者，新任候補者（及びその予備軍）を，取締役会が認識しフォローする仕組みを，CEO，指名委員会と共に構築
・取締役会における議論の質の向上
　説明部門への，議題設定の目的伝達の徹底
・管理・監督プロセスの基本に則った報告の徹底
・前CEOからの路線変更を躊躇することが無いようハード面・ソフト面からの担保の確保
・以下を2018年度の議題として設定し，担当執行役から説明を受ける
　成長事業，新規事業の事業開発・事業化プロセスの進捗確認（戦略レビューも含む）
　事業ポートフォリオ・マネジメントの状況
　ヒト，モノ，カネの資源配分の状況，効率性・有効性の状況
　組織能力の現状・強化策
　人財獲得・能力強化マネジメント（方針・戦略，計画，実行状況，結果，次のアクション）
　IR，広報活動の状況（方針，計画，実行状況，結果，次のアクション）
　社風・組織文化について（求める社風・組織文化，現状，改善にどう取り組むか，実行状況）
　サステナビリティに関する取り組みの状況
　重要な経営リスク
・コーポレートガバナンス・コード改訂版への対応の決定

コード	社　　名	ＣＧ形態
4911	資生堂	監査役会設置会社

招集通知の記載
―

ＣＧ報告書の記載

○12. 取締役会の実効性評価　＜4-11(3)：取締役会の実効性に関する分析・評価の概要＞
　当社は，課題や改善点を洗い出し，取締役会の実効性を高めるための取り組みにつなげることを目的に，2017年度も取締役会の実効性評価を実施しました。2017年度の評価は，1年間の取締役会の活動を網羅的に評価することと併せて，これまでの取締役会実効性評価を通じて洗い出された課題や取り組み事項の改善状況や進捗を確認することを主な目的とし，セルフアセスメントの方法で実施しました。
　評価にあたっては，取締役および監査役全員を対象に，取締役会，役員指名諮問委員会，役員報酬諮問委員会および監査役会の活動状況や事務局による支援体制への評価・分析を行う匿名のアンケート調査を実施しました。なお，当事者の忌憚ない意見を引き出すことおよび客観的な分析を担保するために，アンケートの回答収集および集計は外部機関に依頼し，当社の取締役会事務局では，集計後のデータを用いて分析を行いました。

この集計および分析の結果，取締役会事務局は，2017年度の当社の取締役会は以下のような状況であったと評価しています。
・当社の取締役会は，業務執行の最高責任者である代表取締役　執行役員兼CEOとの健全な信頼関係を構築しており，その信頼関係を背景としてモニタリングボード化が進展し，その監督機能がさらに高まっている。
・2015-2016年度の取締役会実効性評価で洗い出された課題について着実に改善が進んでいるものの，以下に掲げる項目については，継続的に改善に取り組む必要がある。
　・CEOのサクセッションプラン
　・社外取締役の重要性の再認識およびそのサクセッションプラン
　・取締役会のさらなる多様性の確保
　・社外取締役と監査役（会）のコミュニケーション強化
・新たな課題として，以下に掲げる項目について改善の余地がある。
　・取締役会・両諮問委員会の事務局体制の充実と監査役会事務局との連携強化
　・役員指名諮問委員会および役員報酬諮問委員会に関する情報の監査役（会）への提供の強化
　2018年度は，これらの継続課題や新規課題の改善に取り組むことで，監査役会設置会社の機関設計を維持しつつ，任意の役員指名諮問委員会・役員報酬諮問委員会の仕組みも活用しながら取締役会のモニタリング機能を強化していきます。

コード	社　　　　　名	Ｃ　Ｇ　形　態
5101	横浜ゴム	監査役会設置会社

招集通知の記載
—

CG報告書の記載

【補充原則4-11-3　取締役会の実効性評価】
　当社は，取締役会の実効性評価について，社外役員を含む全取締役（除く取締役会議長），全監査役を対象に，評価アンケートを2017年4月に実施し，次の3テーマ，全18項目にわたり，4段階で自己評価するとともに，各項目ごとに意見等を記入しました。
　1．取締役会の運営について
　2．取締役会の議案，議論について
　3．取締役会の構成，運営サポートについて
　そして，それらの集計・分析結果をもとに，取締役会にて，取締役会全体の実効性評価の総括を行うとともに，課題の共有化を行いました。
　結果，当社取締役会は，総合的にみて適切に運営されており，取締役会の実効性は確保されていると評価しました。
　一方，取締役会での議論の活発化や，その為の役員への事前情報の提供，トレーニングの機会の充実など，さらなる向上に努めるべきとの課題も認識されており，今後とも，各取締役，各監査役の意見等を踏まえ，取締役会の機能向上に取り組んでいきます。

コード	社　　　　　名	Ｃ　Ｇ　形　態
5108	ブリヂストン	指名委員会等設置会社

招集通知の記載
—

CG報告書の記載

補充原則4-11③
　取締役会は，毎年，各取締役の自己評価なども参考にしつつ，取締役会全体の実効性について分析・評価を行い，その結果の概要を開示すべきである。
　当社は，内部統制のより一層の強化と執行の更なるスピードアップの実現を図るべく，従来からガバナンスの状況を振り返りながら，ガバナンス体制の整備を継続的に推進してきました（2010年社外取締役の導入，2012年CEO・COOの執行2トップ体制への移行，2013・2014年取締役会諮問委員会の設置，2014年グローバル経営執行会議体の整備，2016年指名委員会等設置会社への移行，等）。こうした従来の取り組みを受けて，取締役会の実効性評価に当たっては，取締役会のみならず，法定委員会（指名・監査・報酬）及び諮問委員会（ガバナンス・コンプライアンス）も含めて機能していることがガバナンス強化の前提であるとの認識の下，取締役会機能全体（取締役会・法定委員会・諮問委員会）を評価の対象とし，取締役会の審議実績や各取締役の自己評価も踏まえて，実施しています。

<中略>
　評価に当たっては，各委員会・取締役会の実効性について，各委員・取締役が自己評価を行った後，取締役会において，取締役会機能全体についての評価を実施しました。
　当該評価の結果，取締役会の審議に向けての執行部門からのタイムリーな報告や取締役同士の意見交換の充実，取締役会における独立社外取締役の多様な視点を活かした活発な審議，及び，法定・諮問委員会におけるグローバルを意識した仕組みづくりの推進等により，透明性を確保した意思決定がなされ，取締役会の監督機能が発揮されていることを確認しております。
　また，取締役会は，2018年2月に取締役会権限の再整理を実施し，経営戦略に関わる議論により一層フォーカスしております。今後も取締役会は，当社の更なる発展に向け，ガバナンス強化と取締役会機能全体の継続的改善に取り組んでいきます。

コード	社　　名	Ｃ　Ｇ　形　態
5201	AGC	監査役会設置会社

招集通知の記載

(3) 取締役会の実効性評価
　当社は，持続的な成長と中長期的な企業価値の向上を実現するために，継続的にコーポレートガバナンスを強化し，充実させることが重要であると考えています。この取り組みの一環として，取締役会において，毎年，その実効性を分析・評価しています。
　具体的には，取締役会を構成する全ての取締役による調査票及び個別インタビューへの回答により，取締役会の実効性の評価を行い，その後，取締役会においてそれらの評価結果を検証し，取締役会の実効性を向上させるための施策を議論しています。

CG報告書の記載

〔補充原則4-11-3　取締役会の実効性評価の結果の概要〕
　当社は持続的な成長と中長期的な企業価値の向上を実現するために，継続的にコーポレートガバナンスを強化し，充実させることが重要であると考えています。
　この取り組みの一環として，取締役会において，毎年，その実効性を分析・評価しています。
取締役会の実効性評価の方法
　2017年の取締役会の実効性評価は，取締役会を構成する全ての取締役による自己評価の形式をとりました。
　まず各取締役が，調査票及び個別インタビューへの回答により，取締役会の実効性の評価を行いました。その後，取締役会においてそれらの評価結果を検証し，取締役会の実効性を向上させるための施策を議論しました。
評価結果の概要と今後の取り組み
　上記評価の結果，当社の取締役会及び諮問委員会等は，少人数でオープンな雰囲気の下，積極的な議論が行われており，適切な運営で実効性が十分に確保されていると評価されました。
　一方，改善課題として，戦略的議論の充実が挙げられました。
　今後も取締役会や諮問委員会等の適切な運営体制や議論のしやすい環境を維持するとともに，実効性評価によって明らかになった課題について真摯に取り組み，継続的に取締役会および各諮問委員会等の機能向上を図っていきます。

コード	社　　名	Ｃ　Ｇ　形　態
5232	住友大阪セメント	監査役会設置会社

招集通知の記載
―

CG報告書の記載

<補充原則4-11-3>
　当社は，毎年，アンケート等による各取締役の自己評価等も参考にしつつ，取締役会全体の実効性について分析および評価を行い，その結果の概要を開示します。平成29年度については，取締役および監査役に対して取締役会全体の実効性に関するアンケートを実施し，取締役会がアンケート結果を参考にしつつ，分析および評価した結果，取締役会の実効性について問題は認められませんでした。

コード	社　　　名	ＣＧ形態
5233	太平洋セメント	監査役会設置会社

招集通知の記載

—

CG報告書の記載

【補充原則4-11-3　取締役会全体の実効性に関する分析・評価及びその結果の概要】
　当社は，「太平洋セメント株式会社コーポレートガバナンス基本方針」第19条（取締役会全体の実効性評価）に定めるとおり，毎年，取締役会全体の実効性に関する分析・評価を行うこととしております。
　2017年度の評価においては，前年度に引き続き，全取締役に対してアンケート方式による自己評価を実施し，その結果をもとに取締役会議長及び社外取締役が分析・評価を行いました。更に，分析・評価の内容を取締役会に報告の上，前年度評価との対比による改善状況や今後の課題について審議・確認を行いました。
　その結果，2016年度の評価において課題として提示された議論の更なる活性化，及び役員研修の一層の充実等に関しては，改善に向けた施策の実施により，いずれも改善の効果が表れていることを確認しました。また，2017年度の評価については，全体的に2016年度よりも高い評価となっており，当社の取締役会は全体として概ね適切に運営され，取締役会全体の実効性は確保されていると評価しました。一方で，議論の一層の活性化に関しては，建設的な意見や提言がなされ，更なる工夫や改善の余地があることも確認しました。
　当社は，実効性評価の結果及び各取締役より提示された多様な意見を踏まえ，取締役会の監督機能及び意思決定機能の更なる向上を図るべく，今後も継続して必要な改善に取り組んでまいります。

コード	社　　　名	ＣＧ形態
5332	TOTO	監査役会設置会社

招集通知の記載

（※CG報告書とほぼ同一内容）
③　取締役会の実効性評価の概要
　当社の取締役会の役割は，ステークホルダー最適視点の意思決定及び取締役相互の職務執行監督を行い，さらに公平で公正な経営を執行・監督する仕組みを構築すると共に，その拠り所となるTOTOグループの共有理念や中長期経営計画・年度方針等の経営の基本方針を決定することです。この役割のもとに，取締役会においてコーポレート・ガバナンスの状況を確認し，取締役会並びに企業統治体制の有効性・適正性について分析・評価を行っております。
　分析・評価にあたっては，取締役及び監査役全員の忌憚のない意見を引き出すこと及び客観的な分析を担保するために，集計と結果の分析を外部機関に委託したアンケート調査を定期的に継続して実施していきます。
　平成30年3月度の取締役会では，社外取締役及び社外監査役含む出席者全員により，当社における取締役会の役割に照らし，取締役会の活動について，内部統制システムの運用状況，企業戦略等の大きな方向性の議論を含む取締役会議題，コーポレートガバナンス・コードにおける取締役会関連項目の視点で実効性を評価しました。
　さらに，平成28年度に取締役及び監査役全員を対象に実施したアンケート結果から課題と認識した「情報共有」について，その改善の取組み状況について確認しました。これら取締役会全体の実効性に関する分析・評価の結果は次のとおりです。
(1)　内部統制システム整備の基本方針に則り，取締役の職務の執行が法令及び定款に適合することを確保する体制など，全ての項目が確実に運用されています。
(2)　取締役会決議案件については，規則通り上程されており，また，経営会議決議事項など重要案件の執行状況が取締役会に報告されるように運用されています。
(3)　コーポレートガバナンス・コードの全項目，特に取締役会関連項目は詳細に点検し，適正に対応しています。
(4)　当社の取締役会では全メンバーで活発な議論が行われ，社外役員の意見を取り入れたガバナンス強化が図られています。
(5)　アンケート結果から課題と認識した「情報共有」について，改善の取組みが図られています。
　　・投資計画を含む中長期経営計画の議論の充実
　　・社外役員が執行会議にオブザーバー出席することによる情報の共有
以上より，当社の取締役会の運営は適切に機能しており，実効性は確保されていることを確認いたしました。

CG報告書の記載

＜補充原則4-11(3)：取締役会の実効性に関する分析・評価の概要＞
　TOTOの取締役会の役割は，ステークホルダー最適視点の意思決定及び取締役相互の職務執行監督を行い，さらに公平で公正な経営を執行・監督する仕組みを構築するとともに，その拠り所となるTOTOグループの共有理念や中長期経営計画・年度方針等の経営の基本方針を決定することです。

この役割のもとに,取締役会においてコーポレート・ガバナンスの状況を確認し,取締役会ならびに企業統治体制の有効性・適正性について分析・評価を行っております。

分析・評価にあたっては,取締役および監査役全員の忌憚のない意見を引き出すことおよび客観的な分析を担保するために,集計と結果の分析を外部機関に委託したアンケート調査を定期的に継続して実施していきます。

2018年3月度の取締役会では,社外取締役及び社外監査役含む出席者全員により,当社における取締役会の役割に照らし,取締役会の活動について,内部統制システムの運用状況,企業戦略等の大きな方向性の議論を含む取締役会議題,コーポレートガバナンス・コードにおける取締役会関連項目の視点で実効性を評価しました。

さらに,2016年度に取締役および監査役全員を対象に実施したアンケート結果から課題と認識した「情報共有」について,その改善の取り組み状況について確認しました。

これら取締役会全体の実効性に関する分析・評価の結果は次のとおりです。

(1) 内部統制システム整備の基本方針に則り,取締役の職務の執行が法令及び定款に適合することを確保する体制など,全ての項目が確実に運用されています。
(2) 取締役会決議案件については,規則通り上程されており,また,経営会議決議事項など重要案件の執行状況が取締役会に報告されるように運用されています。
(3) コーポレートガバナンス・コードの全項目,特に取締役会関連項目は詳細に点検し,適正に対応しています。
(4) 当社の取締役会では全メンバーで活発な議論が行われ,社外役員の意見を取り入れたガバナンス強化が図られています。
(5) アンケート結果から課題と認識した「情報共有」について,改善の取り組みが図られています。
 ・投資計画を含む中長期経営計画の議論の充実
 ・社外役員が執行会議にオブザーバー出席することによる情報の共有

以上より,当社の取締役会の運営は適切に機能しており,実効性は確保されていることを確認いたしました。

当社は,以下の経常的な議論・活動を引き続き実施することで,今後さらなる取締役会の実効性の確保及び機能向上を図ってまいります。
・取締役会の議論活性化のための経営会議による論点整理
・取締役会資料の事前配付・説明実施による十分な検討時間の確保
・各取締役からの提案による取締役会運営に関する改善
・より戦略的な議論を行うための取締役会で決議すべき議題の検討
・中期経営計画における各事業軸と全社横断革新軸に担当役員を任命することによる経営計画推進の実効性向上
・中期経営計画及び年度計画達成状況の取締役会での月次確認
・代表取締役による積極的なIR活動と取締役会へのフィードバック
・株主総会や投資家訪問等における建設的なコミュニケーション

コード	社　　名	ＣＧ形態
5333	日本碍子	監査役会設置会社

招集通知の記載
―

CG報告書の記載

【補充原則4-11③.　取締役会の実効性についての分析・評価の結果の概要】
　当社取締役会では,各種法令や定款,社内規程に則って適切な議事運営が行われており,議論も活発に行われております。取締役会の実効性について,当社取締役会は毎年度終了時に取締役および監査役を対象としたアンケートを実施し,分析と評価を外部機関に委託してその結果を取締役会に報告しております。2016年度を対象とした取締役会評価の結果を受け,2017年度には取締役会事務局が取締役および監査役に対して個別にインタビューを実施して,取締役会の実効性向上のための具体的な方策について意見を聴取し,インタビュー結果を踏まえて長期的・戦略的テーマに関する議論を充実させるなど,取締役会の実効性向上のための取り組みを行いました。その結果,2017年度を対象とした取締役会評価においては,当社取締役会はその実効性に問題はなく有効に機能しているとの評価,また,ガバナンスの要件を遵守しながら,取締役会議長のリーダーシップのもとに取締役各員が参画して健全で透明性ある議論を実施しているという点が強みであり,この強みは昨年から継続して維持されているとの評価を外部機関から得ております。一方で,最高経営責任者の後継者計画や経営陣幹部の育成,重要・大型案件のリスクの把握などについては,取締役会において状況把握や議論を更に充実させることが必要な課題として挙げられております。当社はこの評価結果に基づき,引き続き取締役会の実効性の確保,強化に努めてまいります。

コード	社　　　名	ＣＧ形態
5401	新日鐵住金	監査役会設置会社

招集通知の記載

—

CG報告書の記載

【補充原則4-11-3】（取締役会全体の実効性についての分析・評価）
　当社においては，取締役会事務局（総務部）が，取締役会に付議・報告された案件数・審議時間や各役員の出席率・発言回数等を過年度との比較によって定量的に分析し，各取締役・監査役から取締役会運営等に関する自己評価・意見を個別に聴取した結果等を踏まえて，取締役会が，年に一度取締役会全体の実効性について分析・評価を行い，以降の取締役会の運営等の改善に活用しております。
　当社取締役会は，2017年度の実効性評価（2018年4月開催の取締役会）を実施したところ，会社法及び社内規程に基づいて取締役会に付議・報告された各議案について，適切に事前説明がなされたうえで，中長期的な企業価値向上の観点を踏まえて，社内外役員による多様な視点からの質疑・審議を経て決議されていること等から，総合的にみて，当社取締役会は実効性があると評価しております。また，実効性の更なる向上の観点から，2017年度の実効性評価における各取締役・監査役の意見に基づき，足元の主要課題等に関する審議及び重要な経営課題や中期経営計画の実行状況報告の更なる充実化に取り組むことと致しました。

コード	社　　　名	ＣＧ形態
5411	ジェイ　エフ　イー　ホールディングス	監査役会設置会社

招集通知の記載

—

CG報告書の記載

【補充原則4-11-3　取締役会の実効性についての分析・評価】
　当社の取締役会は，「コーポレートガバナンス基本方針」に基づき，2015年度から取締役会全体の実効性について分析・評価を行なっております。2017年度の分析・評価にあたっては，すべての取締役および監査役に対し以下の事項を内容とするアンケートを実施し，2016年度の分析・評価において得られた意見および提言を踏まえた2017年度の取り組みの成果についても合わせて検証しました。
　　［アンケートの主な内容］
　　・取締役会の審議・運営（事前準備，説明資料，審議内容等）
　　・取締役会の構成
　　・社外役員に対する情報提供等
　　・取締役会の責務・役割（中期経営計画への関与，決議・報告の適切性等）
　　・株主その他ステークホルダーとの関係
　　・指名委員会および報酬委員会の運営
　アンケートの結果を踏まえ取締役会にて議論を行った結果，取締役会は社外役員が一同に会した事前説明会を行うこと等により，社外役員を中心とした議論がより活性化され，全体としての実効性は確保されていると評価しました。
　特に，昨年までの実効性評価結果を踏まえた取り組みとして，2018年4月に公表した当社グループの第6次中期経営計画策定に当たって，各事業会社の計画策定段階から取締役会に報告を行い，その戦略的方向性やビジョンにつき議論を行いました。
　また，ステークホルダーとしての従業員の意見・懸念等を把握し対応するため，当社および事業会社における従業員意識調査の結果をもとに取締役会で今後の課題や対応の方向性について議論を行いました。
　なお，2017年6月にJFEエンジニアリング・JFE商事の社長を取締役会に加えるとともに，社外役員を増員したことにより更に充実した議論が可能となりました。これらの取り組みの成果から，取締役会としての実効性は2016年度と比べ向上していると評価しております。
　また，監査役による取締役の職務執行に対する監査が的確・公正に遂行されていることに加え，取締役会における経営の意思決定や報告に際して監査役からも積極的に意見や質疑が出されることで審議の更なる活性化につながっており，監査役会設置会社として有効に機能していると評価しています。
　一方で，今回のアンケートによりさらなる実効性向上に向けて以下の課題が抽出されました。
　　・社外役員が当社の事業内容・事業環境の理解を深めるべく，事業会社の事業所訪問および事業概況説明のさらなる充実等を検討すべき。

・第6次中期計画に関して取締役会の監督を強化すべく適時適切にフォローを行い，計画変更を要するような環境変化がある場合は適宜報告を行うべき。
・当社の持続的成長に必要不可欠なESG課題に関する取り組みについて取締役会で議論すべき。
・取締役会の構成については様々な経験や知見を有する人材の選任を進めているが，更なる多様性拡大に取り組むべき。

これらの点を踏まえつつ引き続き積極的な取り組みを行い，取締役会の実効性を更に高め，当社グループの企業価値向上を図ってまいります。
（コーポレートガバナンス基本方針4-2(7)）

コード	社　　　　名	ＣＧ形態
5703	日本軽金属ホールディングス	監査役会設置会社
招集通知の記載		
—		

CG報告書の記載

【補充原則4-11-3】（取締役会の実効性の評価）
　平成29年度においては，取締役会は12回開催され，業務執行にかかわる重要事項が時機に遅れることなく決議され，報告されております。
　社外取締役は，取締役会事務局から決議事項，報告事項の説明資料の事前送付を受け，議案等について事前に検討し，取締役会において積極的に意見を述べ，その意見は取締役会の決議および取締役を含む経営陣の業務執行に反映しております。
　監査役は，取締役会等に付議される議案について事前に検討し，必要に応じて取締役，関係者から事前説明を受け，問題点を把握し，取締役会等において，法令・定款への適合およびリスク管理の観点から積極的に意見を述べ，その意見は取締役会の決議および取締役を含む経営陣の業務執行に反映しております。
　加えて，社外取締役・監査役の事業所視察の機会の確保などによる情報提供方法の改善，取締役会の決議事項にとらわれない中長期的，グローバルな視点を含む経営全般に関する幅広いテーマによる自由討議の実施など，取締役会運営の充実に努めている。
　平成29年度の取締役会の実効性評価としては，当社の取締役会は，オープンで建設的な発言・議論が活発にされており，特に社外取締役・監査役の提言・問題提起による審議への貢献が大きく，総合的にみて，当社取締役会全体の実効性は確保されていると評価しております。

コード	社　　　　名	ＣＧ形態
5711	三菱マテリアル	監査役会設置会社
招集通知の記載		
—		

CG報告書の記載

【補充原則4-11-3．取締役会の実効性についての分析・評価】
　当社では，定期的に，各取締役・各監査役が，取締役会の構成，運営方法及び果たしている役割等について評価を行い，その結果を踏まえた上で，取締役会において実効性の分析・評価を行っています。
　2017年度の当社取締役会を対象として実施した分析・評価において，当社取締役会の実効性は確保されていることが確認されたほか，継続的に検討していく事項として，次の3点について意見交換がなされました。
・取締役会の構成，取締役の属性（有する見識，経験等）のバランス
・取締役会における審議及び説明の時間並びに内容
・取締役会資料の記載内容
今後も引き続き，更なる実効性の向上を目指した継続的な取り組みを行っていくこととしています。

コード	社　　　　名	ＣＧ形態
5713	住友金属鉱山	監査役会設置会社
招集通知の記載		

(2)　コーポレートガバナンスの体制
<中略>
　②　当該体制をとる理由

適切な業務執行の決定および監督機能の点から当社取締役会が外部評価を踏まえて取締役会の実効性を分析・評価した結果，取締役会の実効性について重大な問題が認められなかったこと，内部統制委員会において内部統制システムの運用状況についてモニタリングを行った結果重大な問題が認められなかったこと，監査役会の監査報告において問題となる指摘を受けていないこと等から，当社は，当社のコーポレートガバナンスが有効に機能していると判断しております。

CG報告書の記載

【補充原則4-11-3：取締役会全体の実効性についての分析・評価とその結果】
　取締役会は，適切な業務執行の決定および監督機能の点から取締役会の実効性を分析・評価するため，毎年，取締役および監査役に対してアンケートを実施しております。アンケートは，回答が社内担当者の目に触れることがないよう回答先を外部の法律事務所とし，集計結果の取りまとめおよびその分析を委託しております。
　取締役会は，アンケートに記載された取締役および監査役の自己評価の集計結果および法律事務所の外部評価に基づき，取締役会の実効性を分析・評価しております。
　その結果，当社取締役会は2016年度に確認した当社取締役会のあるべき姿に照らして，意思決定を通じて概ね監督機能を発揮しているとともに，取締役会の実効性について重大な問題は認められないことを確認しました。2016年度の取締役会の実効性の評価を受けて実施した，取締役会の付議基準の見直し（2017年4月1日付）および社外役員による事業所等の視察の制度化については，適切に改善がなされているとの評価をしました。2017年度は，取締役会における議論の効率化と経営上の重要事項に関する審議の充実を図る観点から，コンプライアンス違反報告の報告方法の見直しや経営課題・経営方針の議論に時間を割くべきであるとの意見がありました。これらの意見を受け，コンプライアンス違反報告については一覧報告（ただし，重大な案件については従来どおり個別に報告）の運用を開始したほか，2018年度から年に2回程度，経営課題や経営方針の議論の機会を設定することとしました。
　当社は，今後も継続的に取締役会の実効性のさらなる向上に努めていきます。

コード	社　　　　名	Ｃ　Ｇ　形　態
5714	DOWAホールディングス	監査役会設置会社

招集通知の記載

3．内部統制システムにおける運用状況の概要
〈中略〉
(2) 効率的職務執行体制に関する運用状況
〈中略〉
　更に，当期においては，取締役および監査役全員を対象としてアンケート（自己評価）を行い，その結果を踏まえ取締役会で実効性についての分析・評価を行いました。この結果，取締役会の構成・運営・付議事項などを含む実効性は充分に確保されていることが確認されました。加えて，社外取締役および監査役は，定期的な会合として意見交換会を実施し，その連携を確保しております。
〈以下略〉

CG報告書の記載

【補充原則4-11-3　取締役会の実効性の評価】
　当社は，社外を含む取締役および監査役全員を対象としてアンケート（自己評価）を実施し，取締役会全体の実効性について分析・評価を行いました。この結果，取締役会が自由闊達な議論の場になっていること，およびその構成・運営・付議事項等を含む実効性は充分に確保されていることが確認されました。また，昨年度の課題として挙げられた，取締役会に事前に提出される資料の検討時間の一層の確保については，改善傾向にあると評価されております。今後は，全社的リスクの評価方法の検討や中期経営計画の実施施策に対する分析および振り返り等について更なる改善が必要であるという意見が示されたことから，これらを踏まえ，引き続き取締役会の更なる実効性の向上に取り組んでまいります。

コード	社　　　　名	Ｃ　Ｇ　形　態
5802	住友電気工業	監査役会設置会社

招集通知の記載
―

CG報告書の記載

＜補充原則4-11-3：取締役会の実効性の分析・評価の実施及びその概要の開示＞
　当社取締役会は，2017年度における取締役会の実効性の分析・評価を行うにあたり，社外役員を含む取締役及び監査役全員を対象に，アンケート調査を2018年3月に行い，その結果に基づき同年5月に開催の取締役会において議論を行いました。分析・評価の結果及び今後の取り組みの概要は以下のとおりです。
(1) 取締役会の運営面
　これまで取り組んできた，取締役会で付議すべき重要事項の基準改定による付議案件の絞り込みや，審議資料の改善，付議予定の議題の内容に応じた会議時間の設定等を通じ，運営面での改善が図られていることが確認されました。今後は，簡潔で要点を把握しやすい審議資料作成に向けた工夫や，社外役員への事前提供情報の充実等につき，引き続き進めていくこととしております。
(2) 取締役会の構成面等
　社外取締役の増員等により多面的かつ活発な議論がなされているほか，人数や知識・経験等全体のバランスの観点から，取締役会の構成面等は概ね適切であることが確認されました。今後も，当社の持続的な成長と中長期的な企業価値向上に資する取締役会の構成面等のあり方について検討していくこととしております。
(3) 取締役会の役割
　重要事項の決定における審議や四半期毎の業績報告，内部統制システムの整備状況に関する報告において，活発な議論が行われていること等により，「経営の基本方針その他会社の重要事項の審議・決定」「各取締役の職務執行の監督」という当社取締役会の役割を概ね果たせていることが確認されました。今後は，重要事項に関するリスク分析・モニタリングの充実，社外役員と社内役員との情報共有の機会の拡充等につき，取り組んでいくこととしております。
　以上のとおり，当社取締役会の実効性は現状では概ね問題ないことが確認されました。今後も，当社では，取締役会の実効性をさらに高めていくため，継続して改善を図っていくこととしております。

コード	社　　　　名	ＣＧ形態
6113	アマダホールディングス	監査役会設置会社

招集通知の記載
－

CG報告書の記載

【補充原則4-11-3．取締役会・監査役会の実効性確保のための前提条件】［更新］
　当社は，「コーポレートガバナンス・ガイドライン」に基づき，2016年度における取締役会全体の実効性に関する評価を実施いたしました。その結果の概要は以下の通りです。
１．評価の方法
　社外を含む全取締役を対象に取締役会の実効性に関する質問票を配布し，全員から回答を得ました。回答結果は取締役会事務局が集計し，その内容について分析を行いました。
　その後，分析結果をもとにした社外取締役及び社外監査役による外部意見を踏まえ，2017年11月14日開催の取締役会において取締役会全体の実効性について分析・評価を実施し，併せて現状の課題と今後の取り組み方針について議論を行いました。
　＜質問票の主な質問項目＞
　(1) 取締役会の構成
　(2) 取締役会の役割・責務
　(3) 取締役会の運営
　(4) 取締役会の実効性
２．評価結果の概要
　上記による評価の結果，当社の取締役会は概ね適切に機能していることを確認いたしました。その概要は以下の通りです。
　(1) 当社の取締役会は，規模やメンバーの多様性及び独立社外取締役の独立性の観点から適切に構成されており，
　　経営上重要な意思決定及び業務執行の監督を適正に行える体制が整備されています。
　(2) メンバーが自由闊達に意見を述べる環境が確保されており，社外役員を対象とした取締役会事前説明会が定例
　　化したことに加え，審議に必要な予備的な情報の提供も進展し，更なる議論の活性化に寄与しています。
　一方，中長期の視点に立った企業としてのあるべき姿や将来的に対処すべき課題に対する議論が少ないといった問題について改めてその重要性が認識されました。また，役員の報酬や評価制度，選解任，サクセッションプランに基づく次世代経営者育成などの諸課題に関する議論も望まれます。
３．実効性向上に向けた今後の取組み方針

当社の取締役会は，今回の評価結果を踏まえ，取締役会全体の実効性の向上を目的に，監督機能の強化に向けた仕組みづくりの検討を進めてまいります。また，ESGやリスクマネジメントなどへの対応や役員の報酬・評価制度，サクセッションプランの検討など中長期的な企業価値の向上に資する議論の充実を図ってまいります。

コード	社　　名	ＣＧ形態
6301	小松製作所	監査役会設置会社

招集通知の記載

(2) コーポレート・ガバナンスの仕組み
〈中略〉
　当社では，取締役会の実効性向上のための改善に努めており，取締役会の実効性についての評価・分析を毎年行っております。当期の評価・分析の結果，いずれの評価項目においても概ね高い水準にあり，実効性についての重要な問題点の指摘はありませんでした。
〈以下略〉

CG報告書の記載

補充原則4-11-3
　昨年に続き，コーポレートガバナンス・コードに従い，取締役会の実効性評価を行いました。
　取締役会において，2017年度に実施した実効性評価方法及び結果を踏まえ，今年度の評価方法について討議し，実効性ある取締役会のあり方を考慮してアンケートを実施しました。アンケートは，取締役と監査役の全員を対象に，①取締役会の構成，②付議事項，③率直で有意義な議論，④執行部からの情報提供と議案の提示，⑤重要な事項が報告・提案され，フォローされる仕組み，⑥その他の事項について実施し，全員から回答を得ました。その結果をもとに，さらに社外取締役及び社外監査役でディスカッションを行い，その結果を取締役会で報告し，実効性の分析・評価を行い，改善点につき討議を行いました。
　当社の取締役会は，各評価項目において概ね高い水準にあり，実効性について重要な問題点の指摘はありませんでした。また，毎回の取締役会における社長自身による報告や，年間議題案と決議事項の進捗報告，売上高のほぼ100％をカバーする詳細な事業報告や戦略的説明については高い評価を得ました。一方，取締役会の運営については，事業報告はより焦点を絞った内容にする余地があるなど，いくつかの改善点の指摘がありました。今後改善し，さらに実効性の高い取締役会の実現を目指します。
　また，今後策定予定の次期中期経営計画に関しては，取締役会での討議を充実させるため，中長期的な戦略の主要項目について，執行部の議論を取締役会へ都度報告し，議論していきます。

コード	社　　名	ＣＧ形態
6302	住友重機械工業	監査役会設置会社

招集通知の記載

—

CG報告書の記載

【補充原則4-11-3】取締役会の実効性の評価
　当社は，取締役会の実効性を高めるため，毎年次に取締役会の実効性の評価を実施することとしており，2017年12月から2018年2月にかけて，取締役及び監査役全員を対象に取締役会の運営及び構成に関するアンケートを実施するとともに，その内容，結果について，社外役員会議及び取締役会において議論を行いました。
　その結果，当社の取締役会は，その実効性は確保されており，重大な問題は認められませんでした。また，取締役会において，実効性をより高めるため，今後も引き続き，審議の充実を図り，審議の活性化に資する会議運営に取り組んでいくことを確認しております。

コード	社　　名	ＣＧ形態
6305	日立建機	指名委員会等設置会社

招集通知の記載

—

| CG報告書の記載 |

<補充原則4-11-3>
　当社は取締役会の実効性を確保・向上することを目的に，当社「コーポレートガバナンスガイドライン」第11条（取締役会の評価）において，毎年，取締役会の実効性に関する評価を行うこととしています。
　2015年度より取締役会実効性評価を始め，評価及び改善策の検討・実践を繰り返すことで実効性は年々向上していることを確認しており，更なる向上を目指して改善すべき事項を取締役会で議論しています。
　2017年度の取締役会実効性評価については，全取締役に対するアンケート及び社外取締役に対するインタビューを実施した結果，2016年度の実効性評価によって改善の余地があると評価された事項の一部は改善が認められましたが，後継者計画，指名委員会・報酬委員会の運営，取締役会で議論すべきテーマについて，更なる改善の余地があることが確認され，その改善策についても取締役会で議論のうえ，より実効性を向上させるべく取り組むこととしています。
https://www.hitachicm.com/global/jp/environment-csr/csr/company-2/governance/
===
コーポレートガバナンスガイドライン　11条（取締役会の評価）
　取締役会は，毎年，その実効性に関して評価を行う。

コード	社　　　　名	ＣＧ形態
6326	クボタ	監査役会設置会社

| 招集通知の記載 |

４．取締役会の実効性評価
　取締役会の実効性評価については，昨年度と同様に2018年1月に取締役および監査役の全員を対象に第三者機関よりアドバイスを受けて作成したアンケートによる自己評価を実施し，2018年2月度の取締役会で集計結果を全て報告のうえ，それを基に取締役会の実効性について議論を行いました。
　　対象者：取締役および監査役の全員
　　回答方式：記名方式
　　評価方法：5段階評価の選択式
　　主な評価項目：取締役会の構成，運営，監督機能，リスクマネジメント，意思決定機能，ボードカルチャー等
　その結果，昨年度に引き続き，それぞれの項目において概ね高い水準を維持しており，当社の取締役会は適切に機能していることを確認しました。一方で，中長期的な経営戦略や事業リスクに関する議論の拡充，社外役員の知見をさらに活用するため，市場動向や事業環境等に関する情報提供を充実させる必要性について意見や提言がありました。取締役会の監督機能を最大限に発揮するため，今後はこれらの結果を基に，改善を進めていきます。

| CG報告書の記載 |

【補充原則　4-11-3】
　取締役会は，積極的かつ効率的な議論をおこなうにあたり適切な人数（取締役10名，監査役5名）であり，社外取締役3名・社外監査役3名を含む，幅広い経験を持つ取締役・監査役で構成されています。2017年度（2017.1.1～2017.12.31）においては，取締役会は12回開催され，出席率は100％でした。
　取締役会での議案・説明資料は開催1週間以上前に送付するとともに，重要な案件では，経営陣幹部が事前に説明をおこなうなど，議案の検討にあたり必要十分な資料・情報が提供されています。社外取締役は，議案等について事前に検討し，取締役会において各人の経験・専門的見地に基づく意見を発言し，その意見は取締役会の決議及び取締役・執行役員の業務執行に反映されています。
　監査役は，議案等について事前に検討し，取締役会において各人の経験・専門的見地に基づき，法令への適合及びリスク管理の観点から意見を発言し，その意見は取締役会の決議及び取締役・執行役員の業務執行に反映されています。
　取締役会の実効性評価については，昨年度と同様に，2018年1月に取締役および監査役の全員を対象に第三者機関よりアドバイスを受けて作成したアンケートによる自己評価を実施し，2018年2月度の取締役会で集計結果を全て報告の上，それを基に取締役会の実効性について議論を行いました。
　１．実施内容
　　対　象　者：取締役および監査役の全員（計13名）
　　回答方式：記名方式
　　評価方法：5段階評価の選択式及び自由記述欄（計33問）
　　主な評価項目：取締役会の構成，運営，監督機能，リスクマネジメント，意思決定機能，ボードカルチャー等

2．評価結果の概要
　　評価の結果，昨年度に引き続き，それぞれの設問項目において総じて高い水準を維持しており，当社の取締役会は適切に機能していることを確認しました。取締役会は，議長の適切なリーダーシップの下，自由闊達な意見交換が行われる風土が形成され，十分な議論がなされているとの評価を得ています。
　　一方で課題としては，中長期的な経営戦略及び事業リスクに関する議論を拡充すること，社外役員の知見を更に活用するために市場動向や事業環境等に関する情報提供を充実させる必要性，また今後の取締役会の評価方法などについての意見や提言がありました。
　　取締役会の監督機能を最大限に発揮するため，今後はこれらの結果を基に，改善を進めていきます。

コード	社　　　　名	Ｃ　Ｇ　形　態
6361	荏原製作所	指名委員会等設置会社

招集通知の記載
―

CG報告書の記載

9．取締役会の実効性確保
(1) 取締役会の実効性評価《補充原則4-11-3》（CG基本方針：第19条）
　　当社は，常に最良のコーポレートガバナンスを追求し，その充実に継続的に取り組むことが必要であると考えています。コーポレートガバナンスを有効に機能させるために，取締役会がどのように貢献しているかを検証し，課題を抽出し，改善を図る目的で，年度ごとに取締役会自身が取締役会全体の実効性について分析・評価を行い，その結果の概要を開示することとしています。
【2016年度の実効性評価で抽出された課題への取組み】
　　2016年度の評価では，当社の取締役会及び委員会の構成・運営状況に対する評価は総じて高く，適切に運営されていると評価しましたが，一方で，長期的な課題の抽出・議論の充実，取締役会の規模・構成の検証，指名委員会における承継プランに関する議論の充実，新中期経営計画のモニタリングについては，継続的に取り組む必要があることを認識しました。
① 長期的な課題の抽出・議論の充実，新中期経営計画のモニタリング
　　主要事業の長期成長戦略など中長期の課題を取締役会の審議事項として年間予定議題の中に計画的に組み込み議論を行いました。新中期経営計画についても，KPIを用いた進捗管理を行うなど，継続的な取り組みを始めました。
② 指名委員会における承継プランに関する議論の充実
　　当社指名委員会は，2017年度に計13回開催し，代表執行役社長の承継プランについて十分な議論を行い，取締役会においても承継プランの内容を共有しました。
【2017年度の実効性評価について】
① 分析・評価のプロセス
　　当社取締役会は，第三者機関の協力を得て，各取締役への質問票を作成し，その回答結果の分析を行うとともに，質問票の回答結果を踏まえ，各取締役の考えを直接確認するため，すべての取締役と個別インタビューを実施し，質問票・個別インタビューの結果分析を行いました。当社取締役会は，上記の分析に関わる第三者機関からの報告に基づき，2018年2月，3月の取締役会で取締役会の実効性について議論し，その評価と今後の対応を確認しました。
② 分析・評価結果の概要
　　上記分析の結果，当社の取締役会及び委員会の構成・運営状況に対する各取締役の評価は総じて高く，取締役会及び委員会において重要な課題に対する十分な議論が行われており，適切に運営されていることがわかりました。昨年度の評価で認識された課題（長期的な課題の抽出・議論の充実，取締役会の規模・構成の検証，指名委員会における承継プランに関する議論の充実，中期経営計画E－Plan2019のモニタリング）については，課題はあるものの取組が進んでいること，また，社外取締役については，役割の重要性を認識しつつ経験・専門性に基づく発言がなされており，取締役会の議論・経営への貢献が高いことを確認しました。以上から，当社取締役会は，取締役会の監督機能が十分に発揮され，より高い実効性が確保できていると評価しました。
　　一方，企業価値の向上に資する長期的な課題（特に成長戦略）の抽出・議論の充実及び中期経営計画E-Plan2019の進捗状況のモニタリングについては，今後も継続的に取り組む必要があること，また，当社の事業・経営環境の変化に対応して，当社にとってあるべき取締役会の規模・構成を確保するために，取締役会の監督機能の実効性に関わる重要な要素について，定期的に検証していく必要があることを認識しました。
③ 今後の対応
　　当社取締役会は，上記議論を通して，以下の各事項について今後継続的に取り組むことで取締役会の実効性をさらに高めていくことを確認しました。
・企業価値の向上に資する長期的な課題（成長戦略など）の抽出・議論の充実

- 中期経営計画Ｅ－Plan2019の進捗状況の継続的なモニタリング
- 取締役会の規模・構成の定期的な検証
- 代表執行役社長・取締役会議長・社外取締役の承継プランに関する議論の充実

○参照：2017年度取締役会評価の結果の概要
 ⇒ https://www.ebara.co.jp/about/ir/Governance/governance/__icsFiles/afieldfile/2018/03/12/board_evaluation_FY2017_1.pdf

==

（参考）
2017年度当社取締役会の実効性に関する評価結果の概要について

　当社は，コーポレートガバナンスを有効に機能させるために，取締役会がどのように貢献しているかを検証し，課題を抽出し，改善を図る目的で，取締役会自身が取締役会全体の実効性について分析・評価を行い，その結果の概要を開示することとしております。
　この度，2017年度における当社取締役会の実効性について，分析・評価を行いましたので，その結果の概要を以下の通り開示いたします。

1．分析・評価のプロセス
　当社取締役会は，第三者機関の協力を得て，各取締役への質問票[1]を作成し，その回答結果の分析を行うとともに，質問票の回答結果を踏まえ，各取締役の考えを直接確認するため，すべての取締役と個別インタビュー[2]を実施し，質問票・個別インタビュー結果分析を行いました。当社取締役会は，上記の分析に関わる第三者機関からの報告に基づき，2018年2月，3月の取締役会で取締役会の実効性について議論し，その評価と今後の対応を確認しました。

2．分析・評価結果の概要
　上記分析の結果，当社の取締役会及び委員会の構成・運営状況に対する各取締役の評価は総じて高く，取締役会及び委員会において重要な課題に対する十分な議論が行われており，適切に運営されていることが分かりました。昨年度の評価で認識された課題（長期的な課題の抽出・議論の充実，取締役会の規模・構成の検証，指名委員会におけるサクセッションプランに関する議論の充実，中期経営計画[3]のモニタリング）については，課題はあるものの取組が進んでいること，また，社外取締役については，役割の重要性を認識しつつ経験・専門性に基づく発言がなされており，取締役会の議論・経営への貢献が高いことを確認しました。以上から，当社取締役会は，取締役会の監督機能が十分に発揮され，より高い実効性が確保できていると評価しました。
　一方，企業価値の向上に資する長期的な課題（特に成長戦略）の抽出・議論の充実及び中期経営計画の進捗状況のモニタリングについては，今後も継続的に取り組む必要があること，また，当社の事業・経営環境の変化に対応して，当社にとってあるべき取締役会の規模・構成を確保するために，取締役会の監督機能の実効性に関わる重要な要素について，定期的に検証していく必要があることを認識しました。

3．今後の対応
　当社取締役会は，上記議論を通して，以下の各事項について今後継続的に取り組むことで取締役会の実効性をさらに高めていくことを確認しました。
- 企業価値の向上に資する長期的な課題（成長戦略など）の抽出・議論の充実
- E-Plan2019の進捗状況の継続的なモニタリング
- 取締役会の規模・構成の定期的な検証
- 代表執行役社長・取締役会議長・社外取締役のサクセッションプランに関する議論の充実

(1) 【質問票の項目】
- 取締役会の役割・機能・構成（取締役会，議長，執行兼務/非兼務の社内取締役，社外取締役，それぞれの機能・役割・構成について）
- 取締役会の運営状況（昨年度の取締役会評価において認識された課題に対する取組状況，議論の現状，昨年度からの変化について）
- 委員会（指名・報酬・監査）の構成と役割
- 委員会（指名・報酬・監査）の運営状況
- 社外取締役に対する支援体制（社外取締役への情報提供と社外取締役同士のコミュニケーションについて）
- 投資家・株主との関係（当社からの発信と投資家・株主からの評価のフィードバックについて）
- 各取締役の自己評価

(2) 【個別インタビューの項目】
- 取締役会に対する見方（取締役会の規模，社外取締役と社内取締役の割合・構成）
- 代表執行役社長・議長・社外取締役のサクセッションプラン
- 社外取締役の議論に対する見方
- 監査委員会に対する見方
- 全社を統括する機能に対する見方

(3) 2017年度を初年度とする3か年の中期経営計画（E-Plan2019）。

コード	社　　　　名	Ｃ　Ｇ　形　態
6367	ダイキン工業	監査役会設置会社

招集通知の記載
―

CG報告書の記載

補充原則4-11-3
　取締役会ならびに企業統治体制の有効性・適正性については，取締役・監査役へのインタビューおよび取締役会での審議を通じ分析・評価を行っており，当社の取締役会はオープンかつ活発な議論を通じて適切な意思決定を行い，中長期的な企業価値向上に実効的な役割を果たしています。
　分析・評価の結果，社外役員への情報提供の充実など，今後さらに実効性を高めてまいります。

コード	社　　　　名	Ｃ　Ｇ　形　態
6471	日本精工	指名委員会等設置会社

招集通知の記載
―

CG報告書の記載

【補充原則4-11-3．取締役会の実効性評価について】
　当社取締役会は，持続的な企業価値の向上のために，取締役会の機能が適切に果たされているかを検証し，その実効性の更なる強化を目的として取締役会の評価を毎年継続して実施しています。客観性を確保するため外部の専門家に委託しアンケート及びインタビューによる評価を実施しています。その結果，取締役会への付議基準の見直し，討議時間の拡大，各取締役に対する事前説明等，取締役会の運営プロセス・運営状況の改善が進み取締役会活性化に繋がっていることを確認しています。取締役会における長期的かつ戦略的な討議の充実など，より一層企業価値向上に資するよう，取締役会の実効性の向上を図っていきます。

コード	社　　　　名	Ｃ　Ｇ　形　態
6473	ジェイテクト	監査役会設置会社

招集通知の記載
―

CG報告書の記載

〈補充原則4-11-3〉　取締役会全体の実効性についての分析・評価とその結果概要
　当社では，複数の社外取締役を交えた取締役会メンバーが，多様な知見と豊富な経験に基づく活発な議論を行い，適時適切な経営判断を行える会議運営に努めております。その実効性の分析・評価については，監査役が「取締役会を含む重要会議の実効性」を監査項目として取り上げ，改善点があれば経営会議において報告しております。また取締役会事務局は，年に1回，取締役及び監査役を対象に「取締役会の実効性についての調査」を実施しております。それら取締役・監査役の評価で改善すべき事項があれば，適宜，会議体のあり方や運営について見直しをしております。2017年度は，取締役会の議論の活性化につながる社外取締役・監査役連絡会の機能をより高めるために，取締役会への上程案件以外の経営テーマを加え，情報の共有を図ってまいりました。更なる実効性の向上に向けては，資料の事前配付の時期及び個々の役員に適合したトレーニング機会の提供に関して，改善の必要性を認めますが，全体として概ね適切に機能しており，取締役会全体の実効性は確保されていると評価しております。

コード	社　　　　名	Ｃ　Ｇ　形　態
6479	ミネベアミツミ	監査役会設置会社

招集通知の記載
―

CG報告書の記載
【補充原則4-11-3　取締役会全体の実効性に関する分析・評価結果の概要の開示】 　取締役会の実効性評価に関し，取締役，監査役全員に対して，取締役会の構成，議題，運営状況等について書面アンケートによる自己評価を実施し，取締役会事務局で分析の上，取締役会において分析結果を審議いたしました。その結果，全般的に取締役会は十分機能していることを確認いたしました。今後ともPDCAのサイクルを回していくことで，継続的な改善を実施し，取締役会のさらなる実効性向上を目指してまいります。

コード	社　　　　名	Ｃ　Ｇ　形　態
6501	日立製作所	指名委員会等設置会社

招集通知の記載
—

CG報告書の記載
＜補充原則4-11-3＞ ・当社は，取締役会の機能の維持・向上に継続的に取り組むために，毎年，取締役会全体の実効性を評価することとしている。 【評価プロセス】 ・2017年度の取締役会の実効性評価にあたっては，取締役会を構成する全ての取締役に対し，調査票を配布し，取締役会の構成，取締役会の運営，貢献，委員会の活動状況，運営支援体制等に関する各取締役の自己評価を実施した。 ・加えて，社外取締役による会合において，取締役会の実効性について議論した。 ・調査票による評価結果及び社外取締役による会合での議論を基に，前年度の評価結果との比較や取組みへの対応状況も踏まえつつ，取締役会で審議し，全体としての実効性を分析・評価するとともに，実効性の更なる向上のための対応方針を確認した。 【評価結果，今後の取組み】 ・当社の取締役会においては，構成の多様性が確保され，中長期的な企業価値の成長に向けて，中期経営計画など経営戦略に関する事項を中心に，各取締役はそれぞれの知見や経験等を生かした発言を行い活発な議論が行われており，全体としての実効性が確保されていると評価している。 ・取締役会の機能の維持・向上に向け，取締役会として中長期の戦略的方向性の決定や最高経営責任者の後継計画等への更なる貢献に取り組むことを確認するとともに，取締役会の議論を更に充実させるための情報提供の工夫など運営支援強化を図っていく。

コード	社　　　　名	Ｃ　Ｇ　形　態
6503	三菱電機	指名委員会等設置会社

招集通知の記載
—

CG報告書の記載
【補充原則4-11-3　取締役会の実効性についての分析・評価】 　取締役会の更なる実効性向上を図るため，取締役会レビューを毎年実施し，以下の分析・評価を実施しています。 ・取締役会の開催頻度，日程，時間 ・取締役会の議論に関連して提供される情報（質・量）及び提供方法 ・取締役会での提供資料，説明内容・方法，質疑応答要領，議案毎の時間配分 ・その他取締役会の実効性を高める仕組み等 ・過去の取締役会レビューを踏まえた各種施策に対しての改善事項　等 　レビューの結果，取締役会が適切に経営監督機能を発揮していくためには，執行側との適時適切な経営情報の共有が必要であるところ，本取締役会レビューの結果を踏まえた見直しが継続的に行われており，従来に比し活発かつ率直な議論が行われるようになったとの評価を受けました。これらの評価から，当社取締役会の実効性は十分に担保されているものと考えておりますが，取締役会等でのより一層の議論の充実のため，審議時間の拡大等を図ってまいります。

コード	社　　名	ＣＧ形態
6504	富士電機	監査役会設置会社

招集通知の記載

—

CG報告書の記載

【補充原則4-11-3】（取締役会の実効性評価）
１）決定されたスケジュールに従い，取締役会は計13回開催され，重要事項につき適切に審議・決定されています。
２）事前に資料を提供した上で，適切な審議項目数・審議時間が設定され，活発な議論が行われています。
３）経営状況について報告を定期的に受け，業務執行の監督をしています。
４）取締役会運営の在り方について，適時議論が行われ，その結果が反映されています。

コード	社　　名	ＣＧ形態
6506	安川電機	監査等委員会設置会社

招集通知の記載

—

CG報告書の記載

＜補充原則4-11-3＞　取締役会全体の実効性について分析・評価した結果の概要
(1)　分析および評価の方法
　　監査等委員を含むすべての取締役に対し，評価の趣旨等を説明のうえ「取締役会評価に関するアンケート」（無記名方式）（以下「本アンケート」という。）を実施いたしました。
(2)　評価結果の概要
　　当社取締役会の実効性は，以下の点より概ね実効性が確保されているものと判断いたしました。
・監査等委員会設置会社への移行に伴い，業務執行機能と監督機能の分離に向けた取り組みが実践されている。
・取締役会の構成として複数名の独立社外取締役が選任されており，規模・構成ともに適切な体制が構築されている。
・取締役会において，独立社外取締役が自由に発言できる環境が整備されている。
(3)　今後の取り組み
　　上記のとおり，現状では概ね実効性が確保されていると評価しております。
　　一方で，本アンケートを通じ，更なる実効性の向上を図るうえで，中長期的な視点に立った一層の議論をはじめとする各種課題が認識できましたので，この点を踏まえた対策を講じ，更なる実効性の向上に取り組んでまいります。

コード	社　　名	ＣＧ形態
6701	日本電気	監査役会設置会社

招集通知の記載

—

CG報告書の記載

（補充原則4-11-3）
　当社は，2015年度から，取締役会の機能向上のため，取締役会の実効性評価プロセスにつき外部専門家の確認・評価を受けながら，以下の手法を用いて，取締役会の実効性についての評価・検証を行っています。
　2017年度は，2016年度における取締役会の実効性評価の結果を踏まえ，審議テーマの絞り込みや論点の明確化のため取締役会における報告内容や報告資料のフォーマットの見直しを行いました。また，取締役会における社外取締役からの意見および指摘事項を業務執行に反映させるために新たな仕組みを導入し，かかる仕組みのもとで，これらの意見および指摘事項を社内関係者に周知徹底するとともに，その対応状況を取締役会にフィードバックする等の取組みを行いました。
　2017年度の結果の概要は次のとおりです。
(1)　分析・評価プロセス
　(i)　アンケート

2017年度は，取締役および監査役全員を対象として，2016年度の取締役会の実効性評価結果に基づき策定した施策の達成度に関する質問を追加するとともに記述回答の質問項目を増やすなど，取締役および監査役の評価や意見がより的確に回答結果に反映されるよう改善を行ったうえで，取締役会の役割，構成，運営に関するアンケートを実施し，全員から回答を得ました。

(ⅱ) アンケートに基づく討議
　　アンケート結果については，取締役会の実効性に係る分析・評価を行ったうえで，2018年3月の取締役会で報告し，取締役会のガバナンス体制・機能の強化，経営戦略，意思決定に係る議論のあり方および会社の将来像を見据えた経営方針の明確化などの観点から改善点につき討議しました。

(2) 評価結果の概要
　　当社の取締役会は，重要な業務執行に関する意思決定および当社の経営戦略，経営計画に関する審議において，活発な議論が交わされる体制が整っており，適切に業務執行の監督が行われていると評価されました。
　　一方で，当社の将来ビジョン，中長期的な企業価値の向上に関する戦略の審議のあり方および審議の充実化をはかるための取締役への情報提供の方法等について課題があるとの認識を共有しました。

(3) 今後の取組み
　　上記の評価を踏まえ，今後は，社長の考える当社の将来ビジョンを共有し，中長期的な経営戦略などにつき審議を深めるため，以下の取組みを行うこと等により，取締役会の機能の強化をはかってまいります。
・長期的な経営戦略に関し十分な討議をするための機会を設けること。
・取締役に対する事前情報提供の充実化をはかること。
・会長・社長および社外取締役との間で意見を交換するための機会を設けること。
・取締役会ごとに，社長が直近の重要事項やトピックス等について報告すること。
・取締役会における報告内容・報告資料フォーマットの更なる見直しを行うこと。

コード	社　　　　名	Ｃ　Ｇ　形　態
6702	富士通	監査役会設置会社

招集通知の記載
―

CG報告書の記載

【補充原則4-11-3　取締役会全体の実効性についての分析・評価結果の概要】
　取締役会は，その実効性の維持，向上のため，取締役会の評価を毎年行うことを，以下のウェブサイトに掲載する「基本方針」の2.(3)dに定めております。
http://pr.fujitsu.com/jp/ir/governance/governancereport－b－jp.pdf

1．2016年度の評価を踏まえた2017年度の取り組みについて
　　監督機能の強化のため，重要な事項に関して，取締役会審議後の進捗，検討状況を可視化し，継続して社外役員が監督する仕組みを導入しました。さらに，取締役会の議論を補完するため，独立役員会議において，社外役員の情報交換や意見の醸成を図る取り組みを継続しました。

2．2017年度の評価について
(1) 評価の方法
　　今年度の評価は，まず，「役員が必要と考える情報が円滑に提供されているか」，「役員に対してトレーニングの機会や費用支援等が適切に提供されているか」等の観点で独立社外役員と取締役会議長である会長との議論により意見聴取を行いました。その後，取締役会において，以下①，②が報告，議論されました。
① 独立社外役員と取締役会議長である会長との議論による意見聴取結果
② 機関投資家の議決権行使ご担当者より頂いた当社取締役会に関するご意見

(2) 評価
　　上記の結果，以下のように評価しました。
・中長期的な戦略，事業計画の策定に取締役会が責任を負うことは重要であり，このような重要な案件により時間をかけ，議論を深めるべきである。限られた時間の中で議論を深化させるために，計画的なテーマ設定や，資料の体裁，報告内容等において，改善の余地がある。
・事業内容に関する事項は，独立役員会議において十分な情報提供および議論がなされており，今後も，独立役員会議会議と取締役会の連携を深めることが望ましい。
・会社は各役員からの要請によって適宜情報提供等をしているが，より積極的な情報及び教育機会の提供があることが望ましい。

==

(参考)
2．コーポレートガバナンス体制

(3) 取締役会の運営
　　d　取締役会は，その実効性の維持，向上のため，取締役会の評価を毎年行い，その結果の概要を開示する。また，取締役会の運営に関して，以下の事項を併せて確認する。
　　　(a) 役員が必要と考える情報が円滑に提供されているか。
　　　(b) 役員に対してトレーニングの機会や費用支援等が適切に提供されているか。

コード	社　　名	ＣＧ形態
6724	セイコーエプソン	監査等委員会設置会社

招集通知の記載

ESGへの取り組み：2
取締役会実効性評価について
　当社は，経営理念に掲げた目指す姿「なくてはならない会社」を実現し，持続的な成長と中長期的な企業価値向上を図るため，透明・公正かつ迅速・果断な意思決定を実現するコーポレートガバナンスの充実・強化に継続的に取り組んでいます。
　その一環として，2015年度から毎年，全取締役を対象としたアンケートにより，取締役会の実効性の分析・評価を行っており，次のとおり継続的に改善策を実施することで実効性の確保に努めています。
2017年度（評価対象期間：2016年度）
　アンケートの実施（2～3月）
　全取締役が，自身および取締役会に対する評価・意見を記入します。
　　具体的な取組み
　　　アンケート項目
　　　1．取締役会の機能発揮
　　　　　経営理念や戦略的な方向性を明確にしているか自由闊達で建設的な議論がなされているか　など
　　　2．取締役会の構成・仕組み
　　　　　取締役会の諮問機関（取締役選考審議会・取締役報酬審議会・コンプライアンス委員会）は有効に機能しているか　など
　　　3．取締役会の運用
　　　　　社外取締役に対し十分な情報提供を行っているか配布される資料の構成・質は適切か　など
　結果分析・評価（3～5月），開示（6月）
　アンケート結果を分析し，「コーポレート・ガバナンスに関する報告書」にて結果の概要を開示します。
　　具体的な取組み
　　　取締役会の実効性評価結果
　　　取締役会の実効性が確保されている点
　　　● 経営上の重要な課題への傾注・重点化による「会社の方向性や戦略に関する審議の充実」
　　　● 自由闊達で建設的・多面的な意見交換の促進による「取締役会の監督機能の発揮」
　　　● 的確な戦略・方針の明示と権限委譲による，業務執行ラインでの「迅速・果断な意思決定の実現」　など
　　　改善が必要な点
　　　● 取締役による議論の一層の充実
　　　● 取締役会事務運営の効率化　など
　改善策の実施（7月～）
　抽出された課題に対応し，その対応を通じて取締役会の実効性のさらなる向上を図ります。
　　具体的な取組み
　　　改善策の実施
　　　　抽出された課題について，取締役会において対応方針と担当部門を定めて継続的にフォローすることで取締役会の実効性を確保するとともに，次年度の取締役会実効性評価へインプットし，取締役会実効性評価のさらなる質の向上を図りました。
　　　取締役会の実効性を向上させるための取り組み
　　　● 当社経営戦略の方向性の検証など建設的な議論の一層の充実
　　　● 会日に十分に先だった取締役会資料の配布の徹底など，審議の活性化を図る取り組みの実施　など

ＣＧ報告書の記載

【補充原則4-11-3】
　当社は，当社コーポレートガバナンス基本方針（第28条）に則り，取締役会の実効性を継続的に高めるため，取締役全員を対象としたアンケートによる自己評価を実施し，2017年度取締役会の実効性に関する分析・評価を行いました。特に今回は，より客観的な視点を取り入れるため，アンケートの作成から分析・評価の一連のプロセスにおける第三者機関の評価，意見を踏まえた上で実施しております。

その項目および結果の概要は以下の通りです。
（ⅰ）評価項目
(1) 取締役会の構成・機能・運営　　(2) 監査等委員会の機能　　(3) 任意の委員会の機能・運営
(4) 経営陣の評価・報酬・後継者計画　(5) 株主との対話　　　　(6) その他
（ⅱ）結果の概要
　　評価の結果，多様かつ適正な規模の構成員による取締役会において，取締役会議長による公正かつ効率的な運営の下に建設的な議論・意見交換が行われていること，取締役会から経営陣に適切な権限委譲が行われていることなどから，2016年度に引き続き，取締役会全体の実効性は確保されていることが確認されております。
　　一方，同実効性を今後も高めていく上での課題として，株主との建設的な対話における意見をより一層経営に活かすための施策・体制の強化，事業戦略におけるリスク管理の強化などが挙げられました。
　　今後これら課題への対応を図ることにより，一層の実効性向上に努めてまいります。

コード	社　　　　名	ＣＧ形態
6752	パナソニック	監査役会設置会社

招集通知の記載

③　取締役会実効性評価の実施と活用
　当社は，取締役会の実効性を一層高めていくため，毎年１回，取締役会出席メンバーを対象としたアンケートを実施し，その結果・評価を取締役会で報告しております。
【平成29年度のアンケート項目と結果】
①　アンケート項目
　1）取締役会の規模・構成
　2）取締役会の運営
　3）本年実施した，中長期戦略の議論について
　4）取締役会の監督・意思決定機能
　5）取締役・監査役への情報提供
②　アンケート結果
　当社はアンケート結果の分析を行い，取締役会の実効性について，取締役会の監督・意思決定機能ともに，基本的に現状は適切であると評価いたしました。一方で，取締役会の機能の強化について，中長期の戦略やコンプライアンスについての議論をさらに拡充すべきなどの提案も示されましたので，順次対応・改善を実施しております。

CG報告書の記載

【補充原則4-11-3　取締役会の実効性の分析評価】
　当社は，取締役会の実効性を一層高めていくため，毎年１回，取締役会出席メンバーを対象としたアンケートを実施し，その結果・評価を取締役会で報告しています。
【2017年度のアンケート項目と結果】
アンケート項目：
(1) 取締役会の規模・構成
(2) 取締役会の運営
(3) 本年実施した，中長期戦略の議論について
(4) 取締役会の監督・意思決定機能
(5) 取締役・監査役への情報提供
アンケート結果：
　当社はアンケート結果の分析を行い，取締役会の実効性について，取締役会の監督・意思決定機能ともに，基本的に現状は適切であると評価しました。一方で，取締役会の各機能の強化について，中長期の戦略やコンプライアンスについての議論をさらに拡充すべきなどの提案も示されましたので，順次対応改善を実施しています。なお，2017年度の取組みとして，2016年度のアンケート結果への対応状況は下記の通りです。
　　・2016年度のアンケート結果への対応状況
　　(1) 中長期的な戦略議論を行う時間枠を取締役会の中に別途設定
　　　　・財務戦略，グローバルコンプライアンス等の議論を実施
　　(2) 取締役会の時間枠を拡大
　　(3) 指名・報酬諮問委員会で扱うべきテーマの拡充
　　　　・社長後継候補者の選任プロセス
　　　　・顧問制度の見直し
　今後も取締役会の実効性を高めるため，その評価は継続的に実施し，評価手法についても，改善を進めていきます。

コード	社　　　名	ＣＧ形態
6758	ソニー	指名委員会等設置会社

招集通知の記載

CG報告書と同旨のため省略

CG報告書の記載

【補充原則4-11-3　取締役会の実効性評価結果の概要】
〈実効性評価に関する当社の考え方〉
　当社は，ソニーグループの企業価値向上をめざした経営を推進すべく，継続的に取締役会及び各委員会の機能及び実効性の向上に取り組むことが重要であると考えています。この取り組みの一環として，当社は，原則として年に1回以上，かかる実効性評価を実施しています。

〈直近の実効性評価〉
　当社取締役会は，前回の実効性評価の結果を踏まえた対応が適切になされていることを確認したうえで，主に2017年度の活動を対象とした実効性評価を2018年2月から4月にかけて実施しました。なお，今回の実効性評価についても，評価自体の透明性や客観性を確保することと専門的な視点からのアドバイスを得ることを目的として，国内外のコーポレートガバナンスに高い知見を持つ外部専門家による第三者評価も取得したうえで，実施されました。

〈評価プロセス〉
まず，当社取締役会において，前回の実効性評価を踏まえた対応状況及び今回の実効性評価の進め方について審議・確認しました。（前回の実効性評価後に実施した取り組みについては，「評価結果等を踏まえた取り組み」をご参照ください。）
　そのうえで，当該外部専門家による第三者評価を実施しました。その評価手法は，以下のとおりです。
・取締役会議事録等の資料の閲覧及び取締役会への陪席
・取締役会・各委員会の開催・運営実務等の取締役会事務局との確認
・取締役会の構成，運営，取締役自身のコミットメント，各委員会の活動，実効性評価の手法そのもの等について全取締役に対するアンケートの実施
・取締役会議長，各委員会議長，CEO（最高経営責任者）その他一部の取締役に対するインタビューの実施
・日本及び欧米のグローバル企業との比較，その他必要な分析
　その後，当社取締役会が，当該外部専門家より第三者評価の結果についての報告を受け，その内容を分析・審議し，取締役会・委員会の実効性確保の状況を確認しました。併せて今回の結果を踏まえた対応案について，取締役会において審議及び確認しました。

〈評価結果の概要〉
　上記評価の結果として，当社の取締役会は，取締役の自己評価，日本・欧米のグローバル企業との比較等の諸点から，高く評価されるべき構成及び運営がなされている旨，当該外部専門家から報告がありました。当社取締役会として，その報告内容を踏まえて実効性確保の状況について分析・審議した結果，2018年4月時点において取締役会及び各委員会の実効性は十分に確保されていることを改めて確認しました。
　なお，当該外部専門家から，取締役会・各委員会の実効性をさらに高めるために，他社事例を踏まえて検討対象となりうる選択肢として，指名・報酬・監査以外の任意委員会の設置可能性についての継続的な検討，社外取締役会の一層の充実，投資家の関心が高まっているESG（環境，社会，ガバナンス）に関する取締役会としての議論の促進等に関する案が例示されました。

〈評価結果等を踏まえた取組み〉
　ソニーグループの企業価値向上をめざした経営をさらに推進すべく，今回の取締役会及び各委員会の実効性評価結果及びかかるプロセスの中で各取締役から提示された多様な意見や外部専門家から提示された視点等を踏まえて，継続的に取締役会及び各委員会の機能向上に取り組んでいきます。
　なお，前回の実効性評価後，取締役会の実効性向上につながる取り組みとして主に以下を実施しています。
・取締役会構成の多様化（社外取締役として外国人，女性をそれぞれ一名追加）
・譲渡制限付株式報酬制度の導入
・取締役会によるサイバーセキュリティに関するリスク管理のモニタリング
・取締役ワークショップでの中長期事業戦略に関する検討・議論
・規模の大きな投資やM&A案件について，実施後も継続的に投資効果・リターンを取締役会において評価

コード	社　　　　名	ＣＧ形態
6762	TDK	監査役会設置会社

招集通知の記載

(6) 取締役及び取締役会
<中略>
　取締役会は，その実効性をより高めていくために，毎事業年度，取締役会の諮問機関（指名諮問委員会及び報酬諮問委員会）を含めた取締役会についての実効性の評価を実施しております。
　特に，過去の取締役会評価の結果を踏まえて，社内取締役の構成を改め，社内取締役には事業部門責任者を含めず，グループ全体を俯瞰する役員（会長，社長，経営戦略担当及び財務担当）のみからなる構成とし，これにより，社外の取締役・監査役とともに，経営の監督機能をより高める体制としております。
<以下略>

CG報告書の記載

【補充原則4-11-3　取締役会・監査役会の実効性確保のための前提条件（実効性の分析・評価及び開示）】
　当社は，取締役会に期待されている機能が適切に果たされているかを検証し，その向上を図っていくために，毎年，取締役会の実効性の評価を実施しています。
　2018年3月期の取締役会評価においては，まず独立社外取締役である取締役会議長が主導して，監査役を含めた取締役会に参加する全メンバーに対して調査を行い，取締役会の諮問委員会（指名諮問委員会及び報酬諮問委員会）を含めた取締役会についての実効性の評価を実施しました。
　次に，この評価結果について，中立性・客観性を担保するために，第三者機関による外部客観評価を行い，その上で取締役会による最終的な評価を行っています。

■評価の方法
　まず，取締役と監査役の全員に対して調査票を配布し，取締役会や諮問委員会の構成，議案，議論，運営等についての自己評価を実施しました。この質問票の結果を取りまとめ，共通する課題や論点を抽出し，そこで見いだされた重要な論点を中心に個別のインタビューでさらに意見の収集を行いました。
　個別インタビューは，独立社外取締役である取締役会議長が，取締役と監査役の全員に対して，個別に面談し自由で忌憚のない意見交換を行うことにより実施しました。この個別インタビューで集められた意見は無記名の形で取りまとめ，取締役会において，取締役会議長がその結果を報告し，議論及び評価を行いました。
　この評価についての方法・対象・分析結果・報告内容に関しては，第三者機関による外部客観評価を行い，その上で取締役会による最終的な評価としました。

■評価の結果
　取締役会の規模・構成・運営状況・各メンバーの資質・委員会の状況において，取締役会の機能（経営に対する監督機能，重要な意思決定機能）を発揮するための体制が構築・維持されていることを確認しました。
　社外の取締役及び監査役は多様な経験と専門性を有するメンバーからなり，他方，社内取締役は事業部門責任者を含めずグループ全体を俯瞰する役員のみから構成されており，取締役会の機能を果たす上でバランスのとれた体制が維持されていることを確認しました。
　また，取締役会における議論は，独立社外取締役である取締役会議長が自由で活発な議論を促進し，全メンバーが社内・社外の区別や取締役・監査役の区別なく，積極的かつ実質的な議論を行う文化が維持されていることを確認しました。
　社外役員の外部視点からの意見は，執行側に適宜フィードバックされて経営の検討の深化に貢献しており，また取締役会での審議や検証を通して，経営に対する監督及び重要な意思決定という取締役会の機能が適切に果たされており，取締役会の実効性が発揮されていることを確認しました。
　また，2017年3月期の取締役会評価において継続的に取り組むべき課題とされた，中長期の成長戦略に関しては，取締役会で数回にわたり集中的に審議検討を行い，その議論の結果は最終的な中期事業計画に反映されました。

■今後の課題
　取締役会が今後も取り組んでいくべき課題としては，新たな中期事業計画を着実に達成していくために適切な監督・助言機能を引き続き発揮していくこと，グローバルなビジネスの展開に対応するとともに，重要な事項を適時に取締役会と共有することを含むコンプライアンス，ガバナンス体制の更なる強化を図っていくこと，並びに取締役会の運営の効率性をより高めていくことが重要であると認識されました。
　当社は，会社の持続的な成長と企業価値の向上を実現していくために，取締役会の実効性の向上に今後とも取り組んでいきます。

コード	社　　　名	ＣＧ　形　態
6770	アルプス電気	監査等委員会設置会社

招集通知の記載

11．取締役会の評価
　取締役会による経営の監督の実効性及び適正性，ならびに自らの取締役としての職務の遂行状況について，毎年自己評価等を実施し，社外取締役を含む監査等委員会及び管理担当・経営企画担当各取締役がその内容の分析，課題整理を行った後，取締役会に報告します。取締役会は評価結果に基づき，取締役会全体の実効性について，検証及び議論を行い，その結果の概要について開示するものとします。なお，2017年度の当社取締役会実効性評価結果の概要については，47頁記載の『「アルプス電気株式会社　取締役会実効性評価」について』をご参照ください。
（注）　リンク先の記載はCG報告書と同一のため省略

CG報告書の記載

【補充原則4-11-3．取締役会全体の実効性についての分析・評価】
　当社は，株主，顧客，従業員並びに地域社会等のステークホルダーに対する責任を果たすとともに，持続的成長と中長期的な企業価値の向上を目的とした，実効性あるコーポレート・ガバナンスを実現するため，コーポレートガバナンス・ポリシーを定めています。それに基づき，取締役会の機能の一層の向上を図ることを目的に，取締役会実効性評価の実施を取締役会規則に規定し，毎年実施しています。なお，2017年度の取締役会実効性評価の結果の概要は以下の通りです。
１．分析・評価の方法
　取締役会メンバーに対し，取締役会の構成，運営，審議内容，取締役間のコミュニケーション，支援体制等について設問票による記名式アンケートを行い，各々の所感を含む自己評価を実施しました。そしてこれらを社外取締役を含む監査等委員会及び管理担当・経営企画担当各取締役が分析，課題整理を行った後，取締役会において報告を行い，検証及び議論を行いました。
２．分析・評価結果の概要
　結果として，2017年度は，議論，審議，運営が適切かつ合理的に行われていることが確認され，実効性が確保されていることが検証出来ました。一方，取締役会の規模・構成や，審議資料の事前確認，事業のリスク及びヘッジ策の議論の充実，監査等委員と執行系取締役間の更なる交流などについて，具体的な意見・提案が寄せられました。
３．今後の対応等
　上記結果を，2019年に予定しているアルパイン株式会社との経営統合に向けて検討を行っていくとともに，今回提案された取締役の見解・評価を経営統合後の新取締役会の中で共有化することで更に一体感のある経営姿勢を育み，当社のガバナンス並びに企業価値の向上に活かしていきます。

コード	社　　　名	ＣＧ　形　態
6841	横河電機	監査役会設置会社

招集通知の記載
―

CG報告書の記載

【補充原則4-11(3)】
　取締役会は，定期的に各取締役と監査役の評価に基づき取締役会の強みと実効性をさらに高めるための課題を明らかにし，当該課題に取り組むうえで重視すべき点を明確にするため分析・評価を行うこととしています。評価に当たっては，第三者評価機関を適宜活用しています。評価結果については，適時適切に開示します。
2016年度に挙げた課題への対応
　2016年度の評価結果から，中長期的な経営戦略および取締役会の多様性に関する議論の強化を課題に挙げました。前者については，2017年度が中期経営計画TF2017の最終年度であることから，次期中期経営計画および長期経営構想について，取締役会以外の場で，取締役会メンバーと経営陣で議論し方向付けしたうえで，さらに取締役会においても議論し，策定しました。これらの議論に当たっては，社外取締役・監査役は，当社について理解を深めるための取組み，例えば，経営陣の合宿への参加，お客様工場の見学，社外展示会，社内展示会への参加や，経営陣との個別面談等を併せて実施しています。後者については，取締役会では，機関設計，規模，取締役及び監査役に必要な知識・経験・能力等，取締役会のあり方を討議し，現在の取締役会は実効性のある議論を実現する上で，適正規模であり，多様性も考慮されていることを確認しました。昨年より女性の独立社外監査役1名が就任していますが，性別，国籍等の面からも，引き続き多様性を確保していく方向性を合わせて確認しています。
2017年度の取締役会評価結果の概要

当社取締役会は，アンケート形式による取締役会評価を実施しました。アンケート回答を，取締役会議長がまとめ，取締役会はこの結果を基に議論を行い，取締役会の実効性に関する分析・評価を行いました。その結果昨年同様に，取締役会は，取締役会がその規模，構成，運営状況，各構成員の資質，委員会の状況等において，経営に対する監督機能を発揮するための体制が構築されていること，また，取締役会での議論もオープンで活発に行われていることを確認しました。したがって，取締役会は，有効に機能していると評価しています。

　今年度の課題として，取締役会の議題設定の事前討議が挙がりました。従来は取締役会議長主導で，主に当社の意思決定規程及び社内取締役の提案を踏まえて議題を設定してきました。さらに，社外取締役の視点で討議が必要と考える議題を設定することが，業務執行を監督するうえで，客観性・透明性を高め，当社のコーポレートガバナンスの更なる向上に繋がるとの考えに基づくものです。

　なお，2018年度は，前回の第三者機関による取締役会評価実施から3年になるため，当社グループのコーポレートガバナンス・ガイドラインに基づき，第三者機関による取締役会評価を実施する予定です。

コード	社　　　名	ＣＧ形態
6857	アドバンテスト	監査等委員会設置会社

招集通知の記載
－

ＣＧ報告書の記載

【補充原則4-11③】取締役会の実効性についての分析・評価の結果の概要
　取締役会はその役割と責務の実効性を評価するため，取締役会全員にアンケートを行い取締役会の構成，運営，議論の状況等について意見の収集と分析を行いました。その結果，代表取締役等の後継者の計画や経営陣の選解任プロセスの向上と取締役へのトレーニングにつきましては，更なる改善の余地があるとの指摘がありました。これらの事項につきましては今後対応を検討していく予定です。また，取締役会構成員の多様性の向上についての指摘がありましたが，2018年6月27日の定時株主総会において女性の新任取締役1名が選任されました。今後多様な視点を経営に反映してまいります。

コード	社　　　名	ＣＧ形態
6902	デンソー	監査役会設置会社

招集通知の記載
－

ＣＧ報告書の記載

◆補充原則4-11-3　取締役会全体の実効性について分析・評価した結果の概要
　当社では，年に1回，全取締役及び全監査役に対し取締役会の実効性についてのインタビューを行い，その結果から抽出された課題と改善策を取締役会に報告し，取締役会全体の実効性の向上を図ります。
　2017年度のインタビューの結果及び改善策の概要は以下のとおりです。
＜インタビュー結果＞
・取締役の人数を絞ったこと等により，一人当たりの発言数が増え，以前よりも議論が活性化したこと，ランチミーティングを社内外取締役の意見交換の場として積極的に活用していること，取締役会の最後に社内取締役から時事に関する報告事項が増加していること，運営・議案・決議プロセス上の大きな問題はないことから，当社の取締役会の実効性が向上していることを確認することができました。
・一方で，出資関係の戦略議論は活性化したが，オフサイトミーティングを含め，テーマの幅・数共に見直すべき余地が多い，などの課題を抽出しました。
＜改善策＞
　今後，以下の改善策を十分に検討のうえ実行してまいります。
・戦略議論を強化すべく，出席者から募ったテーマを中心にオフサイトミーティング，又は専務役員会において議論する。
・年間スケジュールを作成し，計画的に戦略議論の結果を取締役会に報告する。

コード	社　　　名	ＣＧ形態
6952	カシオ計算機	監査役会設置会社

招集通知の記載
－

CG報告書の記載
■補充原則4-11-3　取締役会全体の実効性に関する分析・評価 　当社は，取締役会に求められる役割の変化を認識する中，その実効性についての評価を行い，組織や運営等についてガバナンス強化に向けた見直しを実施しております。

コード	社　　　　名	Ｃ　Ｇ　形　態
6954	ファナック	監査役会設置会社

招集通知の記載
―

CG報告書の記載
【補充原則4-11-3】 　当社では，取締役会の実効性等については，意見交換できる場を年2回設けていることに加え，随時，取締役および監査役から意見，評価等を受け付ける体制をとっています。現時点において取締役および監査役からの取締役会の実効性を懸念する旨の指摘はなく，また現に取締役会において建設的かつ活発な議論がなされているなど，取締役会は効果的に機能しています。引き続きこの状況が継続されるよう努めてまいります。

コード	社　　　　名	Ｃ　Ｇ　形　態
6971	京セラ	監査役会設置会社

招集通知の記載
―

CG報告書の記載
【補充原則4-11-3　取締役会全体の実効性についての分析・評価とその結果の概要】 　取締役会全体の実効性の分析・評価については，毎年1回，取締役会で分析・評価を行い，その結果の概要を開示します。 　当社は取締役会の現状について正しく理解し，より実効性の高い運営を目指すため，取締役及び監査役全員にアンケートによる評価を実施し，その評価結果や意見について，取締役会で議論を行いました。 　結果，当社取締役会は，会議運営，構成，議論について，概ね実効性が確保されているとの評価を受けました。一方で，会議資料の改善や議論の活性化等についての意見もあり，今後この評価を踏まえ，さらなる実効性の向上と，継続的な改善に取り組んでまいります。

コード	社　　　　名	Ｃ　Ｇ　形　態
6988	日東電工	監査役会設置会社

招集通知の記載
当社取締役会の実効性に関する評価の結果の概要について 　当社は，東京証券取引所が定める「コーポレートガバナンス・コード」に基づき，取締役会の実効性に関する分析・評価を実施し，この度，2017年度の分析・評価が完了しましたので，以下のとおり，その概要をお知らせいたします。 １．分析・評価の方法 　当社は，取締役会の各メンバー（監査役を含む）に「当社取締役会の実効性に関するアンケート」を実施しました。そのうえで，取締役会において，このアンケート集計結果に基づき，取締役会の構成，運営，意思決定のプロセスなどのテーマを中心に，取締役会で協議し，取締役会が実効的に機能し，その役割を果たしているかについて，分析・評価を行いました。 ２．取締役会の実効性に関する分析・評価結果の概要 　当社取締役会は，分析の結果，取締役会の実効性は概ね確保されているものと判断いたしました。 　個別の評価に関しては，当社取締役会の強みである自由な討議について，昨年度に引き続き，各メンバーが実践できていたことを確認しました（※2017年3月31日付「当社取締役会の実効性に関する評価の結果の概要について」をご参照ください）。そのうえで，取締役会の実効性をより確実なものとするために，中長期テーマなどの会社全体に関する討議機会を増やすための工夫等について，討議しました。 ３．今後の対応 　当社取締役会は，上記の分析および評価の結果を踏まえ，取締役会全体の実効性を更に高めていくための継続的な取組みを行ってまいります。

CG報告書の記載

【補充原則4-11-3　取締役会全体の実効性についての分析・評価・開示】
　当社は，取締役および監査役に向けたアンケートを実施し，取締役会の実効性について分析・評価を行っております。
　2017年度の実効性評価の結果の概要に関しては，当社ホームページhttps://www.nitto.com/jp/ja/ir/library/disclosure/に掲載しております
　(2018年3月30日付「当社取締役会の実効性に関する評価の結果の概要について」)。

＝＝

(参考)
当社取締役会の実効性に関する評価の結果の概要について
　当社は，東京証券取引所が定める「コーポレートガバナンス・コード」に基づき，取締役会の実効性に関する分析・評価を実施し，この度，2017年度の分析・評価が完了しましたので，以下のとおり，その概要をお知らせいたします。
1．分析・評価の方法
　当社は，取締役会の各メンバー（監査役を含む）に「当社取締役会の実効性に関するアンケート」を実施しました。そのうえで，取締役会において，このアンケート集計結果に基づき，取締役会の構成，運営，意思決定のプロセスなどのテーマを中心に，取締役会で協議し，取締役会が実効的に機能し，その役割を果たしているかについて，分析・評価を行いました。
2．取締役会の実効性に関する分析・評価結果の概要
　当社取締役会は，分析の結果，取締役会の実効性は概ね確保されているものと判断いたしました。
　個別の評価に関しては，当社取締役会の強みである自由な討議について，昨年度に引き続き，各メンバーが実践できていたことを確認しました（※2017年3月31日付「当社取締役会の実効性に関する評価の結果の概要について」をご参照ください）。そのうえで，取締役会を実効的なものとするために，中長期テーマなどの会社全体に関する討議機会を増やすための工夫等について，討議しました。
3．今後の対応
　当社取締役会は，上記の分析および評価の結果を踏まえ，取締役会全体の実効性を更に高めて行くための継続的な取組みを行ってまいります。

コード	社　　　　名	Ｃ　Ｇ　形　態
7011	三菱重工業	監査等委員会設置会社

招集通知の記載
―

CG報告書の記載

補充原則4-11-3　取締役会全体の実効性について分析・評価を行い，その結果の概要
　当社は，従来からコーポレート・ガバナンスの向上に向けた様々な施策に取り組んでおりますが，コーポレートガバナンス・コードの施行を契機として，取締役会全体が実効的にその役割を果たしているかを検証することにより，取締役会の実効性について一層の向上を図るとともに，ステークホルダーに対する説明責任を十分に果たすことを目的として，取締役会全体としての実効性に関する分析・評価（以下，「取締役会評価」といいます）を年に1度実施することとしております（ガイドライン第31条）。
　2017年度においては，昨年度に引き続き，主に「取締役会の構成」，「取締役会の運営」，「取締役会の監督機能」，「社外取締役のサポート体制」の4つの点を軸に，以下の評価プロセスにより取締役会評価を実施いたしました。
・社外取締役を含む全取締役に対するアンケート調査の方法による自己評価を実施
・社外取締役のみの会合において意見交換を実施
・取締役会においてアンケート調査結果に基づき議論
・これらの自己評価，議論等を踏まえて，取締役会評価の結果を取締役会において決議
　以上のプロセスによる取締役会評価の結果，平成29年度の取締役会については，その実効性に関する重大な懸念等はなく，取締役会全体としての実効性が確保されているものと評価しております。
　なお，前年度（2016年度）の取締役会評価にて認識した課題への取組状況並びに今回認識した課題及び今後の対応方針は下記のとおりです。
1．前年度認識した課題への取組み
　(1)　取締役向けトレーニングの一環として，当社の財務戦略等に関するレクチャーや国内外生産拠点の視察等を実施しました。
　(2)　取締役会審議の充実のため，ポイントを明確にした資料の作成や事前の資料送付に継続的に取り組んでいます。

(3) 取締役会付議事項・報告事項基準を改正し，業務執行の効率性・機動性の向上及び取締役会の監督機能の強化を図りました。
(4) 社外取締役間のコミュニケーションの機会として，社外取締役のみによる会合を2回開催しました。

2．今回認識した主要な課題と今後の対応
(1) ガバナンス体制（役員指名・報酬諮問会議等）のあり方
　　コーポレートガバナンス・コード（改訂版）の内容等を踏まえ，手続の客観性・透明性の向上等の観点から，役員人事・役員報酬に係るプロセスの見直しを検討します。
(2) 取締役会の議論の充実
　　取締役会資料について，引き続き審議ポイントの明確化や事前の資料送付を徹底することとし，取締役会席上での説明を簡略化して議論の更なる充実を図ります。
(3) 社外取締役による情報収集機会の拡充
　　社外取締役と担当役員のミーティング（部門ごと）を開催し，社外取締役に当社事業への理解を深めていただく機会とします。

コード	社　　名	ＣＧ形態
7012	川崎重工業	監査役会設置会社

招集通知の記載
－

CG報告書の記載

【補充原則4-11-3　取締役会の実効性評価】
　当社取締役会は，独立社外役員を含む取締役・監査役が，各自が持つ知見・経験に基づき自由闊達に議論を行い，適切に経営判断を行えるよう努めています。
　また，取締役会の機能向上を目的とし，毎年，外部の専門家からの助言を得て，全取締役・監査役へのアンケート方式による現状評価を実施し，その分析結果を取締役会に報告し議論を行っています。
　その結果，社内外役員による活発かつ建設的な議論を経て決議されていることから，取締役会の実効性は確保されていることを確認しました。
　なお，取締役会の構成，中長期的な経営課題に関する議論の充実化など，取締役・監査役から意見が複数出され，課題認識を共有しましたので，今後も様々な観点から議論を続け，実効性のさらなる向上に向けて取り組んでいきます。

コード	社　　名	ＣＧ形態
7186	コンコルディア・フィナンシャルグループ	監査役会設置会社

招集通知の記載
－

CG報告書の記載

【補充原則4-11-3】（取締役会全体の実効性についての分析・評価）
　経営統合1年目の2016年度は，取締役会に関する網羅的な評価をおこない，いくつかの課題を認識したものの，総体的に取締役会は実効的に機能していると評価しました。
　経営統合2年目の2017年度の実効性評価については，評価対象を前年度の課題認識を踏まえて「中長期的な経営戦略についての議論」に絞り，当社の取締役・監査役全員に対し，アンケートを実施するとともに，取締役会議長が各取締役・監査役にインタビューをおこなうことによって，取締役会の実効性を評価し，その結果を2018年5月の取締役会において決定しました。
　取締役会は，取締役会の実効性を以下のとおり総括し，認識した課題については，改善・向上に努めていくこととしました。
1．議題の設定については適切であったと評価したものの，実効性評価の対象が中長期的な経営戦略という経営方針の根幹に関するものであり，また，取締役・監査役個々人の知識・経験，専門性，関心領域の違いから，取締役・監査役個々人の間で議題ごとに大きく評価が分かれました。
2．当社の取締役会が株主の負託に応え当社グループの企業価値を高めるために役割・責務を果たしているかを評価し，必要な改善につなげるためには，議論に基づき具体的な行動・成果を生み出したかどうかに，より焦点を当てたアプローチが適切であり，今後は「行動の重視」と「経営のスピード感の向上」を意識した取締役会の運営が肝要であると認識しました。

3．また，取締役会の実効性を高めていくためには，経営判断に必要な情報を精査して適切な資料を提供するとともに，課題に関して社内取締役で十分検討し明確な方向性を示した上で，審議時間を十分確保し，焦点を絞って議論を深めていく必要があると認識しました。

コード	社　　　　名	Ｃ　Ｇ　形　態
7201	日産自動車	監査役会設置会社

招集通知の記載
－

CG報告書の記載

【補充原則4-11-3】取締役会の実効性についての分析・評価
　昨年同様，取締役会の実効性につき，質問票形式による取締役，監査役の自己評価を実施し，結果については，2018年5月の取締役会へ報告された。当該結果をもとに取締役会で審議を行った結果，昨年の評価結果を受けて取締役会の運営環境を高める取り組みがなされてきたこと，及び，取締役会の実効性は確保されていることが確認されたとともに，自己評価の結果得られた建設的な意見を踏まえ，取締役会の運営環境を更に高めるための方策を検討することが確認された。

コード	社　　　　名	Ｃ　Ｇ　形　態
7202	いすゞ自動車	監査役会設置会社

招集通知の記載
－

CG報告書の記載

（取締役会全体の実効性についての分析・評価　【原則4-11】【補充原則4-11-3】）
　当社は取締役会全体の実効性の分析・評価は実施しておりません。本コードの実施につきましては，取締役会のこれからの役割や方向性，より望ましい運営スタイルなど評価をしていくにあたっての共通認識を深める取り組みも含め，今後検討してまいります。

コード	社　　　　名	Ｃ　Ｇ　形　態
7203	トヨタ自動車	監査役会設置会社

招集通知の記載
－

CG報告書の記載

取締役会の実効性の分析・評価　【補充原則4-11-3】
　当社は，取締役会の実効性向上のため，以下のとおり取締役会の分析・評価を実施しています。
（1）　分析・評価
　　　取締役会議長の指示に基づき取締役会事務局が，実施状況に関する定量的な分析を行った後，取締役会メンバー（取締役および監査役）に対して，執行やその監督などの状況に関するアンケートを実施しています。
　　　また，アンケート結果に基づき，社外取締役と社外監査役を含む取締役会メンバーに個別インタビューを実施し，取締役会事務局が取りまとめ，取締役会議長に説明の上，その結果を取締役会にて報告・議論しています。
（2）　結果の概要
　　　2017年度については今回の評価の結果，実効性が担保されていることが確認されました。
　　　ただし，評価の過程で「意思決定の迅速化」や「執行の監督」などについて，有意義な意見がありましたので，更なる実効性向上に向けて2018年度中に改善をしていきます。

コード	社　　　　名	Ｃ　Ｇ　形　態
7205	日野自動車	監査役会設置会社

招集通知の記載
－

CG報告書の記載

補充原則4-11-3
　当社では，コーポレート・ガバナンスの実効性を高め，更なる持続的成長と企業価値向上に資することを目的として，「コーポレート・ガバナンス委員会」を設置しております。
　この「コーポレート・ガバナンス委員会」において，全ての独立社外取締役および非常勤の取締役を交え，取締役会の在り方等に関する議論（必要に応じ取締役会に提言）や経営情報の共有を行ったほか，取締役会の実効性に関する評価についても議論いたしました。
　なお，本年実施いたしました評価（年1回実施）の概要および評価結果，ならびに抽出された課題の改善策の概要は以下の通りです。
(1) 評価の主体（評価方法）
　・社外取締役を含む全ての取締役（アンケート方式による自己評価）
(2) 評価の目的
　・取締役会の機能を継続的に改善・向上していくためのPDCAサイクル確立
(3) 評価項目
　・取締役会が果たすべき役割・責任に関する評価
　　（コーポレートガバナンス・コードの基本原則4において，取締役会に期待されている視点等）
　・取締役会の実効性を支える仕組み等に関する評価
　　（取締役会の構成や運営，コーポレート・ガバナンス委員会における議論の質，社外役員の活動サポート等）
(4) 評価結果
　・全般的に取締役会は適切に運営されており，企業戦略などの重要案件について環境変化に対応しながら，自由闊達で建設的に議論され，その方向性を打ち出しました。また，戦略議論をコーポレート・ガバナンス委員会でも取り上げ，客観的な立場からの意見交換を行うことで，監督機能の強化をしてまいりました。今後は，打ち出した方向性を踏まえてより具体的な議論をしてまいります。また，4本部制に移行し，執行への権限移譲を進めました。個別の業務執行の決定プロセスについても適正になされ，取締役相互間では監督義務を果たしているといった点を確認することができました。
　・一方で，適切なリスクテイクを支える環境整備のレベルアップ，重要案件の進捗フォロー強化といった課題を抽出いたしました。
(5) 改善策
　今後，特に以下の改善策を十分に検討のうえ，実行してまいります。
　・リスクテイクを適切にコントロールするための関連機能・業務の強化
　・決議した重要案件の実施状況の監督強化

コード	社　　　　名	Ｃ　Ｇ　形　態
7261	マツダ	監査役会設置会社

招集通知の記載
―

CG報告書の記載

【補充原則4-11-3　取締役会の実効性の分析・評価】
　当社取締役会は，取締役会のさらなる実効性の向上に向けた取り組みを着実に進めるために，2017年度の分析・評価を実施しました。分析・評価の方法，結果の概要は以下のとおりです。
(1) 分析・評価の方法
　　当社取締役会事務局が作成した調査票に基づき，すべての取締役及び監査役が，取締役会の実効性について自己評価を実施しました。また，その結果を事務局が取りまとめた後，取締役会にて，現状分析を共有したうえで，目指す姿，改善策などについて議論を行いました。
　　主な調査内容は，取締役会の構成，経営戦略等に係る審議の状況，コンプライアンス・内部統制に係る審議の状況，情報提供（情報量，資料，説明，社外役員に対するサポート）の状況，審議への関与です。
(2) 結果の概要
　　当社取締役会は，メンバーが当社の経営戦略等の決定に適切に関与し，その内容を共有するとともに，社外役員は，議案の事前説明，その他サポートにより，当社の状況を把握したうえで，独立した立場から活発に意見を述べており，業務執行に対する監督機能が確保されていることを確認しました。
　　前回調査（2016年度）を踏まえ，社外役員への情報提供を一層充実させるとともに，重要な案件に関する取締役会での進捗報告と審議を強化するなどの取り組みを行った結果，社外役員の経営に関する理解がより一層深まるとともに，取締役会において適切なタイミングで建設的な議論が活発に行われていることを確認しました。

一方で，経営戦略等の重要案件に対するモニタリング強化及びリスクや収益性に関する審議の充実などに更なる改善が必要であること，取締役会メンバーの多様性については引き続き議論の必要があることを確認しました。
　当社は，今後も中長期的な企業価値の向上に向けて，毎年，取締役会の実効性の分析・評価を行い，不断の改善に取り組んでまいります。

コード	社　　　　　名	Ｃ　Ｇ　形　態
7267	本田技研工業	監査等委員会設置会社

招集通知の記載
―

ＣＧ報告書の記載

【補充原則4-11-3】取締役会の実効性評価
　当社は取締役会の機能の現状を確認し，実効性の向上につなげることを目的に，毎年度，取締役会全体の実効性の評価を実施しています。
　2017年度は，評価にあたり，前回同様，取締役の自己評価を行いました。自己評価は，取締役に対して実施したアンケートとヒアリングの結果をもとに，取締役会で審議・決定しました。アンケートの質問項目は，外部の弁護士の監修のもとで設定し，またヒアリングおよび結果の集計は外部の弁護士により実施しました。
　取締役会では，前回の評価結果を踏まえ，取締役構成の見直し，審議基準の改定や社外取締役に対する情報提供の充実等を行っていることから，「実効性は適切に確保されている」と確認するとともに，2017年6月に監査等委員会設置会社へ移行し，「モニタリング型」の経営体制を採用したことを踏まえ，取締役会による監督機能を更に充実させる必要がある，という認識を共有しました。
　当社は，「取締役会の監督機能をより発揮するために有用な情報」の提供を充実させるとともに，「グローバル経営のモニタリングを意識した審議」を活発化させ，「モニタリング型取締役会」としての実効性を一層高めていきます。

コード	社　　　　　名	Ｃ　Ｇ　形　態
7269	スズキ	監査役会設置会社

招集通知の記載
―

ＣＧ報告書の記載

【補充原則4-11-3　取締役会全体の実効性の分析・評価と結果の概要の開示】
　当社は，取締役会の一層の機能向上を図るための取り組みとして，取締役会全体の実効性を評価しています。
（1）評価方法の概要
　　2017年度は，実効性評価の趣旨を取締役会で確認のうえ，すべての取締役及び監査役を対象にアンケートを実施し，その結果を取締役会で審議しました。
（2）評価結果の概要
　　取締役会メンバーによる審議が活性化していること等，実効性は確保されていることが確認された一方で，中長期的な経営上の課題・戦略に関し，より議論を深めるべきテーマについて提案がありました。
　　今後，それらの審議の一層の充実等を通じ，取締役会の実効性をさらに向上してまいります。

コード	社　　　　　名	Ｃ　Ｇ　形　態
7270	SUBARU	監査役会設置会社

招集通知の記載

(9) 取締役会の実効性評価結果の概要
　当社取締役会は，「コーポレートガバナンスガイドライン」に則り，取締役会の実効性について分析・評価し，洗い出された課題に対する改善策を検討・実施しております。当期は完成検査に係る不適切事案の発生を受け，取締役会の監督機能の実効性をより詳細に評価する観点から，質問事項を見直した上で実施いたしました。その結果を以下のとおり報告します。
実施要領時期：2018年3月
回　答　者：全取締役および全監査役（社外役員含む計12名）
方　　　法：第三者機関作成のアンケートによる自己評価方式
　　　　　　①　第三者機関が全取締役および監査役に対し，無記名式による自己評価アンケートを実施
　　　　　　②　第三者機関がアンケートを集計・分析

③ 第三者機関より受領した報告書を取締役会で検証・議論

質問事項
1）取締役会の運営体制
2）取締役会の監督機能
3）株主との対話

評価結果
・昨年度までの評価の結果と同様，議長のリーダーシップやメンバー間の相互理解のもと，取締役会での自由闊達な議論が，全社的な観点で行われていることが確認されました。
・取締役会の規模や社外取締役の比率，役員指名会議・役員報酬会議の構成役員の妥当性，株主・投資家からの意見の共有などに関しても適切であるとの共通認識が確認されました。
・今後の改善・機能向上が見込まれる点としては，取締役会のリスク把握・管理体制の一層の強化，中長期的な経営戦略についての議論の充実などが確認されました。

今後の取り組み
・取締役会としては，中長期的な経営戦略に関する議論を行うとともに，これまで以上にリスク把握・管理体制の強化に焦点をあて，不適切事案の再発防止策の徹底的な遂行に向けて取り組んで行くことを確認いたしました。
・なお，2018年4月1日付で，当社の抱える法令順守や企業風土改革の課題への取り組み強化を目的として，「正しい会社推進部」および「コンプライアンス室」の新設などを行い，取締役会としても，これらの組織を中心としたグループ全体の活動を注視し，ステークホルダーからの信頼回復に取り組んで行くことを確認いたしました。

当社取締役会は，今後も継続して取締役会の実効性評価を行うことで，取締役会の機能向上，コーポレートガバナンスの強化を図り，企業価値の継続的な向上を推進してまいります。

CG報告書の記載

【補充原則4-11③】
　当社取締役会は，「コーポレートガバナンスガイドライン」に則り，取締役会の実効性について分析・評価し，洗い出された課題に対する改善策を検討・実施しております。08年3月に実施いたしました結果の概要について，当社ホームページ「コーポレートガバナンス」に開示しておりますのでご参照ください。
　URL：https://www.subaru.co.jp/outline/governance.html
==
（参考）
2017年度当社取締役会の実効性に関する評価の結果について
　当社は，当社グループが持続的な成長と中長期的な企業価値の向上を図るため，当社におけるコーポレートガバナンスに関する基本的な考え方，枠組み及び運営方針をステークホルダーの皆さまにお知らせすることを目的として，「コーポレートガバナンスガイドライン（以下，ガイドライン）」を制定・公表しています。
【ガイドライン】URL:https://www.subaru.co.jp/csr/pdf/governance_guideline.pdf
　当社取締役会は，このガイドラインに則り，取締役会の実効性について分析・評価し，洗い出された課題に対する改善策を検討・実施しております。
　2017年度につきましては，これまでの評価で認識された課題に対する取り組みの確認に加えて，先般の完成検査に関わる不適切事案の発生を受け，実施要領および質問事項を，主に取締役の監督機能の観点からこれまで以上に実態が明らかになるよう変更したうえで実施いたしました。
　つきましては，その結果を下記のとおり報告いたします。

1．評価および分析の方法
（1）実 施 時 期　2018年3月
（2）回 答 者　全取締役および監査役（社外役員含む計12名）
（3）実 施 要 領　第三者機関作成のアンケートによる自己評価方式
　　　　　　　　① 第三者機関が全取締役および監査役に対し，無記名式による自己評価アンケートを実施
　　　　　　　　② 第三者機関がアンケートを集計・分析
　　　　　　　　③ 第三者機関より受領した報告書を取締役会で検証・議論
※本年度から無記名式といたしました。
（4）質問事項
　　Ⅰ．取締役会の運営体制
　　Ⅱ．取締役会の監督機能
　　Ⅲ．株主との対話
　完成検査に関わる不適切事案の発生を受け，コーポレートガバナンスやリスク管理体制を中心とした取締役会の監督機能の実効性をより詳細に評価する観点から，質問事項の見直しと追加を行いました。

各質問に対する自己評価は4段階で行うとともに，当社取締役会の優れている点，および当社取締役会の実効性をさらに高めるために必要な点などについて自身の考えを自由に記入し第三者機関に直接提出いたしました。
2．評価結果
・昨年度までの評価の結果と同様，議長のリーダーシップやメンバー間の相互理解のもと，取締役会での自由闊達な議論が，全社的な観点で行われていることが確認されました。
・取締役会の規模や社外取締役の比率，役員指名会議・役員報酬会議の構成役員の妥当性，株主・投資家からの意見の共有等に関しても適切であるとの共通認識が確認されました。
・今後の改善・機能向上が見込まれる点としては，取締役会のリスク把握・管理体制の一層の強化，中長期的な経営戦略についての議論の充実などが確認されました。
3．今後の取り組み
　取締役会としては，中長期的な経営戦略に関する議論を行うとともに，これまで以上にリスク把握・管理体制の強化に焦点を当て，不適切事案の再発防止策の徹底的な遂行に向けて取組んで行くことを確認いたしました。
　なお，本年4月1日付で，当社の抱える法令順守や企業風土改革の課題への取り組み強化を目的として，「正しい会社推進部」および「コンプライアンス室」の新設などを行っております。
　取締役会としても，これらの組織を中心としたグループ全体の活動を注視し，ステークホルダーからの信頼回復に取り組んで行くことを確認いたしました。
　当社取締役会は，今後も継続して取締役会の実効性評価を行うことで，取締役会の機能向上，コーポレートガバナンスの強化を図り，企業価値の継続的な向上を推進してまいります。

コード	社　　　名	ＣＧ形態
7272	ヤマハ発動機	監査役会設置会社
	招集通知の記載	

(5) 取締役会の実効性の確保に関する取組みの状況
　当社は，当社取締役会の実効性が維持向上されるよう，取締役会全体としての分析・評価を毎年実施しています。本年度は以下のプロセスで取締役会の実効性の評価を実施しました。
・当社取締役会の目指す姿の7つの評価観点に基づいた，社外取締役と社外監査役を含む全ての取締役会メンバーに対する質問票による調査
（評価観点）
① 取締役及び取締役会の役割・責務
② 取締役会と経営陣幹部（執行役員）の関係
③ 取締役会等の機関設計・構成
④ 取締役及び取締役会の資質と知見
⑤ 取締役会における審議
⑥ 株主との関係・対話
⑦ 株主以外のステークホルダーへの対応
・調査結果の分析及び前年評価との対比による改善状況の確認
・分析結果に基づいた，取締役会での実効性評価の共有，取り組むべき課題についての審議以上のプロセスを踏まえ実施した，本年度の取締役会の実効性の評価結果の概要は下記の通りです。
　当社取締役会は，中長期的な企業価値の向上や持続的な成長の実現に向けての有効な議論及び取組みの工夫を積極的かつ継続的に実施しており，十分な実効性を確保できていることが確認されました。
　特に取締役相互及び経営陣の監督の役割・責任を果たすために，各取締役が自身の管掌以外の事項についても積極的な発言がされていることや，社外取締役・監査役の発言が十分に尊重されていることが評価され，当社の経営戦略上の重要な課題が適切に議論されていることが確認されました。
　当社は，今後も本評価を踏まえ把握した課題について継続的な改善活動を推進するとともに，実効性のさらなる向上に取り組むため，評価プロセスに第三者機関の関与の仕方をルール化し，次年度は当社として2度目となる第三者機関を含めた実効性評価を実施することを決定いたしました。

CG報告書の記載

【補充原則4-11-3】取締役会の実効性に関する分析・評価・結果の概要の開示
　当社は，当社の「コーポレートガバナンス基本方針」の「4-6．取締役会実効性評価」に基づき，取締役会の実効性についての分析・評価を毎年実施し，その評価結果の概要を開示いたします。本年度の評価プロセスおよびその評価結果の概要は以下の通りです。
〈評価プロセス〉
　経営企画部を事務局として，以下のプロセスで取締役会の実効性の評価を実施しました。

・当社取締役会の目指す姿の7つの評価観点に基づいた，社外取締役と社外監査役を含む全ての取締役会メンバーに対する質問票による調査
　（コーポレートガバナンス基本方針の項目4-6取締役会実効性評価で7つの評価観点を公開しております）
・調査結果の分析および前年評価との対比による改善状況の確認
・分析結果に基づいた，取締役会での実効性評価の共有，取り組むべき課題についての審議
〈評価結果〉
　当社取締役会は，中長期的な企業価値の向上や持続的な成長の実現に向けての有効な議論および取り組みの工夫を積極的かつ継続的に実施しており，十分な実効性を確保できていることが確認されました。
　特に取締役相互及び経営陣の監督の役割・責任を果たすために，各取締役が自身の管掌以外の事項についても積極的な発言がされていることや，社外取締役・監査役の発言が十分に尊重されていることが評価され，当社の経営戦略上の重要な課題が適切に議論されている事が確認されました。
　当社は，今後も本評価を踏まえ把握した課題について継続的な改善活動を推進するとともに，実効性の更なる向上に取組むため，評価プロセスに第三者機関の関与の仕方をルール化し，次年度は当社として二度目となる第三者機関を含めた実効性評価を実施することを決定いたしました。

コード	社　　　名	ＣＧ形態
7733	オリンパス	監査役会設置会社

招集通知の記載
－

CG報告書の記載

・補充原則4-11-3【取締役会の自己評価】
　当社取締役会では，毎年，各取締役・監査役の自己評価を行い，取締役会全体の実効性について，第三者の視点も含めた分析・評価を行うこととしております。取締役会評価の結果の概要については，当社ホームページで公表しておりますのでご参照ください。(2018年3月期の取締役会評価の結果の概要については，2018年7月末頃に開示する予定です。)
　取締役会・監査役会
　https://www.olympus.co.jp/company/governance/board.html
＝＝＝
（参考）
当社取締役会の実効性に関する評価結果の概要について
　当社は，当社「コーポレートガバナンスに関する基本方針」※に基づいて，取締役会の自己評価を実施し，取締役会の実効性に関する分析・評価を実施いたしましたので，その結果の概要をお知らせいたします。
※「コーポレートガバナンスに関する基本方針」(2015年6月制定，2018年6月改訂)
https://www.olympus.co.jp/company/governance/pdf/basic_policy_for_corporate_governance_jp.pdf
1．取締役会評価の実施および公表の背景
　当社は，実効性あるコーポレートガバナンスを実現することを目指し，2015年6月に「コーポレートガバナンスに関する基本方針」※を定めました。基本方針の項目「4．取締役会等の責務⑬取締役会評価」において，当社は取締役会で毎年，取締役会全体の実効性を評価し，その結果の概要を公表することとしています。
　当社は2015年から取締役会全体の実効性の評価および結果概要の公表を行っており，今回で4度目となります。
2．評価の方法
（1）取締役会および各委員会（指名委員会・報酬委員会・コンプライアンス委員会）の実効性や投資家および株主との関係等に関する質問票をすべての取締役（11名）および監査役（4名）に配布し，回答を得ました。そして，その回答内容を踏まえ，当社取締役会は取締役会の実効性に関する分析および評価を行いました。
（2）取締役会評価の質問票の大項目は以下のとおりです。
　　①　取締役会の機能の発揮について
　　②　取締役会の構成および運営状況について
　　③　重要な委員会について
　　④　社外取締役に対する支援体制について
　　⑤　監査役の役割に対する期待について
　　⑥　投資家・株主との関係について
3．分析および評価結果の概要
　　①　取締役会の機能の発揮について
　　　経営戦略の方向性，重要な案件の意思決定，執行に対する実効性の高い監督という取締役会の主要な機能について十分に機能を発揮しており，取締役会の実効性が確保されている。

② 取締役会の構成および運営状況について
　　取締役会の構成については適切な規模，構成（社内外の比率，社外役員の構成含む）とすることができている。また，その運営状況は，適切な頻度と議題上程がされ，オープンで活発な議論がなされている。一方，取り上げる議題は，より重要な課題を厳選すること，提案資料の内容は改善が進んではいるものの，より論点を整理したものにすべきことが課題として挙げられている。また，継続して取締役会で議論すべき課題として，グローバル経営体制が挙げられている。
③ 重要な委員会について
　　指名，報酬，コンプライアンスの各委員会については，その求められる役割を適切に果たしている。また，委員会の規模（人数）に対しては，より広い意見を取り入れる視点で課題に対応し，適切な規模であるとされた。
④ 社外取締役に対する支援体制について
　　社外取締役への支援については十分に行われている。
⑤ 監査役の役割に対する期待について
　　監査役への支援は十分に行われ，監査役の存在が取締役会の実効性の向上に貢献している。
⑥ 投資家・株主との関係について
　　資本市場についての取締役会への情報提供は適切に行われ，資本市場へ当社の長期的競争優位性も伝えられている。
4．取締役会の実効性に関する評価結果を踏まえた今後の取り組みについて2018年3月期の取締役会評価を踏まえ，取締役会で今後の取り組みについて議論した結果，グローバル経営体制のあり方を課題として抽出し，引き続き議論を進めていくこととしました。当社取締役会は，過去からの改善の取り組みを継続するとともに，これらの課題についてその対応策を立案・実施することで，取締役会の実効性をさらに高めてまいります。

コード	社　　　　名	ＣＧ形態
7735	SCREENホールディングス	監査役会設置会社

招集通知の記載

ご参考　当社取締役会の実効性に関する評価結果の概要について
　この度，当社取締役会は，取締役会の機能および実効性を高め，企業価値の向上を実現することを目的として，平成30年3月期における当社取締役会の実効性について分析・評価を行いましたので，その結果の概要を下記のとおり公表いたします。
　当社取締役会では，下記の分析・評価を踏まえ，対応策の策定とその実行を進めてまいります。
1．評価の方法
　取締役・監査役に対して評価の趣旨等を説明のうえ質問票を配布し，全員からの回答により得られた意見などにもとづき，分析・評価を実施いたしました。
質問内容：平成30年3月期における当社取締役会の実効性について（18項目）
　　　　　取締役会の構成
　　　　　取締役会の運営
　　　　　社外役員に対する情報提供
　　　　　本年度の改善項目
　　　　　その他
回答方法：5段階評価，および自由回答
回答方式：無記名方式
2．分析・評価結果の概要
(1) 当社取締役会は，取締役会の実効性に関する分析および評価の結果，全体としてその役割・責務を実効的に果たしていると評価し，特に以下の点についての実効性確保を評価いたしました。
　・取締役会は，経営の監督機能を発揮するために，取締役会の構成における取締役・監査役の人数および独立性のある社外取締役・監査役の人数，ならびに求められる知識などは確保され，十分な実効性が認められる。
　・社外取締役・監査役には，代表取締役をはじめとした経営幹部との意見交換の機会が確保されており，取締役会においても，CEOを筆頭にした経営執行の側からの最新状況の説明提供機会の充実が図られている。そのうえで，社外取締役・監査役は，それぞれの見地から自由に意見を述べることができており，取締役の三分の一を社外取締役とする取締役会の体制においてもその実効性をより高めている。
(2) 一方，今後の課題として，以下の点については，取締役会で引き続き議論を重ね，さらなる改善に取り組んでいくことといたします。
　・取締役会の役割・責務を果たすため，多様性の確保に向けた検討を行う。
　・社外取締役・監査役に提供される情報の拡充に取り組み，取締役会における付議事項や報告事項の理解のさらなる充実を図るため，コミュニケーション機会の充実などを行い，取締役会における十分な審議時間の確保を進める。

CG報告書の記載

原則4-11-3【取締役会の実効性】
　取締役会の実効性に関する評価結果の概要につきまして，下記よりご覧ください。
　http://www.screen.co.jp/ir/news/pdf/20180508_BME_J.pdf
==
（参考）
当社取締役会の実効性に関する評価結果の概要について
　この度，当社取締役会は，取締役会の機能および実効性を高め，企業価値の向上を実現することを目的として，平成30年3月期における当社取締役会の実効性について分析・評価を行いましたので，その結果の概要を下記のとおり公表いたします。
　当社取締役会では，下記の分析・評価を踏まえ，対応策の策定とその実行を進めてまいります。
1．評価の方法
　取締役・監査役に対して評価の趣旨などを説明の上，質問票を配布し，全員からの回答により得られた意見などに基づき，分析・評価を実施いたしました。
質問内容：平成30年3月期における当社取締役会の実効性について（18項目）
　　　　　取締役会の構成
　　　　　取締役会の運営
　　　　　社外役員に対する情報提供
　　　　　本年度の改善項目
　　　　　その他
回答方法：5段階評価，および自由回答
回答方式：無記名方式
2．分析・評価結果の概要
（1）当社取締役会は，取締役会の実効性に関する分析および評価の結果，全体としてその役割・責務を実効的に果たしていると評価し，特に以下の点についての実効性確保を評価いたしました。
・取締役会は，経営の監督機能を発揮するために，取締役会の構成における取締役・監査役の人数および独立性のある社外取締役・監査役の人数，ならびに求められる知識などは確保され，十分な実効性が認められる。
・社外取締役・監査役には，代表取締役をはじめとした経営幹部との意見交換の機会が確保されており，取締役会においても，CEOを筆頭にした経営執行の側からの最新状況の説明提供機会の充実が図られている。その上で，社外取締役・監査役は，それぞれの見地から自由に意見を述べることができており，取締役の三分の一を社外取締役とする取締役会の体制においてもその実効性をより高めている。
（2）一方，今後の課題として，以下の点については，取締役会で引き続き議論を重ね，さらなる改善に取り組んでいくことといたします。
・取締役会の役割・責務を果たすため，多様性の確保に向けた検討を行う。
・社外取締役・監査役に提供される情報の拡充に取り組み，取締役会における付議事項や報告事項の理解のさらなる充実を図るため，コミュニケーション機会の充実などを行い，取締役会における十分な審議時間の確保を進める。

コード	社　　　　名	ＣＧ形態
7751	キヤノン	監査役会設置会社

招集通知の記載
—

CG報告書の記載

【補充原則4-11-3　取締役会の実効性についての分析・評価】
　当社では，年1回，以下の項目について各取締役および各監査役にアンケート調査を行い，その結果を踏まえて取締役会において取締役会全体の実効性に関する分析・評価を実施いたします。
・取締役会の運営について（資料の配布時期，開催頻度，審議時間の妥当性など）
・取締役会の意思決定・監督機能について（取締役会付議事項・付議基準，報告内容の妥当性など）
・監査役・社外取締役の役割について（会社の業務・組織を理解する研修等の機会の必要性など）
　2017年度については，2018年2月開催の取締役会において，議案の事前説明や経営戦略会議への社外取締役の出席など審議活性化のための工夫が図られていることから，取締役会の実効性に問題はない旨の評価がなされました。
　今後も，年1回の分析・評価を継続し，結果概要を開示するとともに，必要に応じて取締役会の運営等につき改善を図ってまいります。

コード	社　　　名	ＣＧ形態
7752	リコー	監査役会設置会社

招集通知の記載

2017年度取締役会の実効性評価の結果概要
　当社は，2017年度（2017年4月から2018年3月まで）に開催された取締役会の実効性評価会を2018年4月27日に実施しました。結果概要は以下のとおりです。
Ⅰ．評価の方法
　成長戦略へ舵をきる2018年度を迎える今回の評価にあたっては，取締役会と執行とが緊張感をもって適切に連携できる好循環を作り出すことが必要であるとの認識により，監督側である取締役会の実効性向上の観点に留まらず，監督の対象となる執行への評価も併せて実施しました。
　具体的には，昨年提案された2つの改善項目（下記参照）の達成度，取締役会における審議・意思決定・監督の実効性，さらに取締役会において確認された執行の対応等について，取締役および監査役の全員が事前に自由形式での記述による評価を行い，それらを共有した上で討議を行いました。
　以下の結果概要は，当該記述および討議の内容・結果を総括したものとなります。
Ⅱ．2017年度「取締役会実効性評価」の結果概要
　当社取締役会は，2016年度の実効性評価を受け，取締役会運営の基本方針とともに，改善を着実に実施するための2つの具体的な改善項目を設定し，実効性向上に取り組みました。
＜2017年度の基本方針＞
1）適切なモニタリングにより構造改革を促進させるような環境を整備する。
2）成長戦略に関する議論を通して会社の将来的方向性を明確化する。
3）持続的な成長ならびに企業価値の向上に資する健全経営を促進させる監督体制を整備する。
＜2017年度の改善項目＞
① 監査・監督の実効性向上の観点から，取締役会・監査役会・内部統制を包括したガバナンス体制の点検と改善を行う。
② 持続的な成長に資する企業体質への転換にむけて，執行への働きかけとモニタリングを行う。
　上記の取り組みに対して，今回の実効性評価において以下のような評価がありました。
1．監査・監督の実効性向上の観点からのガバナンス体制の点検と改善への評価（改善項目①）
　◎コーポレートガバナンスのさらなる強化のため，取締役任期の1年化，社長ならびに取締役に対する評価の強化，顧問制度の見直し，情報開示プロセスの見直し，包括的なガバナンスの点検としてのガバナンス検討会の実施等，外形基準にとらわれない実効的な改善が行われたことについて評価されました。
　◎一方で，成長戦略を展開するにあたって，関連会社に対するグローバルガバナンスについてさらなる強化を図る必要があり，その実現に向けてリスク管理体制・危機対応体制・本社機能の強化等が必要であるとの指摘がありました。
2．企業体質の転換にむけた執行への働きかけとモニタリングへの評価（改善項目②）
　◎取締役会における執行への働きかけとモニタリングに対しては以下のような評価がされました。
　　・「リコー再起動」を掲げた新経営体制の下，複数の重要経営課題に対して果断な意思決定がなされ，その過程で自由闊達で充実した議論が行われており，取締役会による適切な執行への働きかけとモニタリングが実施された。
　　・取締役会による執行への働きかけにより経営課題に対する取組みが確実に実行されるとともに，その報告が取締役会へ適切に行われ，迅速かつ的確な合意形成・意思決定が促進された。
　　・重要事項の議論の充実および意思決定のための重点議案，ならびにモニタリング強化のための定常議案を中心に，適切に議案がスケジュール化されている。
　◎一方で，2018年2月に発表された「リコー挑戦」の実行を確実なものとし，取締役会が執行を後押しするためにも，成長戦略の進捗状況について取締役会が適切にモニタリングするとともに，より中長期的なテーマ（人材戦略・研究開発方針など）についても取締役会での十分な議論が必要であるとの指摘がありました。
3．執行の観点からの評価
　◎多くの重要な経営課題への対応が求められた執行に対しては，以下のような評価がありました。
　　・新経営体制となり，取締役会での議論および情報提供の質の向上がみられ，経営の透明性が高まった。

CG報告書の記載

補充原則4-11-3
　当社は年に一度，取締役会の実効性評価会を開き，全ての取締役と監査役が，前年度の取締役会における実効性について議論を行い，その結果の概要をガバナンス報告書で開示しております。

==
(参考)
2017年度取締役会の実効性評価の結果概要の開示
　当社は，2017年度（2017年4月から2018年3月まで）に開催された取締役会の実効性評価会を2018年4月27日に実施しましたので，その結果概要について以下のとおり開示します。
Ⅰ．評価の方法
　成長戦略へ舵をきる2018年度を迎える今回の評価にあたっては，取締役会と執行とが緊張感をもって適切に連携できる好循環を作り出すことが必要であるとの認識により，監督側である取締役会の実効性向上の観点に留まらず，監督の対象となる執行への評価も併せて実施しました。
　具体的には，昨年提案された2つの改善項目（下記参照）の達成度，取締役会における審議・意思決定・監督の実効性，さらに取締役会において確認された執行の対応等について，取締役および監査役の全員が事前に自由形式での記述による評価を行い，それらを共有した上で討議を行いました。
　以下の結果概要は，当該記述および討議の内容・結果を総括したものとなります。

Ⅱ．2017年度「取締役会実効性評価」の結果概要
　当社取締役会は，2016年度の実効性評価を受け，取締役会運営の基本方針とともに，改善を着実に実施するための2つの具体的な改善項目を設定し，実効性向上に取り組みました。
＜2017年度の基本方針＞
1）適切なモニタリングにより構造改革を促進させるような環境を整備する。
2）成長戦略に関する議論を通して会社の将来的方向性を明確化する。
3）持続的な成長ならびに企業価値の向上に資する健全経営を促進させる監督体制を整備する。
＜2017年度の改善項目＞
① 監査・監督の実効性向上の観点から，取締役会・監査役会・内部統制を包括したガバナンス体制の点検と改善を行う。
② 持続的な成長に資する企業体質への転換にむけて，執行への働きかけとモニタリングを行う。
　上記の取り組みに対して，今回の実効性評価において以下のような評価がありました。
1．監査・監督の実効性向上の観点からのガバナンス体制の点検と改善への評価（改善項目①）
・コーポレートガバナンスのさらなる強化のため，取締役任期の1年化，社長ならびに取締役に対する評価の強化，顧問制度の見直し，情報開示プロセスの見直し，包括的なガバナンスの点検としてのガバナンス検討会の実施等，外形基準にとらわれない実効的な改善が行われたことについて評価されました。
・一方で，成長戦略を展開するにあたって，関連会社に対するグローバルガバナンスについてさらなる強化を図る必要があり，その実現に向けてリスク管理体制・危機対応体制・本社機能の強化等が必要であるとの指摘がありました。
2．企業体質の転換にむけた執行への働きかけとモニタリングへの評価（改善項目②）
・取締役会における執行への働きかけとモニタリングに対しては以下のような評価がされました。
・「リコー再起動」を掲げた新経営体制の下，複数の重要経営課題に対して果断な意思決定がなされ，その過程で自由闊達で充実した議論が行われており，取締役会による適切な執行への働きかけとモニタリングが実施された。
・取締役会による執行への働きかけにより経営課題に対する取組みが確実に実行されるとともに，その報告が取締役会へ適切に行われ，迅速かつ的確な合意形成・意思決定が促進された。
・重要事項の議論の充実および意思決定のための重点議案，ならびにモニタリング強化のための定常議案を中心に，適切に議案がスケジュール化されている。
・一方で，2018年2月に発表された「リコー挑戦」の実行を確実なものとし，取締役会が執行を後押しするためにも，成長戦略の進捗状況について取締役会が適切にモニタリングするとともに，より中長期的なテーマ（人材戦略・研究開発方針など）についても取締役会での十分な議論が必要であるとの指摘がありました。
3．執行の観点からの評価
・多くの重要な経営課題への対応が求められた執行に対しては，以下のような評価がありました。
・新経営体制となり，取締役会での議論および情報提供の質の向上がみられ，経営の透明性が高まった。
・社長のリーダーシップにより，取締役会での審議や意思決定を真摯に受け止め，プロアクティブな姿勢で重要課題に対応しており，構造改革を中心として着実に成果へ繋げている。
・一方で，今後の成長戦略を実行するためにも，本社機能としてのグループ経営管理能力の向上，ならびに事業構造の転換に向けた組織と権限の設計等の体制面における点検と改善が必要であるとの指摘がありました。

Ⅲ．2018年度取締役会実効性向上にむけた取り組み
　上記のような評価を踏まえ，当社取締役会は，成長戦略「リコー挑戦」の実行に向け，以下の〈基本方針〉にもとづいて運営し，3つの〈改善項目〉を軸として取締役会の実効性のさらなる向上に取り組んでまいります。

<2018年度の基本方針>
1）稼ぐ力の向上と成長戦略の実行を確保するための監督と支援を行う。
2）グローバルでの事業展開において適切にリスクをマネジメントする環境整備を促す。
<2018年度の改善項目>
① 成長戦略の進捗状況（戦略0,1,2）をモニタリングし，状況に応じた適切な議論と支援を行う。
② グローバルでの事業活動を支えるガバナンスおよびリスクマネジメントの点検と改善を図る。
③ 残存する重要な経営課題である北米販売体制最適化や原価低減等については，モニタリングと執行への働きかけを通して，迅速かつ的確な対応を促す。

コード	社　　　　名	Ｃ　Ｇ　形　態
7951	ヤマハ	指名委員会等設置会社

招集通知の記載
―

CG報告書の記載

【補充原則4-11-3】取締役会の実効性についての分析・評価
<評価プロセス>
　外部専門家の評価も含め，以下のプロセスで評価を実施しました。
・「取締役会の役割・責務」，「取締役会の構成」，「取締役の役割と資質」，「取締役会の運営」，「指名委員会等設置会社への移行」，「各委員会の運営」について，取締役へアンケートを実施
・アンケートの回答，及び個別ヒアリングに基づき，外部専門家も含め評価・分析
・分析結果に基づき，取締役会で実効性の評価，課題について審議し，改善を具体化
<評価結果の概要>
・指名委員会等設置会社への移行については，肯定的に評価されている
・取締役会は，多様な視点や経験を持つ取締役で構成され，その規模と社外取締役の比率は適正と判断されている
・独立した客観的な立場から経営陣への実効性の高い監督が行われている
・経営上の重要課題について真摯かつ建設的に議論が行われている
・前回の実効性評価で課題認識された事項について，改善対応が進んでいる
　一方で，取締役会の監督機能の更なる強化や各委員会の運営に関し，建設的な意見が提示されました。
　本評価結果を踏まえ，継続的な改善を行うことで取締役会の更なる実効性向上に取り組んでまいります。

コード	社　　　　名	Ｃ　Ｇ　形　態
8001	伊藤忠商事	監査役会設置会社

招集通知の記載
―

CG報告書の記載

（補充原則4-11③）
・取締役会の評価
　当社は，平成29年度の取締役及び監査役を対象として取締役会の実効性に関する評価を実施しました。
　評価の結果，取締役会の構成，任意諮問委員会の構成等，役割・責務，運営状況，情報提供・トレーニングの面において，当社の取締役会の実効性は確保されていることを確認しました。
　当社は，前回（平成27年度）の取締役会評価における結論を受け，ガバナンス・報酬委員会での審議を経たうえで，平成29年度より，取締役総数を削減し，かつ，取締役総員の3分の1以上の社外取締役を選任することにより，「モニタリング重視型」の取締役会に移行しました。外部コンサルタントよりは，社外役員に対する事前ブリーフィングの強化，業務執行状況報告の充実，社外役員による意見の積極的表明等，取締役会の実質面での機能強化も図られているとの評価がありました。
　一方，「モニタリング重視型」への移行を踏まえた取締役会の運用，任意諮問委員会の審議内容の取締役会への報告の拡充等について引続き検討する必要があるとの意見がありました。
　当社は，今回の取締役会評価の結果を踏まえ，引続き取締役会の実効性の維持・向上に取組んでいきます。
　（上記取締役会評価結果の概要については，当社ホームページ上にて公表しております。以下のURLをご参照ください。https://www.itochu.co.jp/ja/files/board_evaluation_2017j.pdf）
===
（参考）
当社取締役会の実効性に関する評価結果の概要について

当社は，2017年度の取締役および監査役を対象として取締役会の実効性に関する評価を実施しましたので，その評価結果の概要をお知らせします。
【取締役会評価実施要領】
対 象 者　2017年度の全取締役（9名）及び全監査役（5名）
実施方法　外部コンサルタントを起用し，対象者に対するアンケートおよび個別インタビューを実施（回答は匿名ベース）
質問内容　以下5つの大項目に関する事項
　① 取締役会の構成
　② 任意諮問委員会の構成等（指名委員会，ガバナンス・報酬委員会）
　③ 取締役会の役割・責務
　④ 取締役会の運営状況
　⑤ 取締役・監査役に対する情報提供，トレーニング
評価方法　対象者の回答内容をベースに外部コンサルタントにて第三者評価を実施。
　　　　　当該第三者評価を参考にして，ガバナンス・報酬委員会における検討の後，取締役会において分析・評価を実施。
【評価結果の概要】
　上記による評価の結果，取締役会の構成，任意諮問委員会の構成等，役割・責務，運営状況，情報提供・トレーニングの面において，当社の取締役会の実効性は確保されていることを確認しました。
　当社は，前回（2015年度）の取締役会評価における結論を受け，ガバナンス・報酬委員会での審議を経た上で，2017年度より，取締役総数を削減し，且つ，取締役総員の3分の1以上の社外取締役を選任することにより，「モニタリング重視型」の取締役会に移行しました。外部コンサルタントよりは，社外役員に対する事前ブリーフィングの強化，業務執行状況報告の充実，社外役員による意見の積極的表明等，取締役会の実質面での機能強化も図られているとの評価がありました。
　一方，「モニタリング重視型」への移行を踏まえた取締役会の運用，任意諮問委員会の審議内容の取締役会への報告の拡充等について引き続き検討する必要があるとの意見がありました。
　当社は，今回の取締役会評価の結果を踏まえ，引き続き取締役会の実効性の維持・向上に取り組んでいきます。

以　上

コード	社　　　名	ＣＧ形態
8002	丸紅	監査役会設置会社

招集通知の記載
CG報告書と同一内容のため略

CG報告書の記載

● 補充原則4-11-3
＜取締役会の実効性評価＞
　当社は，取締役会の諮問機関として社外役員が過半数のメンバーで構成されるガバナンス・報酬委員会において取締役会の構成や運営等，取締役会全体に関する評価・レビューを行い，取締役会へ報告します。取締役会における審議を踏まえ，評価結果の概要を開示すると共に，取締役会の運営等の改善に活用します。
　尚，平成29年度における取締役会の実効性評価は，以下の通り実施しました。
Ⅰ　評価の枠組み・手法
　1．対象者
　　　全ての取締役（10名）および監査役（5名）　※平成29年12月時点の現任
　2．実施方法
　　　アンケートを実施した。（回答は匿名）　　＊実施に当たっては外部専門機関を活用
　3．評価項目
　　(1) 取締役会の役割・責務
　　(2) 取締役会と経営陣幹部の関係
　　(3) 取締役会等の機関設計・構成
　　(4) 取締役（会）の資質と知見
　　(5) 取締役会における審議
　　(6) 株主との関係・対話
　　(7) 株主以外のステークホルダーへの対応
　4．評価プロセス
　　　アンケートの回答内容に基づいて，ガバナンス・報酬委員会にての，取締役会の構成や運営等，取締役会全体に関する評価・レビューを踏まえ，取締役会において審議を実施しました。

Ⅱ 評価結果の概要
　ガバナンス・報酬委員会での評価・レビューを踏まえ，取締役会として審議を行い，全体として概ね実効性のある取締役会の運営がされていることが確認されています。今回の評価・レビューを参考に，当社は取締役会の実効性の維持・向上に取り組んでまいります。

コード	社　　　名	ＣＧ形態
8015	豊田通商	監査役会設置会社

招集通知の記載

２．内部統制システムの運用状況の概要
〈中略〉
・取締役会の実効性について，取締役会メンバー全員を対象にアンケートを実施し，分析・評価を行ったところ，取締役会の実効性は向上していると確認することができました。

ＣＧ報告書の記載

◆補充原則4-11-3
　当社では，社外取締役・監査役を含む取締役会構成メンバー全員にアンケートを行い，取締役会事務局で分析・評価を行った上で，その結果を取締役会に報告しました。
【評価実施要領】
＜対象者＞
　全取締役（12名）及び監査役（5名）
＜評価項目＞
・取締役会の構成，運営，議案・議論プロセス等
＜評価結果＞
・アンケート回答を集計した結果，全評価項目において概ね肯定的な評価であり，取締役会の実効性は確保されていると確認することができました。
・前年度の評価において顕在化した課題に対しては，「全社中期計画に基づく各本部方針・取組みを取締役会で報告」，「付議事項見直しによる更なる取締役会機能の充実」への取組みによりこの１年で進展がみられたことを確認するとともに，引き続き充実を図ってまいります。
・一方，抽出した課題に対しては，①取締役会の適切な人員構成を考慮しつつ，多様化を重視した取締役の選任，②取締役同士の建設的な議論・意見交換に向けた，取締役会の報告事項における議題・テーマ設定，に取り組むことにより，更なる取締役会の実効性の向上に努めてまいります。

コード	社　　　名	ＣＧ形態
8028	ユニー・ファミリーマートホールディングス	監査役会設置会社

招集通知の記載
－

ＣＧ報告書の記載

【補充原則4-11③　取締役会の実効性評価】
　当社は，全取締役及び監査役が取締役会評価に関する質問票に回答し，その回答の集計結果に基づき，取締役会において分析・評価を実施しました。
　その結果，取締役会の構成，運営，議題，取締役会を支える体制の各面において当社の取締役会は概ね適切に機能しており，取締役会の実効性は確保されていることを確認しました。
　なお，前年度の評価におきまして課題が指摘された，取締役会の開催スケジュール，提供される資料の内容等については，取締役会運営の充実・見直しを進め，前年度の調査と比較し，改善がはかられていることを確認しました。
　一方で，取締役会の構成（取締役の人数，社外取締役の割合），取締役会の議題内容の充実（代表取締役の後継者計画，経営陣幹部の選解任等）について課題が指摘され，今後，検討いたします。
　当社取締役会におきましては，今回の評価も参考にして，今後も実効性の向上をはかってまいります。

コード	社　　　名	ＣＧ形態
8031	三井物産	監査役会設置会社

招集通知の記載
－

CG報告書の記載

<原則4-11(3)：取締役会の実効性に関する分析・評価の概要>
　当社は，毎年，各取締役の自己評価なども踏まえ，取締役会の実効性について，分析・評価を行い，その結果の概要を開示することを「三井物産コーポレート・ガバナンス及び内部統制原則」に記載しています。2018年3月期の結果につきましては，本報告書の「Ⅱ.2.1.(a)(iv)取締役会の実効性の評価」に開示していますので，参照願います。
〈中略〉
　(iv) 取締役会の実効性の評価
　取締役会は，毎年，各取締役の自己評価なども踏まえ，取締役会の実効性について，分析・評価を行い，その結果の概要を開示します。
　2018年3月期の取締役会の実効性評価の方法及び結果の概要は以下のとおりです。
<評価方法>
　2018年1月に取締役14名及び監査役5名に対し，取締役会の構成，運営状況及び自身の職責等に関する質問票を配布し，全員から回答を得ました（以下「2018年3月期アンケート」）。また，同年2月開催の社外役員会議（全社外取締役及び全社外監査役が出席）において，取締役会の実効性に関する意見交換を行いました。その後，2018年3月期アンケート及び社外役員会議の結果を踏まえ，同年2月開催のガバナンス委員会にて議論し，同月開催の取締役会において，同委員会の答申を踏まえて議論した後，2018年3月期の取締役会の実効性の評価を確定させました。
　なお，上記評価方法の実施にあたっては，2017年11月開催のガバナンス委員会において，第三者起用による取締役会実効性評価方法も含めたプロセスの妥当性を検証した結果，2018年3月期の取締役会実効性評価については，有効性が認識されたため，現状の自己評価方式を継続するとの結論に至りました。
<アンケートの項目>
　2018年3月期アンケートの質問票の大項目は以下のとおりです。大項目に含まれる設問ごとに，5段階で評価する方式としており，当該項目に関するコメント欄を設けています。更に，取締役会の実効性向上の進捗が把握できるよう，前年対比での改善の度合いについても評価することとしています。
Ⅰ．取締役会の構成に関する事項
Ⅱ．取締役会の運営状況に関する事項
Ⅲ．取締役会の審議に関する事項
Ⅳ．取締役会の役割・責務に関する事項
Ⅴ．諮問委員会のメンバー構成，テーマ設定，議論結果の取締役会への報告，その他の運営状況等に関する事項
Ⅵ．取締役・監査役自身の職務執行に関する事項
Ⅶ．取締役・監査役への支援等に関する事項
Ⅷ．総括
<実効性向上に向けた2018年3月期の取組み>
　2017年3月期の取締役会の実効性評価の結果を踏まえ，取締役会及び取締役会事務局は，2018年3月期は以下の点に取組みました。なお，実効性向上のための課題や課題解決のための施策の取組み状況については，2017年7月及び同年11月に開催されたガバナンス委員会でも確認・報告等がなされました。
・取締役会の議論テーマについて
　企業戦略や中期経営計画等，会社の大きな方向性について，より多くの議論の機会を設けるべく，2018年3月期では，取締役会にて同期事業計画につき審議した他，新中期経営計画につき，社外役員会議を経て，取締役会で審議しました。また，社外役員会議にて，「資本市場の関心事項と当社IR活動」や「当社のDigital Transformation」をテーマとした議論の機会を設定し実行しました。
　2018年3月期アンケートでは，取締役会での会社の大きな方向性に関する議論に関し，社外役員の大多数が肯定的に評価しており，全体でも大多数の回答者から，前期より改善がみられるとの回答が得られました。
・取締役会の構成について
　2018年3月期には，グローバル企業の最高経営責任者としての経験を有するウォルシュ取締役の就任，及び，会計・監査の専門的知見を有する森監査役の就任により，取締役会の構成において多様化が進み，バランス面での改善が図られました。
　2018年3月期アンケートでは，取締役会の構成に関し，社外役員の大多数が肯定的に評価しており，全体でも大多数の回答者から，前期より改善がみられるとの回答が得られました。
・取締役会の運営見直しについて
　2018年3月期から，取締役会に付議・報告される事項について，個別案件審議会や経営会議など，取締役会への付議・報告に至るまでの議論のポイントを取締役会資料において明示し，当該ポイントの審議に適した内容とするとともに，主要な論点・リスクとその対応策を一覧化した表を取締役会資料に含める運用を開始しました。
　2018年3月期アンケートでは，取締役会の議論のベースとなるそれまでの社内の議論のポイントが明らかになっている点に関し，社外役員の大多数が肯定的に評価しており，全体でも大多数の回答者から，前期より改善がみられるとの回答が得られました。

<評価結果の概要>
　前記の取組みを踏まえ，2018年3月期アンケート，社外役員会議での意見交換並びにガバナンス委員会及び取締役会での審議の結果，2018年3月期の取締役会の実効性については以下の内容が確認されました。
・昨年の課題である①議論のテーマ，②取締役会の構成，③運営の見直しについて改善された旨の意見が多数。
・取締役会は多様性に富み，実効的な経営の監督を担保する体制が整えられている。
・取締役会の資料準備，情報提供，スケジューリング等，取締役会事務局による支援は適切に行われており，取締役会は円滑に運営されている。
・取締役会では審議時間が十分確保されており，建設的な議論・意見交換が行われている。
・取締役会には全社的・多角的にリスクを分析した結果が報告されており，かかる報告を踏まえ，取締役会では取締役・監査役各自の知見に基づき，リスクに関する指摘・検討が行われている。
・個々の取締役・監査役は，業務執行から独立した客観的な立場から，経営陣に対する監督・監査を行うとの取締役会の責務を理解した上で，十分な時間・労力を費やして取締役・監査役としての職責を果たしている。
・取締役・監査役が役割・責務を果たすために必要な知識の習得等を行う機会及び費用は適切に確保されており，また，社外役員と経営陣，会計監査人，及び内部監査部門との連携体制も概ね確保されている。
　上記の内容を総括した結果，当社取締役会は，2018年3月期の取締役会の実効性は適切に確保されていると判断しました。
<更なる実効性向上に向けた取組み>
・取締役会の構成について
　取締役会の構成については，社外比率，適正人数，適切な社外取締役の確保等について多様な意見がありました。
　当社取締役会では，これらの意見を踏まえ，当社が選択するガバナンス体制における取締役会の位置づけに応じた適切な構成を不断に検討してまいります。
・取締役会での審議項目について
　取締役会での審議項目については，社外役員を交えて議論するのに適した議題設定を検討するとともに，戦略，ガバナンス，コンプライアンス，サイバーセキュリティ等全社的なテーマや世の中のトレンド・時事を踏まえた議題について，定期的に議論の機会を設けるべきとの意見がありました。
　当社取締役会では，当社の経営に対して取締役会がもたらす付加価値の増大という観点から，取締役会での審議項目の適切な設定について引き続き検討して参ります。
・取締役会の審議方法について
　取締役会の審議方法について，フリーディスカッションの機会の設定を望む等との意見がありました。
　当社取締役会では，これらの意見も踏まえ，取締役会の審議方法の見直しを進めてまいります。
・諮問委員会に関する事項について
　諮問委員会に関する事項については，各諮問委員会の審議内容の定期的な取締役会への報告の他，諮問委員会のスケジュール・開催頻度の設定に関する意見がありました。
　当社取締役会では，これらの意見を踏まえ，取締役会の諮問委員会の運営方法の見直しを検討して参ります。
当社取締役会は，上記の点を含め，取締役会の実効性の維持・向上に引き続き取組み，取締役会による経営に対する万全の監督を担保するとともに，持続的な企業価値の向上を目指してまいります。

コード	社　　　名	ＣＧ形態
8035	東京エレクトロン	監査役会設置会社

招集通知の記載
―

CG報告書の記載

当社取締役会の実効性に関する評価結果の概要について
　当社のガバナンスおよび取締役会の実効性をさらに高めるため，2017年6月から2018年4月までの活動を振り返り，当社取締役会の実効性に関する討議，評価を実施いたしました。その結果の概要を下記のとおりお知らせいたします。
記
１．実効性評価の方法
　取締役，監査役全員に取締役会および指名委員会・報酬委員会の実効性に関する質問形式によるアンケートを実施し，回答を得ました。このアンケート結果に加え，社外取締役および社外監査役を主たるメンバーとしての意見交換・討議を実施したうえで，取締役会全体でそれらを共有し，当社取締役会の実効性に関する評価を実施いたしました。
２．取締役会の実効性に関する分析および評価の結果

当社取締役会では，多様な見識・経験を有する取締役および監査役による活発な議論が行われており，重要な事案についてはリスクの観点等からも精査し，率直な議論および慎重な検討を行っております。また，取締役会の場とは別に，オフサイトミーティングを開催し，経営戦略・ビジョンにかかるテーマについて重点的に討議を行いました。一方，取締役会の各内部委員会につきましては，指名委員会からは後継者育成計画に基づく活動の報告を，報酬委員会からは中期業績との連動性を高めた報酬制度に関する提案を取締役会に対して行いました。

こうした状況のもと，当社取締役会は，コーポレートガバナンス・ガイドラインにおいて定める「経営戦略およびビジョンを示すこと」，「戦略的な方向性を踏まえた重要な業務執行の決定を行うこと」といった取締役会の役割を適切に果たしており，指名委員会・報酬委員会を含め有効に機能しているものと判断いたします。

３．今後の課題，取り組み方針

当社取締役会は，当社グループの中長期のビジョン，成長戦略等にかかる議論を深めるべく，引き続き，決議や報告事項に加えて討議事項の充実に努めてまいります。また，社外取締役および社外監査役を主たるメンバーとした意見交換，議論の機会を多く設けることなどにより，多様性に富む意見をふまえ，適切で意義ある意思決定がなされるよう努めてまいります。

加えて，社外役員比率の適正化や，ジェンダー，国際性等の多様性に配慮した取締役会構成につきましては，引き続き検討してまいります。

コード	社　　　名	ＣＧ形態
8053	住友商事	監査役会設置会社

招集通知の記載

【取締役会評価の実施】

取締役会の実効性の維持・向上のため，毎年，取締役及び監査役による自己評価等の方法により，取締役会の実効性についての分析，評価を行い，その結果の概要を開示しています。2016年度の取締役会の実効性評価及びその結果の概要並びに2017年度の主な取組は以下のとおりです。

１．評価の手法
　(1) 対象者
　　　取締役全員（13名）及び監査役全員（5名）
　(2) 実施方法
　　　2017年3月～4月にアンケートを実施しました（回答は匿名）。＊実施に当たっては第三者（外部コンサルタント）を活用
　(3) 評価項目
　　　① 取締役会の役割・責務
　　　② 取締役会の構成
　　　③ 取締役の役割と資質
　　　④ 取締役会の運営
　(4) 評価プロセス
　　　第三者（外部コンサルタント）が集計したアンケートの回答内容をもとに，分析した結果を取締役会に報告し，洗い出された課題に対する改善策を検討しました。

２．評価結果の概要

全評価項目において概ね肯定的な評価であり，実効性を有する取締役会の実現に向けたさまざまな改革を実施し，着実に成果を上げているというものでした。

一方，取締役会の実効性の更なる向上のため，取締役会資料の質の改善や社内・社外役員同士の議論の活発化等が課題として指摘されました。

３．2016年度取締役会評価における課題への2017年度の主な取組

上記2の指摘内容を踏まえ，専門用語等を解説した用語集を新たに作成して取締役及び監査役全員に配付したほか，取締役会において，付議される案件の審議に際し，経営会議での論点の説明を引き続き行うなど，取締役会の実効性を更に向上させるための改善施策を実施しました。また，中長期的な企業価値の向上と持続的な成長に対するインセンティブ等に配慮した役員報酬制度及び役員の業績評価の基準について，指名・報酬諮問委員会で検討し，その答申内容に基づいて取締役会で役員報酬制度の改定を決定しました。今後も引き続きPDCAサイクルにより取締役会の実効性向上に向けて取り組んでまいります。

CG報告書の記載

（補充原則4-11③）

取締役会の実効性の維持・向上のため，毎年，取締役及び監査役による自己評価等の方法により，取締役会の実効性についての分析，評価を行い，その結果の概要を開示しています。

2017年度の取締役会の実効性評価及びその結果の概要は，以下のとおりです。

1．評価の手法
 (1) 対象者：取締役全員（9名）および監査役全員（5名）
 (2) 実施方法：2018年3月～4月にアンケートを実施しました。（回答は匿名）　＊実施に当たっては第三者（外部コンサルタント）を活用
 (3) 評価項目：①取締役会の役割・責務　②取締役会の構成　③取締役の役割と資質　④取締役会の運営
 (4) 評価プロセス：第三者（外部コンサルタント）が集計したアンケートの回答内容をもとに，分析した結果を取締役会に報告しました。
2．評価結果の概要
　全評価項目において概ね肯定的な評価であり，実効性を有する取締役会の実現に向けた様々な改革を実施し，着実に成果を上げており，その努力は社外役員からも高く評価されている，というものでした。
　一方，取締役会の実効性の更なる向上のため，取締役会における審議の一層の充実及び取締役に提供する情報の充実等が取り組むべき課題として指摘されました。
　今後，取締役会で議論のうえ，取締役会の実効性の向上に向けた改善に取り組んでまいります。
【2016年度取締役会評価における課題への2017年度の主な取組】
　前年度の取締役会評価において課題として指摘があった，取締役会資料の質の改善や社内・社外役員同士の議論の活発化等については，2017年度に，専門用語等を解説した用語集を新たに作成して取締役及び監査役全員に配付したほか，取締役会において，付議される案件の審議に際し，経営会議での論点の説明を引き続き行うなど，取締役会の実効性を更に向上させるための改善施策を実施しました。また，中長期的な企業価値の向上と持続的な成長に対するインセンティブ等に配慮した役員報酬制度及び役員の業績評価の基準について，指名・報酬諮問委員会で検討し，その答申内容に基づいて取締役会で役員報酬制度の改定を決定しました。今後も引き続き取締役会の実効性向上に向けて取り組んでまいります。

コード	社　　　　名	ＣＧ形態
8058	三菱商事	監査役会設置会社

招集通知の記載

取締役会の実効性評価
　三菱商事では，継続的にコーポレート・ガバナンスの実効性向上を図るため，毎年取締役会評価を実施することとしています。平成28年度は第三者評価を行いました。平成29年度は自己評価を基本として，評価のテーマを「取締役会の更なる活性化」とし，独立社外役員である西山取締役，高山監査役が中心となって，質問項目の策定，分析・評価を行いました。概要及び評価結果は以下のとおりです。
　三菱商事では，本評価結果にて浮かび上がった課題や，各取締役・監査役からの意見・提言に対するガバナンス・指名・報酬委員会，取締役会による分析・評価を踏まえ，更なる取締役会の実効性向上のための施策に取り組んでいきます。
プロセス
1．ガバナンス・指名・報酬委員会で平成29年度取締役会評価のプロセス・テーマについて審議
2．全取締役及び監査役に対しアンケート及びヒアリングを実施
3．ヒアリング結果を取り纏め，今後の方針を含めガバナンス・指名・報酬委員会で審議
4．ガバナンス・指名・報酬委員会での審議結果を踏まえ，取締役会にて分析・評価するとともに，今後の方針を共有
質問事項
　平成29年度施策の評価，取締役会の構成・体制，運営，監督・監査機能，自身の関与状況，取締役会の活性化　等
評価結果及び今後の取組課題
・ガバナンス体制として，監査役制度を基礎とするハイブリッドモデルがよく機能しており，社外役員への情報提供，社外役員同士・執行側とのコミュニケーションも十分に行われている。
・取締役会の構成，運営，審議等は適切であり，取締役会では意思決定機能・監督機能を発揮する体制が十分に整備されており，適切にその機能を果たしている。また，監査役の自己評価として，取締役会における監査役の役割が果たされている。
・平成28年度取締役会評価の結果を受けて取り組んだ平成29年度の施策（事業投資先訪問等）については高く評価された。一方，戦略・重要事項に関する審議については引き続き拡充を図る必要がある。
・今後の取組課題としては，平成29年度を通じて議論を継続してきた取締役会の活性化の観点から，全社・グループ戦略，主要事業投資先のモニタリング拡充，審議事項の見直し，議論の充実に向けたフィードバック・フォローアップの拡充，取締役会以外の場でのコミュニケーションの更なる活性化，後継者計画・選任プロセスへの社外役員の関与のあり方の検討等が挙げられた。

CG報告書の記載

m. 補充原則4-11-3
■取締役会の実効性評価
　三菱商事では,継続的にコーポレート・ガバナンスの実効性向上を図るため,毎年取締役会評価を実施することとしています。2016年度は第三者評価を行いました。2017年度は自己評価を基本として,評価のテーマを「取締役会の更なる活性化」とし,独立社外役員である西山取締役,高山監査役が中心となって,質問項目の策定,分析・評価を行いました。
　概要及び評価結果は以下の通りです。
［プロセス］
1．ガバナンス・指名・報酬委員会で2017年度取締役会評価のプロセス・テーマについて審議
2．全取締役及び監査役に対しアンケート及びヒアリングを実施
3．ヒアリング結果を取り纏め,今後の方針を含めガバナンス・指名・報酬委員会で審議
4．ガバナンス・指名・報酬委員会での審議結果を踏まえ,取締役会にて分析・評価するとともに,今後の方針を共有
［質問事項］
　2017年度施策の評価,取締役会の構成・体制,運営,監督・監査機能,自身の関与状況,取締役会の活性化　等
［評価結果及び今後の取組課題］
・ガバナンス体制として,監査役制度を基礎とするハイブリッドモデルがよく機能しており,社外役員への情報提供,社外役員同士・執行側とのコミュニケーションも十分に行われている。
・取締役会の構成,運営,審議等は適切であり,取締役会では意思決定機能・監督機能を発揮する体制が十分に整備されており,適切にその機能を果たしている。また,監査役の自己評価として,取締役会における監査役の役割が果たされている。
・2016年度取締役会評価の結果を受けて取り組んだ2017年度の施策（事業投資先訪問等）については高く評価された。一方,戦略・重要事項に関する審議については引き続き拡充を図る必要がある。
・今後の取組課題としては,2017年度を通じて議論を継続してきた取締役会の活性化の観点から,全社・グループ戦略,主要事業投資先のモニタリング拡充,審議事項の見直し,議論の充実に向けたフィードバック・フォローアップの拡充,取締役会以外の場でのコミュニケーションの更なる活性化,後継者計画・選任プロセスへの社外役員の関与のあり方の検討等が挙げられた。
　三菱商事では,本評価結果にて浮かび上がった課題や,各取締役・監査役からの意見・提言に対するガバナンス・指名・報酬委員会,取締役会による分析・評価を踏まえ,更なる取締役会の実効性向上のための施策に取り組んでいきます。

コード	社　　　　　名	Ｃ　Ｇ　形　態
8233	高島屋	監査役会設置会社

招集通知の記載
—

CG報告書の記載

補充原則4-11-3【取締役会全体の実効性についての分析・評価】
　当社は,取締役会の実効性を高め,企業価値を向上させることを目的とし,2015年度より取締役会評価を行っております。2017年度は2018年2月に実施いたしました。
　評価項目につきましては,コーポレートガバナンス・コードにおいて関係する原則等を踏まえ,当社取締役会が果たすべき責務・役割が発揮できているか,機能発揮のための適切な体制整備や取締役会運営ができているか,といった視点で実施いたしました。
　評価の手法といたしましては,全ての取締役10名,監査役4名に対してアンケートを実施いたしました。その後,社外取締役3名,社外監査役2名に対してはアンケート結果を基にした個別ヒアリングを実施いたしました。そのアンケート・ヒアリング結果を踏まえ,2018年2月取締役会において,取締役会の自己評価を行いました。
　アンケート・ヒアリング内容は概ね肯定的な結果であり,その結果,当社の取締役会として果たすべき意思決定や経営監督の機能発揮や,機能発揮のための体制整備および運営に大きな問題がないことが確認されました。
　一方で,社内外の取締役,監査役より,更なる取締役会の実効性向上のための前向きな改善意見が提出されました。具体的には,グループ全体戦略の方向付けに関する議論時間の拡充やグループ経営管理体制・業務執行状況への監督強化,任意で設定している指名委員会・報酬委員会の一層の活用と取締役会との連携の強化等が必要であることが確認されました。これらの課題に対しては個別対策案も同取締役会内で検討され,次年度取締役会より順次実行いたします。

今後も，年に1回の取締役会評価をPDCAサイクルに基づき実施することで，更なる実効性の向上に努めてまいります。

コード	社 名	Ｃ Ｇ 形 態
8267	イオン	指名委員会等設置会社

招集通知の記載
―

CG報告書の記載

【補充原則4-11(3). 取締役会の実効性についての分析・評価の概要】
(1) 評価方法
　2017年度は，「社外取締役ミーティング」で取締役会審議の質向上についての意見交換を行い，課題を共有したうえでアンケート調査およびインタビューを実施しました。アンケートでは，取締役会の運営・構成・責務についての評価に加え，前年度に設定した「イオングループの中長期課題」に関する議論の充実度・満足度を評価しました。これらをもとに2018年4月取締役会においてその評価結果と改善計画を確認しました。
(2) 取締役会の評価ポイント
　① 前年からの重要課題に対する管理・監督が十分に果たせたか
　② 論点が明確にされた資料及び報告をもとに有効な議論がなされたか
(3) 評価結果の概要
　2017年度イオン㈱取締役会の実効性は相応に確保され前年度よりも向上していると評価しました。その評価の概要は以下の通りです。
　① 前年度に設定した「イオングループの中長期課題」について重点的な議論を行いました。その議論において，社外取締役からの高い知見に基づいた有益な助言がなされています。
　② アンケート結果により，報告および資料について簡潔に表現される等の改善が進んでいると評価されました。今後も，論点の明確な報告と簡潔な資料の作成をさらに進めていきます。
　③ 本年は社外取締役とCEOとの面談を行うよう社外取締役ミーティングで提案があり，結果として有意義な議論が行われるなど，社外取締役の経営への監督機能が向上しています。
(4) 課題への対応
　更なるガバナンスの強化・監督機能の向上に向け，以下の項目について2018年度取締役会および政策審議等で重点的に審議します。
＜企業価値向上のための議案選定について＞
・イオングループの中長期課題（継続）
・中期経営計画の進捗・実行の管理・監督
・ホールディングスとしての機能充実とグループガバナンスの強化
＜2018年度取締役会の評価ポイント＞
　① イオングループの中長期課題が前年から改善されたか（数値・仕組みともに）
　② 中期経営計画の各施策に対する管理・監督が十分に果たせたか
　本実効性評価を踏まえ，取締役会がその監督機能を最大限発揮するために必要な施策を推進し，コーポレートガバナンスの一層の強化に努めます。

コード	社 名	Ｃ Ｇ 形 態
8303	新生銀行	監査役会設置会社

招集通知の記載
CG報告書と同旨のため省略

CG報告書の記載

【補充原則4-11(3) 取締役会の実効性の分析・評価】
　当行は，取締役会の機能向上を図るため，取締役会全体に対する実効性評価・分析を定期的に行うことと定めております。
　2017年度は，以下の概要で自己評価を実施しました。
(1) 目的：取締役会が自らに求められる役割・責務を果たしているかを自己評価し，PDCAサイクルを回すことにより，その機能向上に役立てること
(2) 分析・評価対象：取締役会の活動，および当該活動を効率的・効果的に行うための運営・支援体制
(3) 実施主体：取締役会出席者全員（取締役，監査役，その他の計11名）による評価。監査役のみを対象とした質問も実施

(4) 分析・評価項目：取締役会での議論の内容，執行側による取締役会の運営，取締役会の構成・メンバー，執行側からの取締役会への情報提供，ストラテジーセッションでの議論の内容，執行側によるストラテジーセッションの運営，コミュニケーション，取締役会実効性第三者評価の必要性，監査役からの評価等
(5) 分析・評価手段：取締役会議長の指示に基づき取締役会事務局によるアンケート調査（選択回答および自由回答）
(6) 結果のフィードバック：選択結果および自由回答を取締役会に報告

アンケート結果として，取締役会およびストラテジーセッションの議論の内容については，中長期的なビジネスビジョン，企業価値向上および持続的成長のためのビジネスモデルのための議論が建設的になされており，企業価値の向上や持続的成長に貢献しているとの一定の評価を得られました。

ストラテジーセッションの有効性については，昨年の評価でも確認し継続する方向で一致していましたが，本年においてもビジネス戦略を検討していく上で引き続き有効であると評価しております。

その一方，取締役会の構成・メンバーについては，ダイバーシティーやメンバー構成のバランス等により一層配慮すべきであることを確認しました。

執行側による取締役会およびストラテジーセッションの運営については，議題の選定や審議の時間配分に対しては概ねメリハリが効いているとの評価であり，昨年より改善がみられる一方，審議時間が長いという評価もあり，従前からの課題でもある説明省略議案の選定や簡潔な説明等に一層努めることで，より効率的でメリハリのある運営に取り組む必要があることを再確認しました。

執行側から取締役会への情報提供については，資料の内容を含め概ね肯定的な回答が得られましたが，取締役会における説明については引き続き改善が必要であることが認識されました。

今年度初めて質問項目とした第三者による実効性評価の実施の必要性に関しては，取締役会の意向を踏まえつつ，その活用および実施の必要性について検討してまいります。

また，監査役を対象にした質問において，全般として取締役は期待されている責務を適切に遂行していると，監査役は評価していることが確認されました。

同アンケートにおいて，適切と評価された項目や昨年から改善がみられた項目については，維持・向上に努めるとともに，課題については検討・改善等を図り，更なる取締役会の実効性および機能の向上に取り組んでまいります。

コード	社　　　名	ＣＧ形態
8304	あおぞら銀行	監査役会設置会社
招集通知の記載		
—		
CG報告書の記載		

【補充原則4-11-③】（取締役会の実効性分析・評価）

　当行は，取締役会全体の実効性について，事業年度毎に分析・評価を行い，新たな問題提起や継続課題に対し，改善・解決策を検討・実施するという，継続的なプロセス（PDCAサイクル）を通じて，取締役会の更なる実効性向上に取組んでおります。取締役会は，株主に対する受託者責任・説明責任を踏まえ，会社の持続的成長と中長期的な企業価値向上に向け，引き続き，各取締役・各監査役の知識・経験・能力を十分活用した取締役会の運営および監督機能等に対する評価ならびに意見に基づき，取締役会全体の実効性等につき自己評価を実施し，取締役会において十分議論の上，結果を共有しております。

　平成29年度の取締役会では，適切な体制の下，引き続き，活発な議論と意見交換を通じ，取締役会の役割・責務が適切に果たされ，全体として，取締役会の適切性・実効性が十分確保されていたと評価しております。

　今後についても，取締役会として，更なる実効性向上のため，現在の監査役会設置会社の機関設計を維持しつつ，社外取締役を中心に構成される指名報酬委員会および監査コンプライアンス委員会も十分活用しながら，経営戦略等の重要課題に対する建設的な議論・意見交換を通じて，更なるモニタリング・監督機能の向上を図ってまいります。

コード	社　　　名	ＣＧ形態
8306	三菱UFJフィナンシャル・グループ	指名委員会等設置会社
招集通知の記載		

【補充原則4-11-3】
■取締役会評価
・当社は，毎年，取締役会全体の実効性を分析・評価し，洗い出された課題に対する改善策を検討・実施しております。その進捗状況をレビューするPDCAサイクルを回すことにより，取締役会の機能向上に継続的に取り組んでおります。

・評価の手法として，第三者機関の外部コンサルタントを活用し，取締役全員を対象に取締役会・委員会の構成，議案・議論，運営，貢献等に関する事前アンケートとインタビューを実施しております。その結果を集計の上，指名・ガバナンス委員会及び取締役会において審議を行っております。
・2017年度の取締役会評価結果の概要は以下のとおりです。
（1） 昨年度の取締役会評価結果を踏まえ，招聘した外国人社外取締役2名の支援体制を強化するなど，取締役会のグローバル化を着実に前進させました。また，各委員会間，内外の主なグループ子会社との役割分担を明確化するために各委員会のチャーターを制定し，持株と主なグループ子会社間における社外取締役同士の交流や持株監査委員と監査等委員会等の交流も行うなどグループガバナンス態勢を進化させました。また，昨年に引き続き主要ポスト及び社外取締役の後継者計画に関する議論も重ねております。その結果，取締役会および傘下各委員会における「議案・議題」や「各取締役の貢献」等，企業統治の「実質」面での改善が確認され，着実にガバナンスの高度化が進んでいるとの評価を受けました。
（2） 一方，取締役会の構成については，多様化の推進は為されたものの，取締役の総数・社内と社外の比率について課題を指摘されたため，本年度より，取締役総数を18名から15名に削減するとともに社外取締役が過半数を占める構成に変更いたしました。また，グループ視点での取締役会議案の選定や，更なる改善が見込める取締役会資料に関しては課題であると認識されました。
・上記の結果を踏まえ，取締役会では，様々なステークホルダーの期待に応え，持続的な成長と中長期的な企業価値向上を図るべく，引き続きコーポレート・ガバナンス態勢の実効性向上に取り組んでいきます。

CG報告書の記載

【補充原則4-11-3】
■取締役会評価
・当社は，毎年，取締役会全体の実効性を分析・評価し，洗い出された課題に対する改善策を検討・実施しております。その進捗状況をレビューするPDCAサイクルを回すことにより，取締役会の機能向上に継続的に取り組んでおります。
・評価の手法として，第三者機関の外部コンサルタントを活用し，取締役全員を対象に取締役会・委員会の構成，議案・議論，運営，貢献等に関する事前アンケートとインタビューを実施しております。その結果を集計の上，指名・ガバナンス委員会及び取締役会において審議を行っております。
・2017年度の取締役会評価結果の概要は以下のとおりです。
（1） 昨年度の取締役会評価結果を踏まえ，招聘した外国人社外取締役2名の支援体制を強化するなど，取締役会のグローバル化を着実に前進させました。また，各委員会間，内外の主なグループ子会社との役割分担を明確化するために各委員会のチャーターを制定し，持株と主なグループ子会社間における社外取締役同士の交流や持株監査委員と監査等委員会等の交流も行うなどグループガバナンス態勢を進化させました。また，昨年に引き続き主要ポスト及び社外取締役の後継者計画に関する議論も重ねております。その結果，取締役会および傘下各委員会における「議案・議題」や「各取締役の貢献」等，企業統治の「実質」面での改善が確認され，着実にガバナンスの高度化が進んでいるとの評価を受けました。
（2） 一方，取締役会の構成については，多様化の推進は為されたものの，取締役の総数・社内と社外の比率について課題を指摘されたため，本年度より，取締役総数を18名から15名に削減するとともに社外取締役が過半数を占める構成に変更いたしました。また，グループ視点での取締役会議案の選定や，更なる改善が見込める取締役会資料に関しては課題であると認識されました。
・上記の結果を踏まえ，取締役会では，様々なステークホルダーの期待に応え，持続的な成長と中長期的な企業価値向上を図るべく，引き続きコーポレート・ガバナンス態勢の実効性向上に取り組んでいきます。

コード	社　　　　名	Ｃ　Ｇ　形　態
8308	りそなホールディングス	指名委員会等設置会社

招集通知の記載
―

CG報告書の記載

【補充原則4-11-3　取締役会全体の実効性について分析・自己評価】
【取締役会評価の実施概要及び目的】
　「コーポレートガバナンスに関する基本方針」第9条（自己評価）に記載のとおり，取締役会は，毎年，各取締役による取締役会の運営，議題及び機能等に対する評価及び意見をもとに，取締役会全体の実効性等について分析及び評価を行っております。2017年度においては，全取締役に対する取締役会の運営，議題，機能等に関する評価のアンケート形式での実施ならびに社外取締役ミーティングにおける取締役会の実効性評価に関する議論内容に基づき，2018年5月に開催された取締役会において，その分析及び評価結果について審議しました。取締役会としては，その分析及び評価結果等を取締役会の更なる改善に活用し，取締役会の監督機能及び意思決定機能の向上を図ってまいります。

【前回（2016年度）の取締役会評価結果における課題に対する2017年度の取組みについて】
① 資料構成・説明等の改善
　・取締役会資料への論点の明示，ポイントをおさえた説明等を徹底することで，効果的な議論形成に繋げました。
② 戦略の実行状況に関する議論拡充のための議題の選定
　・主要戦略の検討状況の段階的な報告や子銀行の地域戦略に関する報告を通じて，中期経営計画に基づく戦略の実行状況を確認しました。
③ 社外取締役の知見の更なる活用
　・フリーディスカッション等を通じて，中期経営計画の主要戦略であるオムニ・アドバイザーの育成にかかる意見吸収やフィンテックに関する意見交換，あるいはマクロ経済動向等の外部環境認識を踏まえた当社課題について意見交換を実施いたしました。

【今回（2017年度）の取締役会評価結果の概要および今後の課題解決に向けた取組みについて】
　2017年度の評価では，取締役会は，全体として「概ね適切」に運営されており，引き続き取締役会の実効性は確保されていると評価しております。また，2018年4月に開催された社外取締役ミーティングにおいて，「議長の議事進行」等について議論を行い，適切であることを確認しております。
　一方で「資料構成・説明」「議題の選定」「フリーディスカッションの運営」については，2016年度に比べ改善が図られたものの，「社外取締役に対する事前の情報提供」「戦略の実行状況に関する報告内容」および「中長期的な経営課題の認識共有」について，更なる改善が必要と考えております。
　今回の評価結果で認識した課題を踏まえた2018年度の対応策は以下のとおりです。
① 社外取締役に対する事前の情報提供・議案説明の更なる改善
　・取締役会議題における執行部門の検討状況を事前に社外取締役に情報提供するとともに，議案説明時において主要な論点を取締役会長等より適宜，補足することを通じて，より効果的な議論形成に繋げてまいります。
② 取締役会への報告内容の更なる改善
　・業務執行状況報告は，当社の主要課題により焦点を絞って報告を受けることで，会社全体の戦略に対する部門毎の実行状況を確認してまいります。
　・グループ経営管理の観点から，適宜，子会社から業務執行状況報告を受けるなど，りそなグループ全体戦略を踏まえた個社別戦略の実行状況を確認してまいります。
③ フリーディスカッションの運営の更なる改善
　・同一テーマについて複数回にわたりフリーディスカッションを行うなど，当社の中長期的な経営課題に対する集中的な議論を通じて取締役間で早期に課題認識の共有を図ります。
　2018年度は上記の取組みを中心に，取締役の意見等を踏まえた取締役会運営の見直し等を通じて，取締役会における議論の充実を図ってまいります。

＜評価方法及び評価結果の概要＞
　アンケート方式で，下記設問内容（全16項目）について4段階（適切，概ね適切，課題あり，不十分）で評価・・・全体としては「概ね適切」と評価
１．取締役会の運営について　7項目
　①開催頻度：適切　　②所要時間：適切　　③議事進行：適切　　④資料構成：概ね適切
　⑤各議案の説明：概ね適切　　⑥議論・意見交換の充実：適切　　⑦情報提供：概ね適切
２．取締役会の議題について　4項目
　①議題選定：概ね適切　　②定例報告の頻度及び内容（業務執行状況報告）：概ね適切
　③定例報告の頻度及び内容（リスク管理）：概ね適切　　④定例報告の頻度及び内容（委員会）：概ね適切
３．取締役会の機能について　5項目
　①戦略的議題の議論の充実：概ね適切　　②適切なリスクテイクを支える環境整備：適切　　③多角的かつ十分な議案の検討：概ね適切　　④取締役会の構成：概ね適切　　⑤取締役個人の自己評価：概ね適切
※2017年度評価結果については，当社ウェブサイトの以下のページをご覧ください。
http://www.resona-gr.co.jp/holdings/about/governance/governance/pdf/evaluation.pdf
＝＝
（参考）
当社取締役会の実効性に関する分析・自己評価結果
１．取締役会評価の実施概要及び目的
　「コーポレートガバナンスに関する基本方針」第9条（自己評価）に記載のとおり，取締役会は，毎年，各取締役による取締役会の運営，議題及び機能等に対する評価及び意見をもとに，取締役会全体の実効性等について分析及び評価を行っております。2017年度においては，全取締役に対する取締役会の運営，議題，機能等に関する評価のアンケート形式での実施ならびに社外取締役ミーティングにおける取締役会の実効性評価に関する議論内容に基づき，2018年5月に開催された取締役会において，その分析及び評価結果について審議しました。取締役会としては，その分析及び評価結果等を取締役会の更なる改善に活用し，取締役会の監督機能及び意思決定機能の向上を図ってまいります。

2．前回（2016年度）の取締役会評価結果における課題に対する2017年度の取組みについて
　① 資料構成・説明等の改善
　　・質の高い議論形成を目指すべく，資料の統一化と説明時間の厳格化を実施しました。また，インフラ面においても，効率性を意識したペーパーレス会議運営を実現しました。
　　・取締役会資料への論点の明示，ポイントをおさえた説明等を徹底することで，効果的な議論形成に繋げました。
　② 戦略の実行状況に関する議論拡充のための議題の選定
　　・主要戦略の検討状況の段階的な報告や子銀行の地域戦略に関する報告を通じて，中期経営計画に基づく戦略の実行状況を確認しました。
　③ 社外取締役の知見の更なる活用
　　・フリーディスカッション等を通じて，中期経営計画の主要戦略であるオムニ・アドバイザーの育成にかかる意見吸収やフィンテックに関する意見交換，あるいはマクロ経済動向等の外部環境認識を踏まえた当社課題について意見交換を実施いたしました。

3．今回（2017年度）の取締役会評価結果の概要および今後の課題解決に向けた取組みについて
　2017年度の評価では，取締役会は，全体として「概ね適切」に運営されており，引き続き取締役会の実効性は確保されていると評価しております。また，2018年4月に開催された社外取締役ミーティングにおいて，「議長の議事進行」等について議論を行い，適切であることを確認しております。
　一方で「資料構成・説明」「議題の選定」「フリーディスカッションの運営」については，2016年度に比べ改善が図られたものの，「社外取締役に対する事前の情報提供」「戦略の実行状況に関する報告内容」および「中長期的な経営課題の認識共有」について，更なる改善が必要と考えております。
　今回の評価結果で認識した課題を踏まえた2018年度の対応策は以下の通りです。
　① 社外取締役に対する事前の情報提供・議案説明の更なる改善
　　・取締役会議題における執行部門の検討状況を事前に社外取締役に情報提供するとともに，議案説明時において主要な論点を取締役会議長等より適宜，補足することを通じて，より効果的な議論形成に繋げてまいります。
　② 取締役会への報告内容の更なる改善
　　・業務執行状況報告は，当社の主要課題により焦点を絞って報告を受けることで，会社全体の戦略に対する部門毎の実行状況を確認してまいります。
　　・グループ経営管理の観点から，適宜，子会社から業務執行状況報告を受けるなど，りそなグループ全体戦略を踏まえた個社別戦略の実行状況を確認してまいります。
　③ フリーディスカッションの運営の更なる改善
　　・同一テーマについて複数回にわたりフリーディスカッションを行うなど，当社の中長期的な経営課題に対する集中的な議論を通じて取締役間で早期に課題認識の共有を図ります。
　2018年度は上記の取組みを中心に，取締役の意見等を踏まえた取締役会運営の見直し等を通じて，取締役会における議論の充実を図ってまいります。

＜評価方法及び評価結果の概要＞
　アンケート方式で，下記設問内容（全16項目）について4段階（適切，概ね適切，課題あり，不十分）で評価・・・全体としては「概ね適切」と評価
1．取締役会の運営について7項目
　①開催頻度：適切　　②所要時間：適切　　③議事進行：適切　　④資料構成：概ね適切
　⑤各議案の説明：概ね適切　　⑥議論・意見交換の充実：適切　　⑦情報提供：概ね適切
2．取締役会の議題について4項目
　①議題選定：概ね適切　　②定例報告の頻度及び内容（業務執行状況報告）：概ね適切
　③定例報告の頻度及び内容（リスク管理）：概ね適切
　④定例報告の頻度及び内容（委員会）：概ね適切
3．取締役会の機能について5項目
　①戦略的課題の議論の充実：概ね適切　　②適切なリスクテイクを支える環境整備：適切
　③多角的かつ十分な議案の検討：概ね適切　　④取締役会の構成：概ね適切
　⑤取締役個人の自己評価：概ね適切

コード	社　　　　名	ＣＧ形態
8309	三井住友トラスト・ホールディングス	指名委員会等設置会社
招集通知の記載		
－		

CG報告書の記載

【補充原則4-11-3】
＜取締役会全体の実効性に係る分析・評価の結果の概要＞
　当社は，毎年，取締役会全体の実効性を評価（以下，「取締役会評価」といいます）し，抽出した課題に対する改善策を検討・実施していくことで，PDCAサイクルを機能させ，取締役会の実効性向上に取り組んでいます。
　2017年度の取締役会評価では，当社が機関設計を指名委員会等設置会社へ移行したことを踏まえ，委員会に関する評価を開始するとともに，取締役会の監督機能の発揮状況に関する評価項目を充実させて取り組みました。
　なお，取締役会評価の結果については，取締役会での審議に加え，社外取締役だけが参画する社外取締役会議でも意見交換を実施しました。
＜評価プロセス＞
　2017年度の取締役会評価においては，以下の通り，第三者の視点を活用しつつ，アンケート及びインタビューを実施の上，取締役会及び各委員会に対する実効性の評価を実施しました。
・評価対象
　取締役会，指名委員会，報酬委員会，監査委員会，リスク委員会，利益相反管理委員会
・回答者
　全取締役，各委員会の全委員（取締役以外の社外委員を含む）
・回答方法
　① 全取締役，各委員会の全委員に対するアンケート（5段階評価の選択式設問および記述式設問）
　② 社外取締役に対する社外有識者によるインタビュー
＜2017年度の取締役会評価に関する実施結果の概要と今後の取り組み＞
　2017年度の取締役会評価において，当社は，取締役会及び各委員会がそれぞれの目的を意識して運営されることで審議の活性化と客観性・透明性の向上が図られており，一定の実効性を確保していると評価しております。
　一方，本評価を通じ，取締役会及び各委員会が改善・向上すべき課題として以下の3点を認識したことから，これらの課題に継続的に取り組むこととしております。
① 取締役会の効率的で充実した審議に資する運営インフラの磨き上げ
② 中期経営計画推進にあたっての経営上の重要事項に関するさらなる監督機能の発揮
③ 取締役会・各委員会の一層の機能発揮に向けた取締役会・各委員会間の連携高度化
　当社は，持続的な成長と中長期的な企業価値の向上を目指し，引き続き取締役会評価を通じたPDCAサイクルを機能させることで，取締役会及び各委員会のさらなる実効性の向上に取り組んでまいります。
　なお，2017年度　取締役会評価の実施結果の概要については，当社Webサイトに掲載しています。
https://www.smth.jp/about_us/management/governance/evaluation.pdf
==
（参考）
2017年度取締役会評価の実施結果（概要）について
　当社は，毎年，取締役会全体の実効性を評価（以下，「取締役会評価」といいます）し，抽出した課題に対する改善策を検討・実施していくことで，PDCAサイクルを機能させ，取締役会の実効性向上に取り組んでいます。
　2017年度の取締役会評価では，当社が機関設計を指名委員会等設置会社へ移行したことを踏まえ，委員会に関する評価を開始するとともに，取締役会の監督機能の発揮状況に関する評価項目を充実させて取り組みました。
　なお，取締役会評価の結果については，取締役会での審議に加え，社外取締役だけが参画する社外取締役会議でも意見交換を実施しました。
1．評価プロセス
　2017年度の取締役会評価においては，以下のとおり，第三者の視点を活用しつつ，アンケートおよびインタビューを実施の上，取締役会および各委員会に対する実効性の評価を実施しました。
評価対象　取締役会，指名委員会，報酬委員会，監査委員会，リスク委員会，利益相反管理委員会
回答者　全取締役，各委員会の全委員（取締役以外の社外委員を含む）
回答方法
　① 全取締役，各委員会の全委員に対するアンケート（5段階評価の選択式設問および記述式設問）
　② 社外取締役に対する社外有識者によるインタビュー
評価項目
　① 取締役会の構成・審議・運営等7項目
　② 取締役会の資料・事前説明等5項目
　③ 取締役会の監督機能の発揮9項目
　④ 各委員会の機能発揮1項目および以下の各委員会の自己評価項目
・指名委員会　　　10項目
・報酬委員会　　　10項目

・監査委員会　　　16項目
・リスク委員会　　 9項目
・利益相反管理委員会9項目
　⑤　取締役会での審議希望テーマ等3項目
＜評価のポイント＞
⑴　2017年度の取締役会評価においては，従来から実施している社外有識者による社外取締役へのインタビューを通じた第三者の視点の活用に加え，取締役会の「監督機能の発揮状況」の評価項目をこれまで以上に充実させて取り組みました。
⑵　取締役会が内部機関である各委員会に対する評価を実施したほか，各委員会がそれぞれの委員会に関する自己評価を実施しました。
⑶　実施結果を踏まえ，2018年4月の取締役会において，監督機関としての視点，取締役会と各委員会の間の諮問・答申プロセス，運営の工夫などについて議論し，取締役会および各委員会の監督機能発揮に関する認識を共有しました。
⑷　上記の取締役会における審議に加え，社外取締役だけが参画する社外取締役会議においても取締役会評価の実施結果等について意見交換を実施し，翌月の取締役会においては，それまでの会議で出た意見を踏まえつつ，取締役会や各委員会において今後審議を深めるべきテーマについて検討しました。
２．実施結果等
　⑴　2016年度の取締役会評価において認識された課題への取り組み
　　　2016年度の取締役会評価において認識された課題について，2017年度に実施した主な取り組みは以下のとおりです。
①　持株会社の取締役会としての機能発揮に資する運営
　取締役会の付議・報告基準を見直し，原則として，法令で定められた専決事項以外の業務執行の決定を執行役へ委任し，経営上の重要事項に関する執行役からの職務執行状況報告の充実を図るとともに，中長期的な視点に立った経営上の重要課題を「経営テーマ」として選定し，特に結論を得ることを目的とせず，自由に審議する運営を開始するなど，持株会社の取締役会としての機能発揮に資するメリハリのある運営に努めました。
②　効率的で充実した審議に向けた取締役会の運営インフラのレベルアップ
　取締役会資料の様式を改定し，取締役会における審議のポイント，事前審議機関での審議状況，当該案件のリスクや課題をより明確にしたうえで説明する運営を徹底しました。
　また，資料の視認性・会議の効率性を向上させるべく，ペーパーレス会議運営を導入しました。
③　信託銀行グループのビジネスモデルに沿った審議の充実
　前年度の取締役会評価のアンケートにおいて，取締役会等で審議を充実すべきとされた「各事業の戦略と課題」，「主要子会社の業務執行状況」，「ダイバーシティ＆インクルージョンの取組状況」等，信託銀行グループのビジネスモデルやこれを推進する社員に関するテーマについて，取締役会等で審議しました。
　以上の取り組みを踏まえて，2017年度の取締役会評価において，各課題の改善状況を確認した結果，いずれの課題についても2016年度よりも改善したことが確認できました。
⑵　2017年度の取締役会評価に関する実施結果の概要と今後の取り組み
　　2017年度の取締役会評価において，当社は，取締役会および各委員会がそれぞれの目的を意識して運営されることで審議の活性化と客観性・透明性の向上が図られており，一定の実効性を確保していると評価しております。
　　一方，本評価を通じ，取締役会および各委員会が改善・向上すべき課題として以下の3点を認識したことから，これらの課題に継続的に取り組むこととしております。
　①　取締役会の効率的で充実した審議に資する運営インフラの磨き上げ
　②　中期経営計画推進にあたっての経営上の重要事項に関するさらなる監督機能の発揮
　③　取締役会・各委員会の一層の機能発揮に向けた取締役会・各委員会間の連携高度化
　　当社は，持続的な成長と中長期的な企業価値の向上を目指し，引き続き取締役会評価を通じたPDCAサイクルを機能させることで，取締役会および各委員会のさらなる実効性の向上に取り組んでまいります。

コード	社　　　　名	ＣＧ形態
8316	三井住友フィナンシャルグループ	指名委員会等設置会社
招集通知の記載		
―		

CG報告書の記載

○当社は,「SMFGコーポレートガバナンス・ガイドライン」の「取締役会の実効性評価」の項目にて,取締役会は,その職務の執行が同ガイドラインに沿って運用されているかについて毎年,分析・評価を行うことを規定し,開示しております。2017年度については,「コーポレートガバナンス・コード」及び「SMFGコーポレートガバナンス・ガイドライン」に記載されている以下の4点を中心に,2018年4月及び5月取締役会において,全ての社外取締役（計7名）から意見を聴取した上,社内取締役へのインタビュー等も踏まえ,同年6月取締役会において審議を行い,取締役会の職務の執行が,同ガイドラインに沿って運用されているかについて,分析・評価を行いました。本評価については,その実施プロセスの各段階において,外部コンサルティング会社によるレビューを受けております。

(1) 取締役会の構成（原則4-6, 4-8, 4-11）
(2) 取締役会の役割（基本原則4, 原則4-1, 4-2, 4-3, 4-5, 4-7）
(3) 取締役会の運営（基本原則4, 原則4-1, 4-5, 4-6, 4-7, 4-12）
(4) 社外役員へのサポート体制（基本原則4, 原則4-12, 4-13, 4-14）

その結果,当社の取締役会では,前回の実効性評価を踏まえた対応がなされ,取締役会の審議高度化や実効性向上への努力の結果,取締役会が果たすべき監督機能発揮の観点から,実効性をもって運営がなされている,と評価いたしましたが,G-SIFIsの取締役会（指名委員会等設置会社）として,監督機能の強化・執行の迅速化による企業価値の持続的向上に向けて,議題設定・運営面等につき,継続的に検討・見直しを行い,改善策に取り組んでまいります。

1. 取締役会の構成
    取締役会の構成につきましては,次のとおり,評価いたしましたが,指名委員会等設置会社の取締役会のあるべき人数・構成について,継続的な検証・見直しを行ってまいります。
    ・当社取締役17名のうち社外取締役が7名（いずれも2018年3月31日時点）と,全取締役に占める社外取締役の割合は4割を超え,引続き,社外取締役の専門分野・ジェンダー・国際性等の多様性が認められ,社外取締役の立場から当社の経営について意見を述べやすい環境にある。
2. 取締役会の役割
    取締役会の役割につきましては,次のとおり,評価いたしましたが,指名委員会等設置会社の取締役会としての適切な監督機能発揮の観点から,中長期目線の大局的な経営課題（「Big Picture」）を重点テーマとして深く議論するための工夫を行うといった,継続的な検討・見直しが必要であると考えております。
    ・取締役会では,当社の経営理念に掲げる考え方を実現するため,事業戦略等の重要事項に関し,様々なステークホルダーの利益を踏まえつつ,中長期的な企業価値向上に向け,引続き,社外取締役の高い専門性を活かした「建設的な議論・対話」が行われている。
    ・業務計画等の経営の基本方針や業務の執行状況は,経営会議等の執行側での議論状況を踏まえて,複数回に亘り,付議・報告され,適切に審議されており,監督機能を相応に発揮している。
3. 取締役会の運営
    取締役会の運営につきましては,議案数や議案内容,議案毎の審議時間は,概ね,適切な水準に設定されており,取締役が議案の全体像を説明することで役員相互の議論が深まる等,昨年対比,審議が一層活性化していると評価いたしましたが,取締役会において一層闊達な議論を行うため,アジェンダにないテーマを議論する時間の設定や配席の工夫,議論すべきポイントを一層明確化した説明等に取り組んでまいります。
4. 社外取締役へのサポート体制
    社外取締役へのサポート体制につきましては,次のとおり,評価いたしましたが,社外取締役の知見を一層活かすための取組み（例:「社外取締役のみの会合」の更なる活用や,インフォーマルな情報交換の場の設定）を促進していくことが望ましいと考えております。
    ・当社を取り巻く経営環境が変化する中,機動的な経営判断を行うと共に,監督機能を適切に発揮するために必要となる情報は,取締役会のメンバーを対象に,引続き,適時適切に提供されている。
    ・社外取締役を対象とした勉強会や,取締役と執行側や会計監査人等との意見交換の場が適切に設定される等,取締役会が経営判断を行う上で,引続き,適切な支援体制が構築されている。

上記のとおり,取締役会での審議を通じて,当社取締役会の現状について,その内容を確認いたしました。当社の企業価値向上を目指した経営を更に推進すべく,今回の取締役会の実効性評価の結果及びかかるプロセスの中で各取締役から提示された多様な意見を踏まえ,継続的に取締役会の機能向上に取り組んでまいります。【補充原則4-11(3)】

コード	社　　　名	CG形態
8331	千葉銀行	監査役会設置会社

招集通知の記載
―

CG報告書の記載

【補充原則4-11③】（取締役会全体の実効性についての分析・評価）
・当行は2015年度より「取締役会の実効性評価」を年次で実施しております。
・2017年度は，各取締役・監査役に対しアンケートを実施するとともに，より幅広い意見を得るため社外取締役及び監査役からアンケート結果に係る意見を聴取したうえで，その評価結果を取締役会で審議いたしました。
・2017年度の「取締役会の実効性評価」結果の概要は以下のとおりです。
(1) 中期経営計画やアライアンスの進捗状況など，重要戦略に関する議論の充実や資本市場（投資家・株主）の当行への評価について取締役会へのフィードバックを図ったことなどにより，意思決定及び監督の両機能は適切に発揮されており，取締役会全体の実効性を確保していると評価いたしました。
(2) 今年度は，グループチーフオフィサー制の導入や取締役の減員等により取締役会の議論の一層の充実化を進めるとともに，中長期的な視点での銀行経営のあり方などについて取締役間のディスカッションを実施することなどをつうじて，取締役会のさらなる実効性向上に取り組んでまいります。

コード	社　　　　名	Ｃ Ｇ 形 態
8355	静岡銀行	監査役会設置会社

招集通知の記載
―

CG報告書の記載

【補充原則4-11-3】
■取締役会全体の実効性についての分析・評価
　当行の取締役会は，定期的に次の事項の審議や報告を受けることなどにより，その実効性を自ら分析・評価しているほか，取締役会の機能発揮状況との観点では，四半期決算の状況をアドバイザリーボードに報告し，外部有識者の意見や評価をいただいております。
・会社法に基づく内部統制システムの整備・運用状況
・金融商品取引法に基づく財務報告に係る内部統制の整備・運用状況および年間評価計画
・中期経営計画や業務計画についての前期計画の評価と次期計画の策定
　また，毎年，取締役会の議長名により各取締役に対し取締役会全体の実効性についてのアンケート調査を行い，その結果を取りまとめて取締役会で議論・評価を行うこととしております。
　2017年度は，各取締役および各監査役に事前のアンケートを行ったうえで，これも参考としつつ，取締役会において取締役会全体の実効性について議論を行いました。その結果，前年度に比べて審議項目数，審議時間などが改善していることが確認でき，また議論の更なる充実への取り組みとして，取締役会以外でも役員間の意見交換の場を設けるなど，取締役会全体としての実効性は向上していると評価しております。

コード	社　　　　名	Ｃ Ｇ 形 態
8411	みずほフィナンシャルグループ	指名委員会等設置会社

招集通知の記載
―

CG報告書の記載

【補充原則4-11-3】（取締役会の実効性確保のための前提条件）
　取締役会は，毎年，取締役会全体の実効性について分析・評価を行い，その結果の概要を開示することとし，当該評価においては，各取締役が当社のコーポレート・ガバナンスの目指す姿を踏まえつつ，自己評価を行うとともに，少なくとも3年に一度は第三者評価機関による評価を実施します。
　なお，取締役会の実効性評価の運営方針については，「コーポレート・ガバナンスガイドライン」第9条第3項に記載しております。
　（日本語：https://www.mizuho-fg.co.jp/company/structure/governance/g_report.html#guideline）
　（英語：https://www.mizuho-fg.com/company/structure/governance/g_report.html#guideline）
□評価方法
　2016年度の「取締役会の実効性評価」においては，当社の「コーポレート・ガバナンスガイドライン」をベースとし，国内外の法令・慣行も踏まえて2015年度に制定した，取締役会およびコーポレート・ガバナンスに関する〈みずほ〉の「目指す姿」の達成状況を評価いたしました。

評価にあたっては，2016年12月の「社外取締役会議（社外取締役のみ）」において中間評価を実施いたしました。その上で，第三者評価機関の金融業界および企業統治に関する豊富な知見を活用し，全取締役への事前質問票による回答を経た上で，個別インタビューを実施すると共に，カンパニー長へのインタビュー，取締役会事務局および監査委員会事務局との面談に基づいた「第三者評価」を踏まえ，2017年4月および5月の取締役会において，取締役会の実効性確保のための課題と今後に向けた取組みを議論し，自己評価を実施いたしました。
□評価結果の概要
　取締役会およびコーポレート・ガバナンスに関する〈みずほ〉の「目指す姿」が概ね実現され，概ね良好な企業統治実態を確認いたしました。
　企業統治は従来よりも更に高度化され，議論の活性化も以前よりも進歩し，企業統治を前進させるための様々な工夫も実施してきております。
　これらを踏まえ，取締役会全体としての実効性は相応に確保され，昨年度よりも改善していると評価いたしました。
　一方，企業統治の高度化に伴い今後の課題も認識でき，以下の3点について継続的に取り組んでまいります。
(1)　一定レベルに高度化した企業統治を支える仕組みの強化
(2)　監督強化を執行強化に繋げるための更なる工夫
(3)　取締役会および監査委員会の運営の更なる充実
　本実効性評価を踏まえ，取締役会が監督機能を最大限発揮するために必要な更なる工夫を実施・検討してまいります。
　「取締役会の実効性評価」の結果の詳細につきましては，当社のホームページ「2016年度『取締役会の実効性評価』の結果の概要について」をご参照ください。
　（日本語：https://www.mizuho-fg.co.jp/company/structure/governance/g_report.html#evaluation）
　（英語：https://www.mizuho-fg.com/company/structure/governance/g_report.html#evaluation）
　なお，2017年度の「取締役会の実効性評価」につきましては，グループCEOの交代を踏まえ，新体制の下で取締役会の実効性確保のための課題と今後に向けた取組みについて十分に議論を行った上で，評価結果（概要）を開示してまいります。
＝＝
（参考）
コーポレート・ガバナンスガイドライン
（取締役会の運営）
第9条
3．取締役会は，毎年，取締役会全体の実効性について分析・評価を行い，その結果の概要を開示することとし，当該評価においては，各取締役が当社のコーポレート・ガバナンスの目指す姿を踏まえつつ，自己評価を行うとともに，少なくとも3年に一度は第三者評価機関による評価を実施する。
＝＝
（参考）
2016年度「取締役会の実効性評価」結果の概要について
Ⅰ．〈みずほ〉の「コーポレート・ガバナンス改革」と「取締役会の実効性評価」
　当社は，2014年6月に指名委員会等設置会社へ移行して以降，コーポレート・ガバナンスのフロントランナーとして，企業価値向上を目指し「稼ぐ力」につながる「攻め」のガバナンス改革を継続的に進めてまいりました。改革の進捗と成果を確認し今後の課題を認識するために，取締役会全体としての実効性評価を2014年度から毎年度実施しております。
　当社の「取締役会の実効性評価」においては，取締役自らが「ガバナンスはどうあるべきか」を常に考えながら，自己評価を行うべきものと考えております。2014年度は，社外取締役を中心とした自己評価を実施し，2015年度は，「社外取締役会議（社外取締役のみ）」において中間評価を実施すると共に，第三者評価機関による「第三者評価」を踏まえ，取締役会で実効性確保のための課題と今後に向けた取組みを審議し，自己評価を実施いたしました。
　今般，2016年度「取締役会の実効性評価」にあたっても，前年度と同様に，「社外取締役会議（社外取締役のみ）」において中間評価を実施すると共に，第三者評価機関による「第三者評価」を踏まえ，取締役会で実効性確保のための課題と今後に向けた取組みを審議し，自己評価を実施いたしました。
　（具体的な評価手法等は，『Ⅲ．2016年度「取締役会の実効性評価」に関する評価方法』に詳述）。
Ⅱ．2016年度「取締役会の実効性評価」結果の概要
1．2015年度「取締役会の実効性評価」で認識した課題への対応状況について
　前年度評価で認識された諸課題については改善が見られ，一部に課題は残しつつも前進に向けた継続的な努力を確認いたしました。
　（1）　取締役会における議論の更なる充実と効率化
　　　・戦略議案への絞り込み，資料における論点明確化，議案説明の短縮化等に取り組み，取締役会の議論は一層充実しました。

①　説明資料に「取締役会で何を議論するか」をよりシャープに記載すると共に，議論すべきポイントに絞って説明する運営の徹底
　②　「経営の基本方針」である，業務計画および中期経営計画の付議事項を明確化すると共に，「取締役会規程」を改定し，報告事項を絞り込み
　③　「ペーパーレス会議システム」の導入
　・今後は，議論を促すような議案説明，より踏み込んだ議論にするための更なる工夫が必要であると認識いたしました。
(2) 社外取締役の知見の更なる活用と執行への反映
　・「経営状況オフサイトミーティング」を新設し，社外取締役への情報提供と相互理解の場として活用しました（2016年7月〜12月，のべ12回）。
　・執行と監督の相互理解のための更なる取り組みが必要であると認識いたしました。
(3) ステークホルダーとの対話に関する取締役会としての関与のあり方の共有
　・議決権行使や剰余金の配当方針について深度ある議論がなされていること，および投資家との対話や情報開示が強化されていることを確認いたしました（2016年8月，9月および11月の取締役会，ならびに7月および2017年1月の社外取締役会議）。
2．2016年度における取締役会の実効性評価（総括）について
　取締役会およびコーポレート・ガバナンスに関する〈みずほ〉の「目指す姿」が概ね実現され，概ね良好な企業統治実態を確認いたしました。企業統治は従来よりも更に高度化され，議論の活性化も以前よりも進歩し，企業統治を前進させるための様々な工夫も実施してきております。
　これらを踏まえ，取締役会全体としての実効性は相応に確保され，昨年度よりも改善していると評価いたしました。
3．今後に向けた取組みについて
　一方，企業統治の高度化に伴い今後の課題も認識でき，以下の3点について継続的に取り組んでまいります。
(1) 一定レベルに高度化した企業統治を支える仕組みの強化
(2) 監督強化を執行強化に繋げるための更なる工夫
(3) 取締役会および監査委員会の運営の更なる充実
　本実効性評価を踏まえ，取締役会が監督機能を最大限発揮するために必要な更なる工夫を実施・検討してまいります。
Ⅲ．2016年度「取締役会の実効性評価」に関する評価方法
1．評価の枠組み
　当社の「コーポレート・ガバナンスガイドライン」をベースとし国内外の法令・慣行も踏まえて2015年度に設定した，取締役会およびコーポレート・ガバナンスに関する〈みずほ〉の「目指す姿」の達成状況を評価いたしました。なお，評価にあたり，事前質問票およびインタビューの項目は，「取締役会全体」「取締役会構成」「事前準備」「討議内容」「傘下委員会」「執行体制」「その他」の7つに区分しました（全23項目の質問事項について，絶対評価と昨年度比の相対評価（改善度）を各々5段階で評価）。
　特に，「当社のガバナンスの高度化状況/今後，中長期的に克服していくべき最大の課題」「企業統治改革を通じた，執行のレベルアップ状況/今後，改善すべき課題」については記述式とし，重点的に確認いたしました。
2．評価手法
　評価にあたっては，2016年12月の「社外取締役会議（社外取締役のみ）」において中間評価を実施いたしました。その上で，第三者評価機関の金融業界および企業統治に関する豊富な知見を活用し，全取締役からの事前質問票による回答を経た上で，個別インタビューを実施すると共に，カンパニー長へのインタビュー，取締役会事務局および監査委員会事務局との面談に基づいた「第三者評価」を踏まえ，2017年4月および5月の取締役会において，取締役会の実効性確保のための課題と今後に向けた取組みを議論し，自己評価を実施いたしました。
　当社では，評価の枠組みや評価手法の更なる改善に向けて，今後も継続的に検討を進めてまいります。

コード	社　　　名	ＣＧ形態
8601	大和証券グループ本社	指名委員会等設置会社
招集通知の記載		
―		
ＣＧ報告書の記載		

【補充原則4-11-3】取締役会の評価
・当社は，取締役会評価を年次で実施しております。
・全取締役に対し，取締役会の役割・責務，構成，運営方法，議論の状況についてアンケートによる回答を得た上で，専門機関によるインタビューを実施し，その結果を分析・評価しております。評価結果については取締役会へ報告し，議論することによりPDCAサイクルを回し，取締役会の実効性の維持・向上に努めております。

＜平成29年度取締役会の実効性の評価結果の概要＞
・取締役会の役割・責務，構成，運営方法，議論の状況は，取締役会が機能を発揮するために十分なものであり，取締役会の実効性は確保されている旨を確認しております。
・本年4月より開始した新中期経営計画の策定にあたっては，昨年度の取締役会評価結果を踏まえ，取締役会や社外取締役会議において議論を重ねました。その結果，社外取締役の専門知識や経験を踏まえたアドバイスが反映された内容となりました。
・また，機関投資家や株主からの要望等の共有や，AI・Fintechをはじめとした先端技術の活用など，各取締役から多様な意見が寄せられました。
・引き続き，あらゆるステークホルダーからの信頼獲得及び持続的な企業価値の向上に向け，取締役会の実効性向上に取り組んでまいります。

コード	社　　名	ＣＧ形態
8604	野村ホールディングス	指名委員会等設置会社

招集通知の記載
—

CG報告書の記載

＜補充原則4-11-3＞
　当社ガイドライン第6条「自己評価」をご参照ください。また，2017年度の取締役会の実効性についての分析・評価の結果の概要は，以下のとおりです。
＜2017年度の取締役会の実効性に関する分析・評価の結果の概要について＞
　当社は，2017年度の取締役会の実効性に関する自己評価を，2017年度下半期に実施いたしました。
　取締役会の自己評価は，取締役会の運営方法や情報提供の質・量，取締役会における議論の状況などについて，各取締役が各項目を評価し，その結果を踏まえて取締役会で議論を行う形で実施いたしました。
　本年は，昨年の評価結果を受けて，投資家やアナリストなどのステークホルダーとの対話状況に関する取締役会へのタイムリーなアップデートを継続し，また取締役会の外でも，執行役・執行役員会議に社外取締役を含む取締役が参加し，2020年以降の野村のあるべき姿について，2日間にわたり議論を行いました。また，2015年から開始した社外取締役会議を引き続き定期的に開催し，野村グループの戦略や取締役会の運営について議論を行いました。
　これらの取り組みも踏まえ，取締役会として，取締役会の実効性は本年も概ね高い水準にあるものと評価しております。
　デジタル・イノベーションをはじめとする社会の大きな構造変化が急ピッチで進む中，当社が持続的成長を実現するための長期経営戦略とその進捗に関する議論が重要性を増しています。　指名委員会等設置会社として執行の機動性を確保しつつ，取締役会内外において各取締役がその知見を活用する機会の充実に努め，もって取締役会による監督機能の更なる高度化を図ってまいります。

コード	社　　名	ＣＧ形態
8628	松井証券	監査役会設置会社

招集通知の記載
—

CG報告書の記載

＜原則4-11取締役会・監査役会の実効性確保＞
　当社の取締役会は，事業戦略，マーケティング，商品開発，システム，コンプライアンス，財務・会計，人事，広報・IR等の分野に精通した社内取締役と，上場会社の経営経験者及び大学教授兼弁護士からなる社外取締役により構成されています。
　当社の監査役会は，税理士等として，財務・会計に関する豊富な知識を有する専門家を含む社外監査役3名で構成されています。
　当社は，変化の激しい経営環境へ適時適切に対応するには，経営判断と業務執行を一体化して運営することが望ましいと考え，高度な専門性を備えた社内取締役を中心に構成するマネジメント体制を採用しています。取締役候補の指名にあたっては，知識・経験・能力の観点から，当社の取締役として十分な資質があると判断した人材について，性別等を問わず選任する方針です。
　また，経営監視の点においては，複数の社外取締役及び社外監査役を選任しており，これら社外取締役における監督，社外監査役による監査を実施することで，取締役会全体としての実効性は十分に確保され，機能の向上に繋がっているものと考えます。そのため，現行の体制下において，取締役会全体としての実効性に関する分析・評価は，実施していません。

〈中略〉
＜補充原則4-11-3 取締役会の実効性に関する分析・評価及び結果概要の開示＞
　4-11に記載のとおり，取締役会全体としての実効性に関する評価・分析は実施していないため，開示すべき内容はありません。

コード	社　　　　名	ＣＧ形態
8630	SOMPOホールディングス	監査役会設置会社

招集通知の記載
－

CG報告書の記載

【補充原則4-11-3　取締役会の実効性評価】
　当社は，取締役会が「監督機能」と「執行が適切にリスクテイクすることを後押しする機能」を十分に発揮するため，「取締役会と事前説明会の一体的な運営」および「自由・闊達な議論が行われる議事運営」を行っています。
　また，取締役会の場以外でも，「グループ経営におけるホールディングスの役割に関する議論」，「グループCEOと社外取締役のみによる意見交換」，「グループ・チーフオフィサーによる自己評価および総括」，「代表取締役と監査役の意見交換」，「役員アンケート」等を行うことで，グループガバナンスの中核である当社の取締役会の実効性について様々な角度から評価と課題認識を行う機会を確保し，それらをもとに必要な改善を講じることによって，透明性・客観性のある意思決定プロセスと監督機能を向上させていくガバナンス体制を構築しています。
　こうしたガバナンス体制のもと，2017年度は，取締役会において「海外保険事業における強固な成長基盤（プラットフォーム）の構築」や「デジタル技術を活用したイノベーションの実現」など，グループの大きな枠組みや成長戦略にかかる決定を適時・適切に行ってきました。その過程においては，「各事業会社の状況を理解し，そのステージや環境に応じて当社の関与の在り方を判断すること」や「必要な資源配分を行い，各事業のビジネスモデルの変革（トランスフォーメーション）を支えていくこと」など，グループの持続的な成長とさらなる企業価値向上のために当社が果たすべき役割についての意見が様々な場面で交わされ，その内容は，取締役会付議事項の絞込み，グループ内の役割・機能の見直し，事業計画の策定等に着実に反映され，活かされています。
　当社は，こうした能動的なPDCAの仕組みが有効に機能していると評価しており，今後も幅広い視点・立場から議論を継続してグループ全体に還元していくことが，ガバナンスの高度化や，株主をはじめとするステークホルダーの期待に応えることにも繋がっていくと考えています。

コード	社　　　　名	ＣＧ形態
8725	MS＆ADインシュアランスグループホールディングス	監査役会設置会社

招集通知の記載

取締役会の実効性に関する分析・評価について
　当社は，2015年6月から適用が開始されたコーポレートガバナンス・コードを踏まえ，「MS＆ADインシュアランスグループコーポレートガバナンスに関する基本方針」に基づき，取締役会の実効性に関する分析・評価を実施いたしました。
分析・評価のプロセス
① 　各取締役に対する自己評価アンケートの実施と集計
　取締役会事務局によるインタビュー形式で実施。PDCAサイクルを回していく観点から，2016年度の評価における改善策（機能向上策）が実施されているかを中心に回答
② 　社外取締役会議における意見交換
　社外取締役全員で構成する社外取締役会議において，アンケート結果に基づき，分析・評価のための意見交換を実施
③ 　ガバナンス委員会におけるとりまとめ
　ガバナンス委員会（社外取締役全員，取締役会長，取締役社長で構成）としての分析・評価を行い，2018年度においてさらに強化すべき課題を機能向上策としてとりまとめ
④ 　結果を踏まえ，改善策（機能向上策）を実施
分析・評価結果の概要
取締役会における論議内容と機能発揮について
向上した点
・新中期経営計画「Vision 2021」策定に向け，環境認識・リスク要因等についての認識を深めた上で，著しい技術革新等を踏まえた論議を実施
・中期経営計画の実現に向け，将来の環境変化を見据え，積極的な新規事業投資を推進

- 議案数は毎年減少し，戦略決定に向けた重要議案に充てる時間が増加
- 海外投資案件等新たなリスクテイク案件について，早期の情報提供を行う運営が定着
- 社員の日常の活動が経営理念（ミッション）の実現につながることを示す「価値創造ストーリー」の社内外への浸透が進んだ。
- 社外のESG評価機関からの評価等，サステナビリティ（CSR）取組みが進展

今後強化していくべき点
- 技術革新等環境変化が非常に速いことから，「Vision 2021」の実現に向け，事業環境の変化に応じた丁寧な議論をさらに深める。
- 「Vision 2021」のグループ全社員への説明，理解を通じ，SDGsへの貢献と経営理念（ミッション）と価値創造ストーリーやサステナビリティの取組みの意義についても全社員の理解を深める。
- 内部通報制度等社内外の声を聴く仕組みについて，周知・浸透にはさらなる工夫が必要。社員が疑問に感じること，困っていること等をフランクかつ前向きに声を出すことができる環境整備（スピークアップ）に取り組む。

取締役会の運営について
向上した点
- 定例取締役会における1件あたりの平均審議時間が毎年増加
- 議案にグラフを使用するなどのビジュアル化や，ページ数削減の取組みも進展

今後強化していくべき点
- 特に新任の社外役員に対して，取締役会議案について，過去の経緯等丁寧な説明を行う。
- 取締役会議場での議案説明はポイントを絞り簡潔にするよう徹底する。

その他（社外役員に対する研修・情報提供等）
向上した点
研修・情報提供の機会が充実
- 主に社外役員から要望のあったテーマについて，勉強会を実施（2017年度は4回）
- 事業会社の職場（営業部門，事故受付コールセンター等）の見学会を実施

CG報告書の記載

(9) ［補充原則4-11-3］ 取締役会全体の実効性についての分析・評価結果の概要の開示
1．分析・評価のプロセス
- 添付の「コーポレートガバナンス基本方針」第3章5．に記載のとおり，取締役会全体の実効性についての分析・評価を毎年実施することとしています。2017年度は，以下のプロセスで分析・評価を実施いたしました。
  (1) 各取締役に対する自己評価アンケートの実施と集計
    - 主に取締役会の役割・責務，運営等の観点から9項目の質問票を事前に配付し，事務局によるインタビュー形式でアンケートを実施しました。
    - PDCAサイクルを回していく観点から，2016年度の取締役会評価でとりまとめた改善策（機能向上策）に沿って取締役会の実効性を向上させるための取組みが実施されているかどうかを中心に回答を行いました。
  (2) 社外取締役会議における意見交換
    - 社外取締役会議（社外取締役全員で構成）において，アンケート結果に基づき，分析・評価のための意見交換を実施しました。
  (3) ガバナンス委員会における分析・評価および機能向上策のとりまとめ
    - (2)の意見交換を踏まえ，ガバナンス委員会（社外取締役全員，取締役会長，取締役社長で構成）としての分析・評価を行うとともに，2018年度さらに強化すべき課題を機能向上策としてまとめました。
  (4) 結果の概要は下記2．のとおりです。本結果を踏まえ，改善策（機能向上策）を実施していきます。

2．分析・評価結果の概要
 (1) 取締役会における論議内容と機能発揮について
   ＜向上した点＞
   - 新中期経営計画（以下「Vision 2021」）策定に向け，環境認識・リスク要因等についての認識を深めるとともに，著しい技術革新等を踏まえた論議を行った。
   - 将来の環境変化を見据え，積極的な新規事業投資を進める等，取締役会として中期経営計画の実現に向け努力を尽くした。
   - 議場での一部議案の説明を簡略化する一括審議事項の拡大等の取組みにより，通常の議案数は毎年減少し，戦略決定に向けた重要議案に充てる時間が増加しているなどの改善が図られている。
   - 海外投資案件等新たなリスクテイク案件について，社外役員勉強会等の機会も活用し，早期の情報提供を行う運営が定着している。
   - 社員の日常の活動が経営理念（ミッション）の実現につながることを示す「価値創造ストーリー」の社内外への浸透が進んだ。価値創造ストーリーの取組みを通じたSDGs（持続可能な開発目標）への貢献を「Vision 2021」に盛り込んだ。

・サステナビリティ（CSR）取組みについては，社外のESG評価機関等からの評価等も含め，進展していると評価できる。
＜今後強化していくべき点＞
・技術革新等環境変化が非常に速いことから，「Vision 2021」の実現に向け，関連業態における動向も注視の上，事業環境の変化に応じた丁寧な論議をさらに深めていく必要がある。
・「Vision 2021」のグループ全社員への説明，理解を通じ，SDGsへの貢献と経営理念（ミッション）と価値創造ストーリーやサステナビリティの取組みの意義についても全社員の理解を深めていく。
・内部通報制度等社内外の声を聴く仕組みについて，体制はできているが，周知・浸透にはさらなる工夫が必要である。内部通報制度をはじめ社員の声を広く受け止める仕組み全体を「スピークアップ」として，疑問を感じること，困っていること等をフランクかつ前向きに声を出すことができる環境整備に取り組む。
(2) 取締役会の運営
＜向上した点＞
・2015年度以降の取組みにより，定例取締役会における1件あたりの平均審議時間が毎年増加している等の改善が見られている。資料の事前配付や審議時間等の運営についても，適切に行われている。
・議案にグラフを使用するなどのビジュアル化や，ページ数削減の取組みも進展している。
＜今後強化していくべき点＞
・特に新任の社外役員に対して，取締役会議案の事前説明の際に，過去の経緯等もできるだけ丁寧に説明するように努める。
・事前説明を行っているため，取締役会議場での議案説明はポイントを絞り簡潔にするよう，さらに徹底する。
(3) その他
＜向上した点＞
・社外役員に対する研修・情報提供等に関して，社外役員からの要望のあったテーマを中心に，勉強会を実施（2017年度は4回）したほか，事業会社の職場（営業部門，事故受付コールセンター等）見学会を実施するなど，研修・情報提供の機会は充実している。

コード	社　　　　名	ＣＧ形態
8729	ソニーフィナンシャルホールディングス	監査役会設置会社

招集通知の記載
―

CG報告書の記載

■補充原則4-11(3)取締役会の実効性評価
　当社では，「コーポレートガバナンス基本方針」において，取締役会は，少なくとも年1回，取締役会の意思決定および監督の実効性や，取締役会の会議運営等に関して，自己評価等により取締役会の評価を実施することとしています。2017年度においては，昨年度に引き続き，独立した第三者の評価会社により，すべての取締役および監査役に対するアンケート形式の実効性評価を実施しました。
　アンケートは，「取締役会の構成と運営」，「経営戦略と事業戦略」，「企業倫理とリスク管理」，「経営陣の評価と報酬」，「組織・事業再編関連」，「株主等との対話」，「自己評価」等，多岐にわたる項目についての点数評価，および全設問について，その理由やコメントの記述式とし，また，昨年の実効性評価で課題となった事項への対応についても評価を行いました。
　第三者の評価会社による評価結果の概要は以下のとおりです。
(評価結果)
・昨年度までに引き続き，全般的に高い実効性が確保されている。
・全メンバーが積極的に議事運営に貢献するなど，自由闊達な雰囲気があり，また，議長が適切なリーダーシップを発揮し，適切に意思決定・監督がなされている。
・グループの主要なリスクおよびその状況について，適切に情報提供がされ，必要な議論ができている。
・取締役会の人員規模は，グループの事業規模・分野に対して適正である。
・報酬等諮問委員会，指名諮問委員会のメンバー構成は適当である。
・取締役会の開催頻度，時間配分は適当であり，かつ，議事録は議論の内容や審議の結果が過不足なく反映できている。
　一方，昨年の実効性評価で挙げられた課題（グループ全体の中長期的な課題や戦略の継続した議論，グループの経営・事業に関連する勉強会・研修会の機会）については，様々な改善が図られてはいるものの以下の意見が得られました。
・グループ全体最適の視点や過去の教訓も踏まえ，グループ成長戦略に係る継続的な議論が必要である。
・グループの経営や事業に関する勉強会，研修会の機会の更なる充実を図る必要がある。

・お客さま本位の業務運営の更なる徹底のため，コンプライアンス・リスク管理体制，およびモニタリングの更なる強化が必要である。
・経営層向けのインセンティブ報酬制度について，譲渡制限付株式報酬制度を新たに導入するなど拡充されてはいるが，対象範囲の拡大や割合変更等につき引き続き検討してほしい。
　当社取締役会としては，上記評価結果を受け，現時点において実効性が十分確保されていると判断していますが，グループ成長戦略に係る継続的な議論，グループ経営・事業に関連する理解度の更なる向上および，コンプライアンスおよびモニタリング等の体制強化など，より一層の実効性の向上に努めます。

コード	社　　　　名	ＣＧ形態
8750	第一生命ホールディングス	監査等委員会設置会社

招集通知の記載

　意思決定の有効性・実効性を担保するために，取締役会の運営及び議論の内容等について取締役全員が評価を行い，その結果分析を第三者に委任しています。2017年度に実施したアンケート調査による評価結果（概要）は以下のとおりであり，取締役会の有効性・実効性向上に向け，引き続き取り組んでまいります。なお，評価結果は当社ホームページにて開示しております。
■取締役会の実効性に関する評価結果（概要）
・取締役会の運営及び議論の内容は総合的満足度が高く，総じて改善傾向にある。中期経営計画の戦略について，十分な時間とステップを経て議論された点が高く評価される。
・一方で，「議論のポイントの明確化」や「資料・説明の分かりやすさ」等が継続して課題として認識される。
・監査等委員会設置会社として，取締役会と監査等委員会，任意の指名諮問委員会・報酬諮問委員会との情報共有について更なる改善の余地がある。

CG報告書の記載

【補充原則4-11-3】
　コーポレートガバナンス基本方針にて，毎年，自己評価等の方法により，取締役会の有効性・実効性の分析を行う旨定めるとともに，その結果の概要について，ホームページにて開示しています。
　また，監査等委員会においても，監査等委員会の実効性についての評価を実施しています。2017年度の監査等委員会の活動について監査等委員会で協議し，評価を実施した結果，当社の監査等委員会の実効性は確保されているとの認識で一致しています。
＜コーポレートガバナンス基本方針（抜粋）＞
○取締役会の実効性評価
　取締役会は，意思決定の有効性・実効性を担保するために，毎年，自己評価等の方法により，会議運営の効率性および決議の有効性・実効性について分析を行い，その結果の概要を開示する。
＜取締役会の自己評価＞
（http://www.dai-ichi-life-hd.com/about/control/governance/pdf/governance_002.pdf）
＝＝
（参考）
当社取締役会の実効性に関する自己評価結果（概要）
　当社は，持続的成長を支える経営管理態勢を確立すべく，2016年10月に持株会社・監査等委員会設置会社となり，コーポレートガバナンスの強化に取り組んできております。
　また，取締役会の実効性向上に向けた課題を明らかにし，改善を図ることを目的として，2014年度より取締役会の実効性に関する自己評価を実施しております。
　2017年度につきましても取締役会の実効性に関する自己評価を実施いたしましたが，持株会社体制移行から1年6ヶ月が経過したことを踏まえ，取締役会だけでなく，監査等委員会および任意の指名諮問委員会・報酬諮問委員会も含めたガバナンス体制全般に関しても評価を行いました。
1．評価プロセス
　取締役会の実効性等に関するアンケート用紙を，取締役会メンバーである全取締役に配布し，回答を得ました。回答結果に基づき，外部コンサルタントの協力のもと，取締役会において，取締役会の実効性に関する分析および自己評価を行いました。
対　象　者　取締役会メンバーである全取締役（15名）
回　答　方　式　無記名方式
主な評価項目
　① 取締役会の運営（総論）
　② 取締役会の構成
　③ 取締役会での審議充実に向けて（役員に対するサポート体制）

④　監査等委員会・指名諮問委員会・報酬諮問委員会の役割と運営状況
⑤　役員間のコミュニケーションの活性化
⑥　株主等との関係
⑦　ガバナンス体制・取締役会の実効性全般

結果の集計　アンケート結果は外部コンサルタントに取りまとめを依頼，集計結果は取締役会に提出された上で，取締役会において，分析および自己評価を実施しました。

【主な評価項目（詳細）】
①　取締役会の運営（総論）
・取締役会運営および議論の内容の適切性
・取締役会の開催頻度の適切性
・重要なテーマ（例：経営戦略，リスクテイク方針，内部統制等）の議論の十分性
②　取締役会の構成
・経営方針・戦略等を踏まえた中期的な取締役会の構成
③　取締役会での審議充実に向けて（役員に対するサポート体制）
・経営に関する情報提供・説明の十分性
・取締役会の事前説明（資料の事前提供，事前説明）の十分性
・議案の内容・選定を含む会議当日の運営の適切性
④　監査等委員会・指名諮問委員会・報酬諮問委員会の役割と運営状況
・重要な課題に関する議論の十分性
・事前準備のための情報提供と時間確保の十分性
⑤　役員間のコミュニケーションの活性化
・社外取締役間のコミュニケーションの十分性
・社内外取締役間のコミュニケーションの十分性
⑥　株主等との関係
・株主とのコミュニケーション結果に関する情報提供の十分性
・資本市場への発信の十分性
⑦　ガバナンス体制・取締役会の実効性全般
・取締役会の実効性
・取締役会における取締役自身の役割・貢献

2．取締役会の実効性に関する評価の結果（概要）

　アンケートの結果，取締役会運営および議論の内容について，引き続き，総合的に評価が高いことが確認されました。回答全体を通してネガティブな評価が少なく，総じて高い評価となっておりますが，特に中期経営戦略の議論について，十分な時間とステップを経て議論されたことが高く評価されています。

　また，社外取締役および『他の会社の社外役員を兼務する社内取締役』からも，効果的な取締役会運営が行われているとの回答が多く，相対的に優れているとの評価となっています。さらに，監査等委員会や任意の指名諮問委員会・報酬諮問委員会の各運営についても，議論の十分性等に関して高い評価となっています。

　一方で，以下の点についてさらなる改善の余地があるとの指摘がありました。
・資料や説明における論点の明確化等を通じたメリハリのある運営の推進
・取締役会と監査等委員会，任意の指名諮問委員会・報酬諮問委員会との連携強化

3．前回アンケート結果を踏まえた取組み

　2016年度のアンケートにおきまして，社内外の取締役から概ね高い評価を受けたものの，議案の理解促進等による審議の活性化，および取締役間のコミュニケーション活性化等について課題が指摘されました。そこで，2017年度に以下のとおり取締役会運営の充実・見直しを進めました。

≪取締役会審議の活性化≫
・取締役会上程議案の見直し
・平易・簡潔な説明の推進（議論のポイント等を簡潔に記載したエグゼクティブ・サマリーを中心に説明する運営の推進，論点の明確化や平易な言葉の使用等，資料記載内容の見直し）
・経営会議での議論のポイントの補足説明の実施
・上程議案の内容，重要性に応じた事前説明の充実

≪社外取締役の経営の理解促進≫
・取締役への就任前後での研修の充実
・経営戦略等に関する社長・担当役員と社外取締役とのディスカッション実施
・午餐会等取締役会以外の場を活用した情報提供の実施
・DSR※推進大会等の社内行事への社外取締役の参加，国内外拠点訪問による現地経営幹部との意見交換等の実施

※一般的なCSR（企業の社会的責任）という言葉の枠に留まらない当社独自の経営の枠組みについて，「DSR＝Dai-ichi's Social Responsibility（第一生命グループの社会的責任）」と表現したもの

以上の取組みの結果と効果について，今回の取締役会評価において検証いたしましたところ，「2．取締役会の実効性に関する評価の結果（概要）」に記載のとおり，これらの取組みが，審議の活性化と社外取締役の当社経営の理解促進に貢献したことを確認しました。ただし，今回の取締役会評価の結果に見られるように，さらなる改善の余地があることも確認しております。

4．今後の課題への対応

2018年度については，上記の自己評価結果を踏まえて取締役会で議論をした結果，以下の項目を中心に2017年度の取組みを一層強化していくことといたしました。

① 取締役会資料の見直し・簡素化とエグゼクティブ・サマリーによる説明の徹底（経営会議運営も同様に見直し）
② 経営会議等，執行部門における議論のポイントの補足説明の実施
③ 経営戦略等，重要な課題に関する社長・担当役員と社外取締役とのディスカッションの実施
④ 午餐会等を活用した情報提供の充実

加えまして，ガバナンス体制全体に関する強化の一環として，
① 取締役会・監査等委員以外の社外取締役と監査等委員会との連携強化
② 取締役会と任意の指名諮問委員会・報酬諮問委員会との連携強化

にも取り組むこととしております。

これらの施策を通じて，取締役会運営の実効性を向上させ，監督機能の向上およびコーポレートガバナンスの一層の強化に努めてまいります。

コード	社　　　名	ＣＧ形態
8766	東京海上ホールディングス	監査役会設置会社

招集通知の記載

(2) 取締役会の実効性評価

　イ　取締役会の実効性評価の方法

　　　当社は，取締役会のさらなる機能発揮に向け，毎年1回取締役会の実効性評価を実施しております。具体的には，取締役会に参加している全員の意見を反映した評価とすべく，取締役および監査役の全員を対象に，取締役会の運営や機能発揮の状況に関するアンケートを行い，その結果を取締役会に報告しております。

　ロ　取締役会の実効性評価の結果

　　　取締役会の運営については，説明の簡素化およびわかりやすさの向上等もあり，役員が活発に発言し，自由闊達に建設的な議論が行われており，取締役会の機能発揮は概ね十分であると評価されております。

　　　一方で，取締役会資料の電子提供の実施，わかりやすい資料の提供に対する評価は高いものの，資料についての不断の見直しやポイントを絞った大局的な説明を求める意見もあり，こうした点については引き続き改善に努めております。

CG報告書の記載

【補充原則4-11③】

(1) 取締役会の実効性評価

　a．取締役会の実効性評価の方法

　　　当社は，取締役会のさらなる機能発揮に向け，毎年1回取締役会の実効性評価を実施しております。具体的には，取締役会に参加している全員の意見を反映した評価とすべく，取締役および監査役の全員を対象に，取締役会の運営や機能発揮の状況に関するアンケートを行い，その結果を取締役会に報告しております。

　b．取締役会の実効性評価の結果

　　　取締役会の運営については，説明の簡素化およびわかりやすさの向上等もあり，役員が活発に発言し，自由闊達に建設的な議論が行われており，取締役会の機能発揮は概ね十分であると評価されております。

　　　一方で，取締役会資料の電子提供の実施，わかりやすい資料の提供に対する評価は高いものの，資料についての不断の見直しやポイントを絞った大局的な説明を求める意見もあり，こうした点については引き続き改善に努めております。

(2) 「戦略論議」の実施

　当社は，社外取締役や社外監査役の知見を活かして，会社の持続的な成長や中長期的な企業価値の向上に向けた経営戦略を構築していきたいと考えております。そのために，取締役会において，直面する経営環境や経営課題等をテーマにした論議を「戦略論議」と称し，実施しております。テーマは，取締役および監査役の全員のアンケートの回答や独立役員会議で話題に上ったテーマを基に選定しております。2017年度は，以下のテーマ等について論議を行っており，2018年度もこうした論議を継続していく予定であります。

・東京海上グループ次期中期経営計画
・海外子会社経営者との意見交換
・リスクベース経営（Enterprise Risk Management）

・グローバルマネジメントに向けた人材育成
・東京海上グループの事業戦略
(3) 「独立役員会議」の実施
　当社は，独立役員のみを構成員とする会合を年に1回開催しております。アジェンダ設定を含めた会議の進行全てを独立役員が行い，当社に対する客観的な意見交換を実施しています。会議で議論されたテーマ等は，必要に応じて社長にフィードバックされています。

コード	社　　名	Ｃ　Ｇ　形　態
8795	Ｔ＆Ｄホールディングス	監査役会設置会社

招集通知の記載

【取締役会の実効性評価】
　当社は，平成29年度の取締役会全体としての実効性に関し，取締役・監査役の自己評価（アンケート）およびインタビュー等をベースに，取締役会において分析・評価を実施いたしました。
　アンケートの大項目は以下のとおりです。
　(1)取締役会の機能，(2)取締役会の構成，(3)取締役会の運営，(4)社外役員に対する情報提供，(5)総合評価
　当社の取締役会は，取締役会での議論に至るまでの事前の取組みの充実，取締役会の運営の改善，および構成メンバーの多様化の推進等により，全体として概ねその役割・責務を実効的に果たしていると判断しております。
　平成28年度評価で課題と認識しました事項（取締役会の審議方法・付議資料の見直し，役員トレーニングの充実，構成メンバーの多様化等）につきましては，概ね改善されております。
　なお，取締役会の実効性を向上させる態勢整備について引き続き，改善の必要性を認識しており，例えば，取締役会の限られた時間内での議論への対応（取締役会以外での議論の場の必要性），さらなる付議資料作成の改善・報告内容の工夫等に取り組んでまいります。
　本実効性評価等を踏まえ，取締役会の監督機能および意思決定プロセスのさらなる向上を図ってまいります。

ＣＧ報告書の記載

【補充原則4-11-3取締役会の評価】
　当社は，コーポレート・ガバナンス基本方針第8条において，取締役会全体の実効性を担保するため，取締役会が適切に機能し成果をあげているか，当社の中長期的な企業価値向上に取締役会がどのように貢献しているかについて，年1回，取締役の自己評価を踏まえた取締役会全体の評価を実施することを定めております。
　なお，平成29年度の取締役会評価結果の概要は，次のとおりです。
　『当社は，平成29年度の取締役会全体としての実効性に関し，取締役・監査役の自己評価（アンケート）およびインタビュー等をベースに，取締役会において分析・評価を実施いたしました。
　アンケートの大項目は以下のとおりです。
　(1)取締役会の機能，(2)取締役会の構成，(3)取締役会の運営，(4)社外役員に対する情報提供，(5)総合評価
　当社の取締役会は，取締役会での議論に至るまでの事前の取組みの充実，取締役会の運営の改善，および構成メンバーの多様化の推進等により，全体として概ねその役割・責務を実効的に果たしていると判断しております。
　平成28年度評価で課題と認識しました事項（取締役会の審議方法・付議資料の見直し，役員トレーニングの充実，構成メンバーの多様化等）につきましては，概ね改善されております。
　なお，取締役会の実効性を向上させる態勢整備について引き続き，改善の必要性を認識しており，例えば，取締役会の限られた時間内での議論への対応（取締役会以外での議論の場の必要性），さらなる付議資料作成の改善・報告内容の工夫等に取り組んでまいります。
　本実効性評価等を踏まえ，取締役会の監督機能および意思決定プロセスのさらなる向上を図ってまいります。』

コード	社　　名	Ｃ　Ｇ　形　態
8801	三井不動産	監査役会設置会社

招集通知の記載
―

ＣＧ報告書の記載

【補充原則4-11-3】取締役会の実効性分析・評価および開示
　当社は，毎年，取締役会の実効性について分析・評価を行い，取締役会の更なる機能向上に取組んでおります。なお，取締役会の実効性評価の概要および結果は以下のとおりです。
(1) 評価方法

全取締役に対して，取締役会の実効性に関するインタビュー，フリーアンケートを行い，その結果を踏まえ，2018年5月25日の取締役会にて，分析・評価いたしました。
(2) 評価項目
・取締役会の体制（人数，業務執行者・非業務執行者の割合，多様性等）
・取締役会の運営状況（開催回数，出席率，審議時間，審議案件数，情報提供，質疑応答等）
・その他（前回の取締役会の実効性評価の課題，報酬諮問委員会，指名諮問委員会，社外取締役および社外監査役ミーティング等）
(3) 評価結果と今後の対応
取締役会において，当社グループの企業価値の持続的向上に向けて，取締役会の実効性が適切に確保されている事を確認いたしました。本評価結果等を活用し，取締役会の更なる機能向上を図ってまいります。

コード	社　　　名	ＣＧ形態
8802	三菱地所	指名委員会等設置会社

招集通知の記載

—

CG報告書の記載

○補充原則4-11-3．取締役会全体の実効性分析・評価の結果の概要
　取締役会の実効性分析・評価に関する方針については，当社ガイドライン第7条（取締役会の評価）に記載の通りです。
　なお，2017年度に実施した取締役会の実効性評価のプロセス及び結果の概要は，以下の通りです。
（i）評価のプロセス
　(1) 評価の手法
　　　取締役会及び指名・監査・報酬の各委員会の構成・運営・実効性等に関する質問票に回答する形で，全ての取締役が自己評価を行い，その結果を踏まえ，取締役会にて課題の共有，対応策の検討等を行いました。
　(2) 評価の項目
　　・取締役会の構成（社外取締役比率，人数規模，多様性）
　　・取締役会の運営（開催頻度，所要時間，議題の選定，配布資料の内容，配布資料以外の情報提供，質疑応答，トレーニング等）
　　・取締役会の実効性（経営計画，執行役への権限委譲，リスク管理体制，株主・投資家との対話，経営幹部の選解任，後継者育成計画，役員報酬，指名・監査・報酬の各委員会の構成・運営・連携等）
　　・その他（取締役会の実効性評価の手法等）
（ii）評価の結果と今後の対応
　(1) 前回の評価から改善した主な事項
　　　取締役会における検討・議論の結果，以下の点が確認されました。
　　・株主・投資家との対話に関し，取締役会での報告機会を増加させることによって，速やかな情報共有及び取締役会における議論の充実が図られたこと。
　(2) 更なる実効性向上に向けた主な課題と今後の対応
　　　取締役会における検討・議論の結果，以下の2点が確認されました。
　　・経営計画に関する議論・検討の更なる充実を図るべく，機会・時間の増大に加え，経営計画の策定プロセスの検討，取締役会として議論すべきテーマの精査等についても取り組むこと。
　　・重要事項の議論の充実化を図るべく，執行役の業務の執行状況等の報告事項に関する頻度・内容のあり方について，取締役会で継続して議論を行うこと。

コード	社　　　名	ＣＧ形態
8804	東京建物	監査役会設置会社

招集通知の記載

—

CG報告書の記載

【補充原則4-11(3)】
　当社は，取締役会の構成，議案及び運営等に関するアンケート調査を全ての取締役及び監査役に対して実施し，その結果を分析のうえ取締役会において議論しました。
　その結果，取締役会としての実効性は，十分確保されていることを確認致しました。

コード	社　　　名	Ｃ　Ｇ　形　態
8830	住友不動産	監査役会設置会社

招集通知の記載
―

CG報告書の記載

【補充原則4-11-3】
　2018年3月20日付開催の取締役会において，取締役会の体制・運営状況等に関する分析・評価を行い，取締役会の実効性が適切に確保されていることを確認いたしました。

コード	社　　　名	Ｃ　Ｇ　形　態
9001	東武鉄道	監査役会設置会社

招集通知の記載
―

CG報告書の記載

(6) 取締役会全体の実効性についての分析・評価およびその結果概要（補充原則4-11-3）
　取締役会の実効性を確保すべく，毎年，各取締役の自己評価等を踏まえ，取締役会の実効性について，分析・評価を行い，その評価結果の概要を開示いたします。
　実施3回目となる2017年度においては第三者を活用したアンケート調査を実施し，客観性を高めることといたしました。評価の手法としては，各取締役に第三者が作成したアンケートを行ったうえで，結果の集計・分析を第三者が行い，アンケート結果および取締役会の課題等について監査役会からの意見および代表取締役へのヒアリングを踏まえ，評価結果をとりまとめました。
　評価結果については，取締役会は目的に沿って概ね良好に機能しており，実効性は確保されていると判断いたしました。
　今後については，執行役員制度導入による業務執行と，取締役会の役割である戦略・判断・監督の分離を着実に実行するとともに，さらなる機能向上を図るものといたします。

コード	社　　　名	Ｃ　Ｇ　形　態
9005	東京急行電鉄	監査役会設置会社

招集通知の記載
―

CG報告書の記載

【補充原則4-11-3】
　当社では，年に1回，取締役会の実効性について分析・評価を実施することとしており，その概要をコーポレートガバナンスガイドラインにおいて定めております。
　なお，2017年度における取締役会の実効性についての分析・評価の結果については以下のとおりです。
　「今回の自己評価の結果については，第三者である弁護士より，前回の自己評価において課題とされた点について改善が進められており，取締役会の実効性評価が有効に機能しているとの評価を受けておりますが，今後，取締役会の構成のあり方等について，社外役員との議論を深めるなど，さらなる取締役会の実効性の向上に取り組んでまいります。」
　また，監査役会においても，監査役会の実効性について分析・評価を実施しており，2017年度における結果についてては以下の通りです。
　「第三者である弁護士の意見を踏まえた自己評価の結果，監査役会運営は，前回の自己評価における課題に対する改善も進み，概ね良好であると評価いたしました。事業を取り巻くリスクの複雑化・多様化への対応について，今後の課題として，引き続き監視・検証することで，実効性のさらなる向上に努めてまいります。」

コード	社　　　名	Ｃ　Ｇ　形　態
9007	小田急電鉄	監査役会設置会社

招集通知の記載
―

CG報告書の記載

【補充原則4-11-3　取締役会全体の実効性に係る分析・評価】
　当社では，毎年，取締役および監査役を対象として，取締役会の意思決定機能，監督機能および取締役会の支援体制等に係るアンケート等による自己評価を実施し，この結果に基づき，取締役会において取締役会全体の実効性について分析・評価を行っております。2017年度においては，分析・評価の結果，取締役会が実効性を有することを確認しております。また，2016年度の分析・評価結果を踏まえ，①経営計画策定プロセス，②取締役会における審議・決議方法，③重要案件の進捗管理について，これらの改善の一環として，「経営計画の策定方針の審議」，「一部議案の付議方法の見直し」，「グループ各社の決算および重要案件に関する情報共有化の推進」等を実施いたしました。なお，2017年度における分析・評価の結果，経営計画や事業戦略に関する案件や，投資案件等の重要性の高い案件については，取締役会で議論を一層深度化させる余地があると認識しており，これらへの対応を含め，取締役会の実効性の更なる向上に向けた検討を行います。

コード	社　　　　　名	Ｃ　Ｇ　形　態
9008	京王電鉄	監査役会設置会社

招集通知の記載
－

CG報告書の記載

【補充原則4-11-3】取締役会全体の実効性の確保
　取締役会の実効性については，各取締役へのアンケート等を活用し，取締役会の任意の諮問機関として，社外取締役を含むメンバーで構成されるガバナンス委員会で分析・評価を行い，取締役会に報告しております。
　取締役会の構成，取締役会の運営状況，意思決定プロセス，非常勤役員に対する支援体制といった観点に基づき2017年度の分析・評価を実施した結果，当社の取締役会の実効性は確保されていると認識しております。
　また，2017年度の取組み課題であった，「審議充実に資する議案の付議方の見直し」については，関連性のある議案について包括付議を行うことや，定例報告事項の削減等に取組むことで，重要性の高い決議事項により多くの審議時間を振り向けました。
　なお，2018年度については，「社外役員への情報提供の充実」に取組む等，取締役会全体としての機能の向上を目指してまいります。
　監査役会においても，監査役会の実効性についての評価を実施しております。2017年度の監査活動について監査役間で討議し，評価を実施した結果，当社の監査役会の実効性は確保されているとの認識で一致しております。
　なお，2018年度については，監査役会とグループ会社の監査役とのコミュニケーションを一層充実させ，グループ・ガバナンスの向上に資する監査体制を強化するなど，監査役会の実効性をより高めてまいります。

コード	社　　　　　名	Ｃ　Ｇ　形　態
9009	京成電鉄	監査役会設置会社

招集通知の記載
－

CG報告書の記載

【補充原則4-11-3】
(1)　評価の方法
　　当社は，全ての取締役及び監査役に対して，取締役会の実効性評価の趣旨等を説明のうえ，各評価項目に関する質問票を配布し，その回答結果に基づいて，取締役会議長（会長），社長，総務人事担当役員，独立社外役員2名（社外取締役1名，常勤監査役1名）の計5名が評価者となり，取締役会全体の実効性について分析・評価を行いました。
(2)　評価項目及び各項目の評価結果
　　分析・評価を行った評価項目と各項目の評価結果は以下の通りです。
　ａ．取締役会の規模：当社の規模・事業の形態に適した人数である。
　ｂ．取締役会の構成：能力・知識・経験のバランス等，多様性の状況と戦略との整合性から考えて，現在の当社にとって適した構成である。
　ｃ．取締役会の運営状況：開催頻度・時間配分は適切で，上程される議題の内容，資料，説明も適切である。議事の進行も適切であり，意思決定に際し十分に議論できている。
　ｄ．株主その他ステークホルダーとの関係：取締役会は主要な投資家，その他のステークホルダーの視点を十分にくみ取ることができている。

e．リスクテイクを支える環境：取締役会は業務執行取締役に対し，運輸事業を中心とする当社の事業特性を踏まえた適切なリスクテイクを促す方向に機能している。
　　f．取締役会による監督：取締役会は代表取締役，業務執行取締役，その他の取締役相互に対し，十分な監督機能を果たしている。
(3) 取締役会の実効性評価の結果の概要
　　各評価項目について分析・評価を行った結果，当社取締役会の全体の実効性については十分に確保できていることを確認しました。なお，社外役員への情報共有等についてさらなる改善を図るとともに，引き続き取締役会の機能向上を図って参ります。

コード	社　　　　名	ＣＧ形態
9020	東日本旅客鉄道	監査役会設置会社

招集通知の記載
―

ＣＧ報告書の記載

【補充原則4-11-3】取締役会の実効性の確保
　取締役会は，年１回，以下により取締役会の実効性に関する分析及び評価を行い，その結果の概要を本報告書において開示します。
・　取締役会の実効性については，透明，公正及び迅速果断な意思決定をはじめとする取締役会の役割及び責務の観点から評価します。
・　評価の手続きは，取締役全員に対して取締役会の実効性に関する自己評価を実施し，その結果を分析したうえで独立社外取締役（コーポレートガバナンス・ガイドライン第22条に定める社外役員の独立性に関する基準を充たす社外取締役。以下同じ。）に対して意見聴取を行い，必要に応じて取締役会の運営等の見直しを行います。
2018年４月18日開催の取締役会において，取締役会の実効性の分析及び評価を実施しました。その結果の概要は，以下のとおりです。
・自己評価の結果について，取締役会において，議論すべき事項が適切に審議されていること，職務執行の監督に役立つ報告が十分に行われていること，コンプライアンス等の体制が整備されていること等が確認できました。この結果について，当社の取締役会はその役割及び責務を十分に果たしており，実効性があると分析しています。
・独立社外取締役への意見聴取をふまえ，取締役会の実効性の一層の向上に向けて，独立社外取締役の現場視察など，取締役のトレーニングをさらに充実させるとともに，リスクの洗い出しや分析・評価などリスクマネジメントに取り組むことにより，リスク管理体制の強化を図ることとしました。
［コーポレートガバナンス・ガイドライン第25条］

コード	社　　　　名	ＣＧ形態
9021	西日本旅客鉄道	監査役会設置会社

招集通知の記載
―

ＣＧ報告書の記載

補充原則4-11-3
　当社取締役会は，当社グループの中長期的な企業価値の向上に向け，その前提となる安全性向上が推進され，事業の持続的成長に向けた適切なリスクテイクが行われるための環境整備を行うとともに，実効性の高い監視・監督を行う等の責務を果たしております。
　具体的には，当社取締役会は経営ビジョンの実現に向けて策定した中期経営計画の達成に必要な各施策について，中長期視点に立ったリスク及びリターンの評価等を行い，適時，適切に意思決定を行っております。また，業務執行状況等について，適時，適切に報告を受けております。これらの過程において，各取締役，各監査役は建設的な議論，意見交換等を通じ，適切に役割を果たしております。
　これらのことから，当社取締役会は有効に機能していると評価しております。また，これを維持，向上させるために，以下の取組みを進めております。
(取組み内容)
１．情報伝達体制の整備
　取締役会の監視・監督機能の強化に向け，社外役員への情報伝達体制を整備しております。

具体的には，社外取締役及び社外監査役に対し，取締役会議案等の事前説明をはじめ，取締役会以外にも機会を設け，重要な経営課題等に関する説明を行うとともに，経営実態及び施策背景等に関する情報提供として，現地視察等を実施しております。
　また，社外取締役を主体とした連絡会も定期的に開催し，中期的な経営方針や経営課題等に関する議論を実施しております。
　さらに，取締役会における指摘，質問等に対する必要な追加説明等を，直近の取締役会等において実施しております。
２．取締役会における議論内容等の共有化
　取締役会における議論内容，指摘事項を執行役員等も出席する経営会議でフィードバックし，共有化しております。
３．取締役へのヒアリング及びその結果を踏まえた取締役会の実効性向上・活性化の取組み
　全取締役を対象に年度毎に取締役会の運営等についてヒアリング等を行い，その結果を踏まえた取締役会の一層の実効性向上・活性化に必要な取組みを実施しております。

コード	社　　　名	Ｃ Ｇ 形 態
9022	東海旅客鉄道	監査役会設置会社

招集通知の記載
－

ＣＧ報告書の記載

【補充原則4-11-3】
　当社は，取締役会を月１回以上開催し，法定事項はもとより，経営上重要な事項について，事柄の背景や進捗状況等を丁寧に説明し十分に審議の上，適法かつ適正に意思決定を行っております。また，業務執行の状況につきましても，各業務を担当する取締役から必要に応じて報告がなされており，取締役の業務執行状況を適切に監督しております。社外取締役からは，高い見地から経営に対する有効な助言をいただくとともに，経営に規律をもたらしております。
　また，取締役会に先立ち，社外取締役，社外監査役（非常勤），経営陣の間で意見交換を行う懇談会を設けており，取締役会の実効性向上を図っております。
　以上の内容につきまして，取締役会において，取締役会全体の実効性は十分に確保されていると評価しております。

コード	社　　　名	Ｃ Ｇ 形 態
9062	日本通運	監査役会設置会社

招集通知の記載
－

ＣＧ報告書の記載

【補充原則4-11-3　取締役会全体の実効性に関する分析・評価】
　当社取締役会は，各取締役の職務の執行状況報告に加え，外部機関を起用し，社外を含む取締役および監査役を対象とした取締役会全体の実効性にかかるアンケート調査を実施し，意見を集約しております。その内容を分析・評価した結果については取締役会において討議・検証を実施しており，取締役会全体の実効性が確保されていることを確認しております。

コード	社　　　名	Ｃ Ｇ 形 態
9064	ヤマトホールディングス	監査役会設置会社

招集通知の記載
－

ＣＧ報告書の記載

【補充原則4-11-3：取締役会の実効性についての分析・評価】
　当社では，取締役会の実効性を検証すべく，全取締役および全監査役に対して取締役会の構成や運営状況に関するアンケートを毎年実施し，その結果に基づき取締役会の運営状況，審議状況等の実効性について評価を行っております。

2017年度の実効性評価においては，取締役会の構成，運営状況や審議状況は取締役会が監督機能を果たす体制としては概ね適切であり，また取締役会において出席者が積極的に発言し，闊達な議論が行われる風土が定着しているとの評価が得られました。

　2017年度は，宅急便のサービス内容変更や運賃改定等に代表されるように，これまでの当社の施策を大きく転換する年となりました。

　こうした意思決定に至った背景には，取締役会における働き方改革を中心に据えた活発な議論があり，2017年度の重要案件の実施において，取締役会は十分にその責務を果たすことができたと考えております。

　これらを踏まえ，取締役会は当社のコーポレートガバナンスの基本方針である「経営の健全性の確保」および「迅速かつ適正な意思決定と事業遂行の実現」に資する実効性を発揮できていると確認しております。

　今後につきましては，働き方改革の有効性を高めるとともに，2019年度に迎える創業100周年の次の100年（NEXT100）に向けた成長戦略の実行に向け，取締役会の実効性の維持・向上に継続的に取り組んでまいります。

コード	社　　名	ＣＧ形態
9202	ANAホールディングス	監査役会設置会社

招集通知の記載
－

CG報告書の記載

【補充原則4-11-3】（取締役会全体の実効性に関する分析・評価）
1．評価の方法
　当社は，取締役会が絶えず自己評価を行い，取締役自らが取締役会及びガバナンスの在り方を常に考えながら工夫していくことが重要であると考えており，少なくとも毎年1回，取締役会全体の実効性について，分析・評価・議論を行い，取締役会の実効性を高めるための改善に繋げていきます。2017年12月から2018年1月にかけて，全取締役・全監査役を対象として，アンケート形式により取締役会の実効性に関する分析・評価を行ったことに加え，2018年2月に，社外取締役・社外監査役を対象として，アンケート結果に関するインタビューを行い，分析・評価を更に深掘り致しました。その結果については，2018年4月27日開催の取締役会において確認しております。
2．取締役会の実効性に関する分析・評価の結果
　多様な経験や専門性を有する社外取締役・社外監査役に対して，取締役会の重要課題を中心とした事前説明や主要なグループ会社の社長による各社の経営戦略の説明，空港・整備・運航・客室等の現場や施設の視察を通じた当社グループへの理解促進に取り組む等，社外取締役及び社外監査役に対する十分な支援が行われたこと等によって，取締役会における活発な議論が行われていることを確認しました。当社の取締役会は，取締役会が十分に機能し，経営上重要な事項の意思決定と業務執行の監督を適切に行うための実効性が確保されていると評価しています。
　一方，業界のグローバルな動向や長期的なビジョン等，経営戦略の策定にあたって従来以上に共有化を図るべきポイントや，主要なグループ会社の戦略の進捗・レビュー等に関するフォローアップ，重要課題に係る議論を充実・拡大させるための会議運営面での工夫等，取締役会の監督機能を更に強化するための改善点を確認しました。取締役会全体の実効性評価を踏まえ，今後も継続的に取締役会の実効性の向上を図ってまいります。

コード	社　　名	ＣＧ形態
9432	日本電信電話	監査役会設置会社

招集通知の記載
CG報告書と同一のため省略

CG報告書の記載

■取締役会の実効性評価　（補充原則4-11③）
　純粋持株会社である当社の取締役会は，グループ全体の中・長期的な事業戦略に基づいたグループ各社の具体的な事業運営について，モニタリングする役割を担っています。
　当社の取締役会は，社長・副社長・常勤取締役及びスタッフ組織の長で構成する「幹部会議」や，社長・副社長を委員長とし関係する取締役等が参加する各種の委員会の審議を経て，グループ経営に係る重要事項等を決定するとともに，各取締役の職務執行の状況をモニタリングしています。
　取締役会においては，各取締役の所掌に基づき，現状のグループ経営等における課題とその解決に向けた取り組みが報告・審議されており，当事業年度は，グローバル・クラウドサービスの早期利益拡大に向けた事業統合等，中期経営戦略に基づく取り組みを中心に活発な議論がなされました。また，職務執行状況のモニタリングについては，各執行分野の重要な取り組み状況が分かりやすい報告内容に見直し，取締役会の監督機能の強化を図りました。

さらには，独立社外取締役に当社の事業をより深く理解してもらえるように，主要な子会社の経営陣と各社の経営戦略について意見交換を実施するとともに，当社が力を入れている研究開発やセキュリティ事業の状況を現場視察していただきました。他にも，独立社外取締役と監査役，独立社外取締役と代表取締役，独立社外取締役と国内外の主要グループ会社経営陣，及び当社と主要なグループ会社の独立社外取締役等との間で，NTTグループの経営課題について適宜意見交換を行いました。

　これらの意見交換会において，独立社外取締役及び監査役から，当社の取締役会等に関し，十分な情報提供と活発な議論が行われており，実効性が確保できているとのご意見を頂いているところであります。

　こうした取り組みを踏まえ，当社としては，取締役会の実効性は確保されていると評価しており，今後においても更なる実効性向上に努めてまいります。

コード	社　　　　名	ＣＧ形態
9433	KDDI	監査役会設置会社

招集通知の記載

■取締役会の実効性に関する分析・評価
〈以下，CG報告書と同じ〉

CG報告書の記載

【補充原則4-11-3】
■取締役会評価の実施目的
　当社は，取締役会の現状を正しく理解し，継続的な改善に取り組むため，毎年定期的に取締役会の自己評価を行います。
■評価プロセスの概要
　当社は，各取締役・監査役による取締役会の評価を基に，その実効性を確認しています。評価手法はアンケート形式であり，4段階評価と自由記述を組み合わせることで，定量的評価と定性的評価の2つの側面から，取り組みの効果検証と改善点の発見に取り組んでいます。

　評価対象期間は直近1年間とし，毎年定期的に実施しています。評価結果は取締役会で報告し，今後の対応策等を検討しています。

　主な評価項目は以下のとおりです。
　　・取締役会運営（メンバー構成，資料・説明，情報提供等）
　　・経営陣の監督（利益相反，リスク管理，子会社管理等）
　　・中長期的な議論（中期経営計画への参画，計画執行のモニタリング等）
■評価結果の概要
　【総括】
　　当社取締役会は，適切に運営されており，実効的に機能していると評価されました。
　　特に高く評価されたのは，以下の点です。
　　・各分野に豊富な経験を有する社外取締役・監査役を交えて，幅広くかつ多角的な視点から議論が行われている。
　　・社外役員の発言時間が十分に確保されており，意見や質問に対し真摯な対応がなされている。
　【前回からの改善点】
　　中期経営計画の達成状況等が共有され，経営環境の長期的展望や環境変化への対応方針等の戦略に関する議論の機会が定期的に設けられるなど，前回の評価において課題として指摘された事項が改善していることを確認しました。
　【今後の課題】
　　今後は，中長期の経営戦略に関する議論を，多様な視点から更に充実させることが望ましいとの意見を得ております。
　　これらの指摘を踏まえ，2018年度は，次期中期経営計画の策定に向けて複数回の討議を実施する予定です。
　　引き続き，継続的な改善に取り組んでまいります。
■監査役会実効性評価について
　当社では，監査役会においても，現状を正しく理解し，より実効性の高い運営を目指すために，監査役会の実効性について評価を行い，取締役会に報告を行いました。
　1．評価結果
　　　監査役会として，運営の実効性について概ね問題がないことを確認しました。但し，新規子会社が増加している現状を踏まえると，子会社の監査環境の整備や取締役による子会社の監督状況について，一層の監視の充実が必要であると認識しました。
　2．今後の活動

上記を踏まえ，子会社の監査役とも更なる連携を図り，当社グループ全体の監査の実効性を高めることにより，当社グループの健全な経営及び持続的な成長並びに社会的信頼の向上に向けて取り組んでまいります。

コード	社　　　名	ＣＧ形態
9437	NTTドコモ	監査役会設置会社

招集通知の記載
―

CG報告書の記載

■補充原則4-11-3
　当社は，持続的な企業価値の向上を実現することを目的に，取締役会の責務・運営・構成等に対する課題や改善点を認識して継続的な改善に取り組むために，取締役会の実効性に関する分析・評価を実施しています。
＜評価方法＞
・全取締役及び全監査役を対象とする「取締役会自己評価アンケート」を実施（2018年2月～3月）
・全取締役及び全監査役により構成する「コーポレート・ガバナンスに関する会議」において，アンケート結果を踏まえて議論（2018年5月）
＜評価結果と今後の運営方針＞
　当社の取締役会の責務・運営・構成等は適切であり，実効性は確保されていると評価しました。
　また，前回の実効性評価で課題として認識した，企業戦略等の大きな方向性の実現に向けた取組み状況の定期的な検証について着実に進捗していることを確認するとともに，コーポレートガバナンス・コード改訂等の動向も考慮し，当社の特性を踏まえた，より実質的なガバナンス機能を構築していくこととしました。
　今後，さらなる企業価値の向上を実現することを目的に，2017年4月に発表した中期戦略2020「beyond宣言」に加えて，2018年4月に発表した「会員基盤を軸とした事業運営」を推進するため，これらの実現に向けた取組み状況を取締役会メンバーで定期的に検証してまいります。

コード	社　　　名	ＣＧ形態
9502	中部電力	監査役会設置会社

招集通知の記載
―

CG報告書の記載

補充原則4-11(3)
・当社は，年1回，全取締役および全監査役に対し，取締役会の構成，運営，取締役会によるガバナンスなどに関するアンケートを実施するとともに，当該アンケート結果をもとに，全代表取締役，社外取締役および全監査役の間で意見交換を行っております。
・取締役会は，これらの結果を踏まえ，取締役会の実効性に係る分析・評価を行い，取締役会が会社の持続的成長と中長期的な企業価値の向上に向け，実効的に運営されていることを確認しております。
・取締役会の実効性をより高めていくため，さらなる改善に努めます。

コード	社　　　名	ＣＧ形態
9503	関西電力	監査役会設置会社

招集通知の記載
―

CG報告書の記載

＜補充原則4-11-3＞取締役会の実効性の分析・評価
　取締役会の監督機能をより強化するとともに，取締役の職務執行への助言を得るため，独立性を確保した社外取締役3名を選任することにより，取締役会全体の実効性を向上させております。
　社外取締役は，付議事項に関して事前説明を受け，取締役会等の場で積極的に意見を述べております。
　また，業務の執行状況について必要に応じて報告を求めるなど，審議内容の充実を図っております。
　さらに，年1回，全取締役・監査役を対象として取締役会の運営等に関するアンケートを実施し，当該アンケート結果を踏まえて取締役会の実効性について分析・評価を行い，実効性が確保されていると評価しております。なお，アンケート結果については取締役会に報告したうえで適宜改善を図っております。

コード	社 名	ＣＧ形態
9531	東京瓦斯	監査役会設置会社

招集通知の記載
—

CG報告書の記載

【補充原則4-11-3 取締役会全体の実効性についての分析・評価】
　取締役会の実効性の維持・向上のため，取締役によるアンケート形式の自己評価を踏まえ，取締役会において意見交換を実施することにより，取締役会の実効性についての分析・評価を行いました。
　アンケート結果および取締役会における意見交換では，取締役会の意思決定機能，監督機能は十分に担保されており，特に，取締役会規則の改正（2017年4月）を機に運営面の改善が図られたことにより，その実効性は一段と高まったとの認識で一致しました。
　一方，取締役会の実効性を高めるため不断の努力が必要であり，今後は，開催時間を見直すことにより議論の充実を図ること，執行役員の取締役会出席の拡大や執行状況の取締役による巡視の拡大など執行との関係強化を図ることなどが確認されました。

コード	社 名	ＣＧ形態
9532	大阪瓦斯	監査役会設置会社

招集通知の記載
—

CG報告書の記載

【補充原則4-11-3】（取締役会全体の実効性の分析・評価）
　当社は，社外役員（社外取締役及び社外監査役）を中心に取締役会の実効性について，毎期，分析・評価を行っています。
　具体的には，取締役会の運営及び情報提供が適切かつ十分であるか，昨年の評価時に社外役員から提示を受けた意見（当社グループに影響を与える経営環境の変化に関する情報提供及び取締役会議案に対する理解を深めるための情報提供の更なる拡充等）に対応できているかなどについて，取締役会事務局が，全ての取締役及び監査役に対してアンケート及びヒアリングを個別に行い，その結果を踏まえ，社外役員全員で議論を実施し，評価を行った結果，適切な対応がなされていることを確認しました。
　さらに，その評価結果を社外役員から取締役会に報告し，議論を行った結果，当社の取締役会は，事前の資料提供，説明も含め，必要かつ十分な情報に基づき，活発な質疑が行われており，実効性は十分確保されていることを確認しております。
　当社は，社外役員からの意見も踏まえて，年度計画に織込むべき重要な経営課題への対応等についてより一層議論を深めるなど，今後も取締役会のさらなる実効性の向上に努めてまいります。

コード	社 名	ＣＧ形態
9602	東宝	監査役会設置会社

招集通知の記載
—

CG報告書の記載

【補充原則4-11-3　取締役会全体の実効性についての分析・評価，結果の概要】
　当社では，本年3月に取締役全員に対し取締役会の構成，運営，議論に関する10項目に関して「適切」「概ね適切」「改善の余地あり」を回答するアンケートを実施しました。その結果，一部の項目において指摘事項はありましたが，「適切」および「概ね適切」の回答が9割を超えました。これにより，取締役会は総合的に見てその実効性は確保されているものと評価いたしました。

コード	社 名	ＣＧ形態
9613	エヌ・ティ・ティ・データ	監査役会設置会社

招集通知の記載

3．取締役会全体の実効性評価
　取締役会は，会社経営・グループ経営に係る重要事項等を決定し，四半期ごとの職務執行状況報告において取締役の執行状況の監督を実施しています。
　加えて，取締役会の機能を向上させ，ひいては企業価値を高めることを目的として，取締役会の実効性につき，2016年度から自己評価・分析を実施しています。第2回目となる2017年度も前事業年度同様，自己評価・分析を行いました。その概要については，以下のとおりです。
(1) 実施方法
　　実施時期：2017年10月
　　評価方法：取締役会の構成員であるすべての取締役・監査役を対象にアンケートを実施
　　回答方法：匿名性を確保するため外部機関に直接回答
(2) 評価結果
　　外部機関からの集計結果の報告を踏まえ，2017年12月から2018年2月において分析・議論・評価を実施しました。評価結果については取締役会へ報告し，取締役会は内容の検証と更なる改善に向けた方針等について，議論を行いました。
　　その結果，取締役会の構成・運営等に関し，概ね肯定的な評価が得られており，取締役会全体の実効性については確保されていると認識しています。
　　なお，前年度の本取り組みにおいて浮かび上がった課題に対し実施した，取締役会における経営戦略的な議論の比重を高めるなどの対応については，取締役会の付議基準の見直しや議論を行う場の設定等，改善が実施されているとの一定の評価を得ました。
(3) 評価結果等を踏まえた対応
　　全体として，前年度より改善されていることを確認しつつも，今後引き続き取り組むべき課題が浮かび上がりましたので，以下の取り組みの他，取締役会の運営における工夫等含め，改善に向けた運営方針を定め，取り組んでいます。
・経営戦略的な議論の更なる深化・強化に向け，経営戦略・計画等の策定段階における議論を強化
・リスクマネジメントの観点から，取締役会の付議基準に該当しない場合においても，案件の重要性，リスクに応じて，取締役会報告事項とするよう見直し
・投資家意見について，取締役会へのより詳細な情報提供の要望を踏まえ，報告内容の更なる充実化等
　今後も，継続的に取締役会の実効性に関する評価を実施し，取締役会の機能を高める取り組みを進めていきます。

CG報告書の記載

【補充原則 4-11③】（取締役会の実効性評価）
　取締役会は，会社経営・グループ経営に係る重要事項等を決定し，四半期ごとの職務執行状況報告において取締役の執行状況の監督を実施しています。
　加えて，取締役会の機能を向上させ，ひいては企業価値を高めることを目的として，取締役会の実効性につき，2016年度から自己評価・分析を実施しています。第2回目となる2017年度も2016年度同様，自己評価・分析を行いました。その概要については，以下のとおりです。
(1) 実施方法
　　実施時期：2017年10月
　　評価方法：取締役会の構成員であるすべての取締役・監査役を対象にアンケートを実施
　　回答方法：匿名性を確保するため外部機関に直接回答
(2) 評価結果
　　外部機関からの集計結果の報告を踏まえ，2017年12月から2018年2月において分析・議論・評価を実施しました。評価結果については取締役会へ報告し，取締役会は内容の検証と更なる改善に向けた方針等について，議論を行いました。
　　その結果，取締役会の構成・運営等に関し，概ね肯定的な評価が得られており，取締役会全体の実効性については確保されていると認識しています。
　　なお，2016年度の本取り組みにおいて浮かび上がった課題に対し実施した，取締役会における経営戦略的な議論の比重を高めるなどの対応については，取締役会の付議基準の見直しや議論を行う場の設定等，改善が実施されているとの一定の評価を得ました。
(3) 評価結果等を踏まえた対応
　　全体として，2016年度より改善されていることを確認しつつも，今後引き続き取り組むべき課題が浮かび上がりましたので，以下の取り組みの他，取締役会の運営における工夫等含め，改善に向けた運営方針を定め，取り組んでいます。
・経営戦略的な議論の更なる深化・強化に向け，経営戦略・計画等の策定段階における議論を強化

- リスクマネジメントの観点から，取締役会の付議基準に該当しない場合においても，案件の重要性，リスクに応じて，取締役会報告事項とするよう見直し
- 投資家意見について，取締役会へのより詳細な情報提供の要望を踏まえ，報告内容の更なる充実化等

今後も，継続的に取締役会の実効性に関する評価を実施し，取締役会の機能を高める取り組みを進めていきます。

コード	社　　名	ＣＧ形態
9735	セコム	監査役会設置会社

招集通知の記載
―

ＣＧ報告書の記載

【補充原則4-11(3)．取締役会の実効性評価】
　当社は，取締役会の実効性を高めることを目的に，取締役会の実効性評価を実施しました。
　当社の分析・評価結果の概要は以下の通りです。
（評価方法）
　2018年1月の取締役会においてアンケートを実施後，必要に応じて一部の対象者に追加で個別インタビューを行いました。その後，2018年3月上旬に事務局でとりまとめを行い，その結果の概要について取締役会で議論を行いました。
（結果概要）
〔取締役会の構成・開催頻度等〕
　取締役会構成は，多様性が確保されており，かつ迅速な意思決定に適切な人数となっている。また，毎月1回の開催を原則として重要な案件を迅速に審議・決議することができる体制となっている。取締役会で取り扱う案件は，取締役会規則に基づいて適切に選択されている。
　一方で，取締役会構成の更なる多様化や，取締役会運営の簡素化に関する意見も提示された。
〔取締役会の監督機能〕
　発言しやすい雰囲気の中，社外取締役・社外監査役も積極的に発言しており，執行と監督のバランスは概ね適切である。また，特に重要だと取締役会が判断した案件は，決議される前の取締役会で議論を行うことや，決議後も次回の取締役会で懸案事項を報告することなどにより，取締役・監査役が適切な判断を行えるように対応している。加えて，社内役員と社外役員との意思疎通は必要に応じて，円滑に行われている。このように監督機能が全体として十分に果たされているという評価のもと，国際戦略，セグメント毎の重要課題の整理と対応，リスクの洗い出しと評価等に関する一層の議論の必要性について，建設的な意見も提示された。
（今後の取り組み）
　当社の企業価値向上のため，より実効性の高い取締役会となるよう，今回の評価により得られた課題や様々な意見を踏まえ，継続的に取締役会の機能向上に取り組んでまいります。

コード	社　　名	ＣＧ形態
9766	コナミホールディングス	監査役会設置会社

招集通知の記載
―

ＣＧ報告書の記載

【補充原則4-11-3　取締役会全体の実効性についての分析・評価及びその結果の概要】
　取締役会の実効性に関して，各取締役からの自己評価をベースとした分析・評価を行うこと，及びその結果の概要の開示を行うことについて，引き続き検討してまいります。

コード	社　　名	ＣＧ形態
9983	ファーストリテイリング	監査役会設置会社

招集通知の記載
―

ＣＧ報告書の記載

　当社は，コーポレートガバナンス・コードの各原則の実施状況を，「株式会社ファーストリテイリングコーポレートガバナンス」（以下「当社方針」とします）として開示し，次の当社ホームページに掲載しております。
　http://www.fastretailing.com/jp/about/governance/

なお，コーポレートガバナンス・コードにおいて開示すべきとされる事項については，当社方針のうち，それぞれ，次の項目を参照ください。
補充原則4-11-3　当社方針「取締役会について」
==
（参考）
取締役会について
(1) 取締役会の役割
　当社は，法令及び定款の規定により取締役会の決議を要する事項，及び経営上の重要事項について，取締役会規程その他の内部規則に従い，取締役会にて決議することとしています。また，コーポレートガバナンス体制強化の一環として，取締役会及び代表取締役から一定の範囲内で業務執行権限を委譲する執行役員制度を採用しています。取締役会決議事項に該当しない範囲の事項や個別の業務執行については，社内規程に基づき，各執行役員に委任されています。このほか，当社では，取締役会の機能を補完するための各種委員会が社内規程に基づいて設置，運営されています。
(2) 取締役会の構成
　当社は，取締役会において実質的かつ活発な審議を行うと同時に，的確で迅速な意思決定を行うため，取締役の人数は3名から10名程度が適切であると考えます。取締役会は，社内外を問わず，当社の経営戦略に特に必要とされる各分野の専門的な知識，経験及び能力を有するメンバーでバランス良く構成しています。取締役・監査役の他の上場会社の役員の兼任状況については，ホームページ，及び定時株主総会招集ご通知の参考書類等において開示しております。
　取締役・監査役は，弁護士等の外部専門家から最新の法令に関する説明を定期的に受ける等，取締役・監査役としての職務を遂行する上で必要となる情報の入手に努めています。また，当社は，取締役・監査役に対し，事業活動・財務・組織運営に関する重要事項について担当執行役員から情報提供を行っております。これに加え，当社グループの経営理念及び事業の状況に対する理解を深めるために，国内外店舗への視察，生産工場への見学，FRコンベンションへの参加等の機会および費用の提供を行っております。
(3) 取締役会の開催，審議の状況
　当社の取締役会は，原則として月に1回開催され，より多くの取締役・監査役の出席を確保するため，年間の開催スケジュールを予め決定しています。取締役会の議案および資料は，2営業日前に取締役・監査役に送付し，取締役会における審議の活性化に努めています。
　当社は，各取締役に対して取締役会の実効性に関するアンケートを実施し，全ての取締役がアンケートに回答しました。アンケート回答結果は，取締役会において各取締役及び監査役に共有され，回答結果及び指摘事項について議論が行われました。その結果，当社の取締役会においては自由かつ活発な議論がなされていると評価でき，また，取締役会の構成，運営等について直ちに問題とすべき事項は認められませんでした。なお，事業の発展に伴う取締役会の構成の多様性・専門性については，引き続き議論をしてまいります。
　今後も年1回，定期的にアンケートおよび，その結果の分析・検証を引き続き実施してまいります。

コード	社　　　　名	Ｃ　Ｇ　形　態
9984	ソフトバンクグループ	監査役会設置会社

招集通知の記載
―

CG報告書の記載

（補充原則4-11-3取締役会評価の結果の概要）
　ソフトバンクグループ（株）は，2017年11月から2018年4月にかけて，第三者機関を起用し，取締役会の構成，取締役会の運営，取締役会を支える体制等の観点から，社外取締役および監査役の全員を対象としたインタビューを行い，当該インタビュー結果に基づき，取締役会全体の実効性について評価を実施しました。
　評価の結果，取締役会全体としての実効性が概ね確保されていること，また，昨年度の評価において課題として指摘された事項について一定の改善が進んでいることが確認されました。一方で，昨年度の評価において指摘のあった事項のうち，取締役会における説明のあり方や取締役会資料の内容については，引き続き改善の余地があることが認識されるとともに，独立社外取締役の増員ならびに取締役会におけるグループ全体の状況およびコンプライアンス等に関する報告の充実の必要性等が今後の課題として認識されました。
　なお，今回の評価結果については，2018年4月開催の取締役会において報告されるとともに，指摘された課題についても改善していくことが確認されています。
　ソフトバンクグループ（株）は，今後も取締役会の実効性評価を継続していくことにより，取締役会の実効性のさらなる向上に努めてまいります。

別冊商事法務 No.436
取締役会評価の現状（平成30年版）
〔国内外の開示事例の分析〕

2018年10月31日　初版第1刷発行

編著者　金　澤　浩　志
　　　　山　田　晃　久
　　　　浦　山　　　周

発行者　小　宮　慶　太

発行所　株式会社　商　事　法　務
〒103-0025 東京都中央区日本橋茅場町 3-9-10
TEL 03-5614-5651・FAX 03-3664-8844〔営業部〕
TEL 03-5614-5645〔別冊商事法務編集部〕
http://www.shojihomu.co.jp/

落丁・乱丁本はお取替えいたします。　印刷／サンパートナーズ㈱
Printed in Japan
© 2018 Koji Kanazawa,
　　　Akihisa Yamada,
　　　Hiroshi Urayama
Shojihomu Co., Ltd.
ISBN978-4-7857-5270-5
＊定価は表紙に表示してあります。

|JCOPY| ＜出版者著作権管理機構 委託出版物＞
本書の無断複製は著作権法上での例外を除き禁じられています。
複製される場合は、そのつど事前に、出版者著作権管理機構
（電話 03-3513-6969、FAX 03-3513-6979、e-mail: info@jcopy.or.jp）
の許諾を得てください。